LE REENGINEERING

MICHAEL HAMMER • JAMES CHAMPY

LE REENGINEERING

Traduit de l'américain
par Michel Le Seac'h

DUNOD

L'édition originale de cet ouvrage a été publiée aux États-Unis par Harper Collins Publishers, Inc, New York, sous le titre *Reengineering the Corporation : a Manifesto for Business Revolution.*

ISBN 2 10 002027 7

A mes parents, qui m'ont montré le chemin à suivre ; à ma femme, avec laquelle je le parcours ; à mes enfants, que leurs chemins respectifs attendent.

M.H.

A ma femme, Lois, qui m'a tant appris, et à mon fils, Adam, qui me donne la joie d'enseigner.

J.C.

SOMMAIRE

PRÉFACE À L'ÉDITION FRANÇAISE

La récession dans laquelle se trouve plongé le monde masque une crise structurelle bien plus grave. Trois forces majeures se conjuguent pour faire craquer le modèle d'organisation de nos entreprises : l'exigence accrue des Consommateurs, l'intensification de la Concurrence, et l'accélération du Changement sous toutes ses formes. Ces forces - les trois "C" - s'exercent en Europe comme ailleurs, et les entreprises de cette région en subissent ou subiront tôt ou tard la pression.

Le Reengineering signifie inventer un nouveau modèle d'entreprise, qui réponde aux conditions de compétitivité de ce nouvel environnement. Nous avons la conviction que le Reengineering peut s'appliquer en Europe, comme il l'est en Amérique du Nord où il produit déjà des résultats remarquables. Du reste, nous observons qu'un nombre croissant de grandes entreprises situées en Europe exécutent déjà ou envisagent d'exécuter prochainement une action de Reengineering.

Si les facteurs qui conduisent à mettre en œuvre un programme de Reengineering sont analogues d'un côté à l'autre de l'Atlantique, la démarche appelle sans doute une adaptation aux conditions sociales et culturelles particulières au Vieux Continent. En Europe, les gouvernements et les chefs d'entreprise ont une conscience et une responsabilité sociales plus fortes. En conséquence, la gestion humaine et sociale d'un projet de Reengineering devra être imaginée et conduite de façon créative, participative et complète.

Michael Hammer *James Champy*

INTRODUCTION

Des principes d'organisation fixés voici plus de deux cents ans ont modelé la structure, la gestion et les résultats des entreprises occidentales tout au long des XIXe et XXe siècles. Dans ce livre, nous affirmons qu'il est temps de renoncer à ces principes pour en adopter de nouveaux. Les entreprises contemporaines doivent s'engager dans une réinvention radicale de leur façon de travailler. A défaut, elles n'auront plus qu'à fermer leurs portes.

Le choix est aussi simple et aussi rude que cela.

Entrepreneurs, dirigeants et cadres américains ont créé et animé des entreprises qui ont satisfait depuis plus de cent ans la demande de produits et de services d'un marché de masse. Les cadres et les sociétés qu'ils dirigent fixaient les normes de performances pour le reste du monde économique. Hélas ! tel n'est plus le cas.

Le livre que vous avez entre les mains décrit un nouveau modèle d'entreprise, fondé sur un concept neuf, ainsi que les techniques que managers et dirigeants devront utiliser pour réinventer leurs sociétés afin qu'elles puissent affronter la concurrence dans un monde nouveau.

Pour ceux qui n'aiment pas prendre de risques, nous nous empressons d'ajouter que nos conseils et nos conclusions s'appuient sur les réussites déjà obtenues par une poignée d'entreprises exceptionnelles.

Pour réinventer leurs entreprises, les cadres occidentaux devront abandonner leurs vieilles notions sur l'organisation et la gestion. Ils devront abandonner leurs organisations et procédures opérationnelles pour en créer d'entièrement nouvelles.

Les nouvelles organisations ne ressembleront guère à celles d'aujourd'hui, et leur manière d'acheter, de fabriquer, de vendre et de fournir des produits et services sera très différente. Ce seront des sociétés conçues effectivement pour opérer dans le monde d'aujourd'hui et de demain, et non plus des institutions héritées d'une ère antérieure, glorieuse mais dépassée.

Pendant deux cents ans, les entreprises ont été créées et bâties autour d'une remarquable découverte d'Adam Smith : le travail industriel doit être décomposé en ses tâches les plus simples et les plus élémentaires. Dans l'ère postindustrielle où nous entrons, les sociétés seront fondées et bâties autour de l'idée d'une réintégration de ces tâches autour de processus opérationnels cohérents.

Dans ce livre, nous montrons comment les entreprises actuelles sont en mesure de se réinventer. Nous dénommons *Business Reengineering* (ou refonte de l'entreprise) les techniques qu'elles utilisent à cet effet ; elles sont à la prochaine révolution économique ce que la spécialisation du travail fut à la dernière. Nos grandes entreprises – même celles qui marchent le mieux et affichent les plus belles perspectives – doivent en adopter et en appliquer les principes, sans quoi elles seront éclipsées par celles qui le font.

Le Reengineering n'est pas une de ces idées venues du Japon. Ce n'est pas un remède minute pour les entreprises. Ce n'est pas un nouveau truc pour accroître miraculeusement la qualité d'un produit ou service, ou pour éliminer certains coûts. Le Reengineering n'est pas un programme de motivation des travailleurs ou de stimulation de la force de vente. Il ne fera pas travailler plus vite un vieux système informatique. Le Reengineering n'est pas un *bricolage* de quoi que ce soit.

Le Reengineering signifie tout reprendre, tout reprendre depuis le début.

Le Reengineering suppose que l'on mette de côté une grande partie du savoir hérité de deux siècles de gestion industrielle. Il suppose que l'on oublie comment on travaillait au temps du marché de masse, pour choisir la meilleure façon de travailler aujourd'hui.

Avec le Reengineering, les anciens intitulés (ou descriptions) de postes et d'organisation – les services, divisions, groupes, etc. – ne veulent plus rien dire. Ce sont des artefacts d'une autre époque. Ce qui compte dans le Reengineering est de savoir comment on veut organiser le travail aujourd'hui – compte tenu des exigences des marchés actuels et de la puissance des technologies contemporaines. Les manières de faire anciennes ne comptent pas pour le « réingénieur » d'entreprise.

Le Reengineering fait appel aux qualités qui ont toujours été celles des grands chefs d'entreprise innovateurs : l'individualisme, la confiance en soi, l'acceptation du risque et la propension au changement. A la différence des théories du management, qui voudraient que « nous » devenions davantage comme « eux », le Reengineering ne tente pas de modifier le comportement des cadres et des travailleurs occidentaux. Il tire parti de leurs compétences et libère leur ingéniosité.

Au coeur du Reengineering réside la notion de *pensée de rupture* – c'est-à-dire comment identifier et abandonner les règles périmées et les postulats de base qui imprègnent le fonctionnement actuel des entreprises. Celles-ci sont encombrées de règles implicites héritées des décennies précédentes : « Les clients ne réparent pas leur matériel eux-mêmes », « Les entrepôts régionaux sont indispensables pour assurer un service de qualité », « Les décisions de merchandising sont prises au siège »... Ces règles sont fondées sur des postulats concernant la technologie, les gens, les objectifs d'entreprise, qui ont cessé d'être vrais. Si l'on ne change pas ces règles, toute réorganisation superficielle d'une entreprise ne sera pas plus efficace que d'épousseter les meubles de Pompeï.

D'où vient le concept de Business Reengineering et comment avons-nous mis au point sa méthodologie ? Voici près de dix ans, nous avons commencé à remarquer qu'un petit nombre d'entreprises amélioraient leurs résultats de façon spectaculaire dans un ou plusieurs domaines de leur activité en changeant radicalement leur mode de fonctionnement. Elles faisaient toujours le même métier, mais elles avaient sensiblement modifié les processus grâce auxquels elles le faisaient – et certaines les avaient même totalement remplacés.

En même temps, nous aidions nos clients à mettre au point de nouvelles techniques qui leur permettraient de survivre – voire de prospérer – dans un climat concurrentiel de plus en plus impitoyable. Pour y parvenir, les entreprises devaient être disposées à regarder au-delà et au travers de leurs structures fonctionnelles, jusqu'aux processus – chose difficile pour celles qui appliquent depuis toujours des méthodes d'organisation traditionnelles. (Par « processus », nous entendons simplement une série d'activités qui, ensemble, produisent un résultat ayant une valeur pour un client – par exemple le développement d'un nouveau produit.) Presque toujours, le changement de processus s'accompagnait d'une transformation tout aussi radicale de la forme et du style des unités de l'organisation contribuant à ce dernier. Une chose nous frappa : si ces entreprises obtenaient des résultats extraordinaire, c'est en partie parce qu'elles ne se seraient pas contenté de moins.

Nous avons alors décidé de nous y intéresser de plus près. Nous voulions comprendre pourquoi ces organisations choisissaient la voie du changement radical plutôt que celle des améliorations progressives, moins pénible et généralement retenue par la plupart des entreprises. Nous voulions rechercher les éventuels traits communs entre les techniques utilisées par ces entreprises pour réaliser leur changement. Qu'est-ce qui était efficace, et pourquoi ? Qu'est-ce qui ne marchait pas et pourquoi ? Ces techniques étaient-elles transposables à d'autres organisations dans d'autres familles d'activité ? Etaient-elles applicables à des entreprises entières et pas seulement à de petites parties bien définies de leur organisation ?

Nous nous sommes aperçus que la plupart des entreprises auxquelles nous nous intéressions et qui avaient réussi à changer radicalement un ou plusieurs processus avaient, sans même le savoir, appliqué une même série de règles et de tactiques. A l'inverse, les échecs tenaient d'ordinaire à une ou plusieurs raisons identiques.

Nous avons aussi constaté que les sociétés les plus impressionnantes à nos yeux – celles qui visaient davantage qu'une modeste amélioration et qui réussissaient – ne se posaient pas les mêmes questions que les autres. Au lieu de se demander « Comment faire la même chose plus rapidement ? » ou « Comment faire la même chose mieux ? » ou encore « Comment faire la même chose pour moins cher ? » elles se demandaient : « Pourquoi faisons-nous ce que nous faisons ? »

Oui, pourquoi ?

Nous nous sommes mis à poser cette question à diverses entreprises, et leurs réponses ont été étonnamment révélatrices. Nous avons constaté que beaucoup de tâches accomplies par les salariés n'avaient rien à voir avec la satisfaction des besoins de la clientèle – c'est-à-dire avec la création d'un produit de haute qualité, sa distribution à un juste prix et la fourniture d'un service excellent. Bien des tâches ne servaient qu'à satisfaire les exigences internes de l'organisation.

Petit à petit, en étudiant l'expérience de nombreuses entreprises, nous sommes parvenus à discerner les types d'actions qui conduisent à la réussite ; nous avons graduellement distingué une série de procédures capables de donner forme à un changement radical. Nous avons fini par lui donner un nom : *Business Reengineering.* Puis nous avons défini une méthode utilisable par les cadres et dirigeants d'autres entreprises. Des dizaines d'entreprises travaillent aujourd'hui au Reengineering de tout ou partie de leur activité.

Le Reengineering, affirmons-nous, ne peut s'accomplir par petites étapes prudentes. C'est un tout-ou-rien qui produit des résultats stupéfiants. La plupart des entreprises n'ont pas d'autre issue que de trouver le courage de s'y lancer. Pour beaucoup, il est le seul espoir de rupture avec des modes de fonctionnement inefficaces et périmés qui, à défaut, finiront par les anéantir, inévitablement.

Dans ce livre, nous démontrons avec force que le Reengineering est le seul espoir réel de restaurer la vigueur concurrentielle des entreprises occidentales. Nous en explorons les raisons, nous décrivons ses techniques et nous signalons aux lecteurs les problèmes qu'ils rencontreront dans un monde où seules réussiront les entreprises qui auront radicalement transformé leurs processus opérationnels – qui les auront reconfigurés.

Nous proposons aussi des lignes de conduite pour lancer, mener et suivre une démarche de Reengineering dans les entreprises dont les dirigeants ont assez de prescience pour s'apercevoir qu'un changement est nécessaire, et assez de courage pour l'entreprendre.

Ceux qui nous suivront du début à la fin découvriront comme nous pourquoi tant d'entreprises occidentales sont arrivées à un stade où une action radicale est nécessaire. Ils comprendront comment marche le Reengineering. Ils apprendront comment le réussir, à partir de l'expérience des entreprises que nous avons étudiées ou assistées.

Ce livre décrit donc un avenir déjà présent, et il est destiné à ceux qui veulent y participer. Il s'appuie sur l'expérience d'entreprises qui ont reconnu que la seule façon de réaliser leurs objectifs est de passer par un Reengineering. Si ce livre contient de nombreux exemples, notre propos n'est pas de raconter des anecdotes mais de développer des idées. Ces idées, croyons-nous, sont aussi importantes pour les entreprises *aujourd'hui* que les idées d'Adam Smith le furent pour les entrepreneurs et dirigeants des deux derniers siècles. Nous croyons que l'application des principes du Business Reengineering aura des effets aussi significatifs et spectaculaires que ceux dus aux principes d'organisation industrielle d'Adam Smith.

Quelle que soit l'importance de ce livre à nos yeux, nous savons que le Reengineering en suscitera d'autres. Depuis la parution de *La richesse des nations* en 1776, d'innombrables manuels de management ont enrichi et précisé les réflexions d'Adam Smith. Nous espérons que *Reengineering* sera également un livre fondateur et non un dernier mot.

Il reste aux entreprises occidentales un peu de temps – mais pas beaucoup – pour appliquer à leurs propres organisations les leçons de ce livre. Leurs problèmes actuels sont urgents. Les sociétés qui appliqueront promptement ces leçons seront en mesure de se battre avec succès dans un monde où la seule constante prévisible est dès à présent un changement rapide et incessant.

1

CETTE CRISE QUI NE FINIRA PAS

Se doter d'une organisation assez flexible pour s'adapter rapidement à l'évolution du marché, assez légère pour battre tout concurrent sur le terrain des prix, assez inventive pour garder toujours une longueur d'avance, assez motivée pour assurer à sa clientèle une qualité et un service maximum : vaste programme, auquel nul chef d'entreprise, au moins publiquement, ne refuserait de souscrire.

Si donc les directions générales veulent des entreprises légères, agiles, flexibles, réactives, concurrentielles, inventives, efficaces, rentables et tout au service de leurs clients, pourquoi sont-elles si souvent bouffies, pataudes, rigides, léthargiques, non concurrentielles, rétrogrades, inefficaces, déficitaires et sans égards pour leurs clients ? La réponse tient à la façon dont ces sociétés exécutent leur travail et aux raisons pour lesquelles elles le font ainsi. Quelques exemples montreront que les résultats obtenus sont souvent très éloignés de ceux recherchés par leurs dirigeants.

• Cet industriel s'est donné pour objectif, comme bien d'autres, de satisfaire rapidement les commandes des clients, mais il n'y parvient pas. Comme la plupart des entreprises de son secteur, sa société a instauré un système de distribution à plusieurs étages. Les usines expédient les produits finis vers un magasin central, le Centre de Distribution Central (CDC). Le CDC réexpédie les produits vers des Centres de Distribution Régionaux (CDR), magasins plus petits qui reçoivent les commandes des clients et assurent les livraisons. L'un des CDR couvre la zone géographique dans laquelle se trouve le CDC. L'un et l'autre sont d'ailleurs implantés dans le même bâtiment. Souvent, et cela est inévitable, les CDR ne disposent pas des marchandises nécessaires pour satisfaire les commandes. Ce CDR-là, néanmoins devrait pouvoir se procurer rapidement les produits manquants en s'adressant au CDC, de l'autre côté du hall. Mais les choses ne se passent pas ainsi. Même quand la commande est urgente, le processus n'exige pas moins de onze jours : il faut un jour au CDR pour notifier au CDC qu'il a besoin de certaines pièces ; cinq jours au CDC pour vérifier, assembler et expédier la commande ; cinq jours enfin au CDR pour réceptionner et entrer les produits en magasin puis pour les collecter et préparer le colis destiné au client. La lenteur du processus tient en partie au fait que si les CDR sont notés d'après leur délai de réponse aux commandes des clients, ce n'est pas le cas du CDC. Il est jugé sur d'autres facteurs : les coûts des stocks, la rotation des stocks et les charges de personnel. Servir rapidement la commande urgente d'un CDR nuirait à sa performance. Par conséquent, le CDR voisin n'essaie même pas d'obtenir des produits en urgence de la part du CDC. Il demande plutôt à un autre CDR de le lui expédier par transport express. Mais à quel prix ! A elles seules, les factures de transport aérien se comptent en millions de dollars par an ; dans chaque CDR, une équipe se consacre uniquement à la recherche de marchandises auprès des autres CDR, et les mêmes produits sont manipulés et déplacés plus de fois que le bon sens ne le voudrait. Les CDR et le CDC font leur travail, mais le système dans son ensemble fonctionne mal.

• L'efficacité des parties de l'entreprise est parfois acquise au détriment de l'efficacité du tout. Certain après-midi, un avion appartenant à une grande compagnie aérienne atterrit sur l'aéroport A pour y subir des réparations. Mais le mécanicien qualifié le plus proche travaille sur l'aéroport B. Le directeur de l'aéroport B refuse de l'envoyer à l'aéroport A le jour même, car une fois la réparation achevée, il devrait passer la nuit sur place, et la note d'hôtel serait à la charge de B. Aussi le mécanicien ne décolle-t-il pour l'aéroport A que le lendemain matin, ce qui lui permet de rentrer chez lui le soir même après avoir fait la réparation. Un avion valant des dizaines de millions de dollars est resté au sol et le manque à gagner de la compagnie aérienne se chiffre par centaines de milliers de dollars, mais le budget du directeur B n'a pas eu à supporter une note d'hôtel de 100 dollars. Le directeur B n'est ni idiot ni négligent. Il a fait exactement ce qu'on attendait de lui : il a maîtrisé et comprimé ses charges.

• Le travail nécessitant la coopération et la coordination de plusieurs départements au sein d'une même société est souvent source de problèmes. Nous connaissons un fabricant de biens de grande consommation chez qui le retour des invendus met en branle treize services différents. La réception reçoit les biens, le magasin les reclasse en rayonnage, le responsable des stocks met à jour ses inventaires, la promotion détermine le prix réel auquel les biens ont été vendus, la comptabilité des ventes recalcule les commissions, la comptabilité générale corrige ses écritures, etc. Ainsi, il n'y a ni service ni individu qui soit responsable du traitement des retours. Pour chacun des départements concernés, les retours sont un dérangement qui passe après le reste du travail. Bien entendu, les erreurs sont fréquentes. Les biens retournés finissent par « s'égarer » dans l'entrepôt. La société règle des commissions sur les ventes au titre de biens invendus. Pire, les détaillants ne reçoivent pas le remboursement attendu et en prennent ombrage, ce qui réduit à néant les efforts des vendeurs et du marketing. Les détaillants courroucés sont moins enclins à pousser les nouveaux produits du fabricant. Ils tardent eux aussi à payer leurs factures, et ne règlent souvent que ce qu'ils pensent devoir, après déduction de la valeur de leurs retours. Chez le fabricant, cela met en émoi le service de la comptabilité clients, car le montant du chèque reçu du client ne correspond pas à la facture. Finalement, le fabricant baisse les bras, incapable de reconstituer ce qui s'est vraiment passé. Selon sa propre estimation, les coûts et manques à gagner dus aux retours et aux problèmes qu'ils entraînent représentent chaque année plus de cent millions de dollars. De temps à autre, les dirigeants de la société tentent de remettre d'aplomb le traitement des retours, mais à peine un service marche-t-il droit qu'un autre commence à aller de travers.

• Même lorsque le travail en cause est susceptible d'avoir une incidence majeure sur les bénéfices, les entreprises omettent souvent de désigner un responsable. Dans le cadre d'une procédure publique d'autorisation de mise sur le marché pour un médicament nouveau, un laboratoire pharmaceutique devait recueillir les résultats d'études de terrain portant sur l'administration du produit à trente patients différents pendant une semaine. Il lui fallut deux ans pour obtenir ces renseignements. Un chercheur du laboratoire passa quatre mois à élaborer l'étude et à définir les données à collecter. La conception de l'étude proprement dite ne demanda que deux semaines, mais il en fallut quatorze pour obtenir l'avis d'autres chercheurs. Un médecin se consacra ensuite pendant deux mois, prise de rendez-vous incluse, à la sélection des confrères qui se chargeraient de trouver les malades appropriés et de leur administrer le médicament à titre expérimental. Obtenir l'autorisation des hôpitaux concernés fut l'affaire d'un mois, passé pour l'essentiel à attendre les réponses. Les médecins chargés d'administrer la dose hebdomadaire avaient été payés d'avance ; rien ne les poussait donc à faire vite. Il fallut deux mois pour récupérer les formulaires remplis par leurs soins. Ces formulaires furent ensuite confiés par l'administrateur de l'étude à la saisie des données, où l'on s'aperçut qu'environ 90 % d'entre eux comportaient des erreurs. Ils revinrent entre les mains de l'auteur du protocole, qui les renvoya à l'administrateur de l'étude, qui les retourna aux médecins, qui s'efforcèrent de corriger les erreurs. Son processus interne d'expérimentation (qui n'était même pas le processus public d'autorisation de mise sur le marché) a coûté à la société ses bénéfices de deux années sur ce médicament, soit des millions de dollars. Et ce cas n'était pas isolé chez elle. Malgré cela, aujourd'hui, personne dans l'entreprise n'a en charge la responsabilité globale des expérimentations.

Nous avons puisé ces récits plus ou moins au hasard parmi les cas que nous connaissons ; nous pourrions les multiplier à l'infini. De telles entreprises ne sont pas l'exception, elles sont la règle. Leur comportement n'est pas celui que les dirigeants disent attendre de leur société, et pourtant il persiste. Pourquoi ?

Si les entreprises s'en sortent si mal, ce n'est pas - contrairement à ce qu'ont prétendu certains critiques - que leurs salariés soient paresseux ou que leurs dirigeants soient mauvais. Les réussites industrielles et technologiques du monde occidental ont assez prouvé depuis un siècle que les chefs d'entreprise ne sont pas idiots et que les salariés travaillent. L'ironique vérité, c'est que nos entreprises marchent mal aujourd'hui justement parce qu'elles marchaient bien hier. Pendant plus de cent ans, des entrepreneurs à succès ont donné le ton en matière de développement de produit, de production et de distribution. Il n'y a rien d'étonnant à ce que ces entreprises innovantes aient servi de modèle d'organisation aux entreprises du monde entier. D'audacieuses sociétés américaines, par exemple, ont fabriqué des produits industrialisés bon marché, construit et fait fonctionner des chemins de fer qui sillonnent le continent, engendré des avancées technologiques qui ont changé notre façon de vivre, comme le téléphone et l'automobile, produit enfin le niveau de vie le plus élevé que le monde ait jamais connu. Si ces mêmes entreprises et leurs descendantes ne marchent plus correctement, ce n'est pas à cause de quelque tare congénitale ; c'est parce que le monde dans lequel elles fonctionnent a changé au-delà de ce qu'autorisait leur capacité d'ajustement ou d'évolution. Leurs principes d'organisation convenaient parfaitement à la situation d'une ère révolue, mais ils ne peuvent demeurer valables que jusqu'à un certain point.

Technologies avancées, disparition des frontières entre marchés nationaux, attentes nouvelles de consommateurs qui ont à présent plus de choix que jamais, tout s'est additionné pour rendre tristement obsolètes les principes et modes d'organisation de la grande entreprise classique. Pour que ces sociétés retrouvent leur capacité concurrentielle, le problème n'est pas d'amener leurs salariés à travailler plus, mais de leur apprendre à travailler autrement. Cela veut dire que les entreprises et leurs salariés doivent désapprendre une grande partie des principes et des techniques qui ont jusque-là assuré leur réussite.

La plupart des entreprises actuelles - quels que soient leur secteur d'activité, le degré de complexité technique de leur produit ou service, ou leur origine nationale - pourraient faire remonter leur façon de travailler et les racines de leur organisation à la fabrique expérimentale d'épingles décrite en 1776 par Adam Smith dans *La richesse des nations.* Adam Smith, philosophe et économiste, s'est aperçu que la technologie de la révolution industrielle avait offert aux industriels des moyens sans précédent d'augmenter la productivité des travailleurs et de réduire ainsi le prix des biens - et cela non pas d'un petit pourcentage, comme il aurait été possible en persuadant un artisan de travailler un peu plus vite, mais dans d'énormes proportions. Dans *La richesse des nations*, ce précurseur des consultants modernes, penseur révolutionnaire pour son époque, a exposé le principe de la division du travail.

Ce principe formalisait une observation de Smith selon laquelle un certain nombre de travailleurs spécialisés chacun dans une seule étape de la fabrication des épingles, pouvaient fabriquer en une journée bien plus d'épingles qu'un nombre identique de généralistes assurant leur fabrication entière. « Un homme étire le fil, écrivait Smith, un autre le rectifie, un troisième le coupe, un quatrième l'aiguise, un cinquième meule le bout qui recevra la tête ; la fabrication de la tête requiert deux ou trois opérations distinctes ; la mettre en place est un travail particulier, blanchir l'épingle en est un autre ; c'est même une occupation en soi que de ranger l'épingle dans son emballage. » Smith raconte avoir visité un petit atelier de dix personnes, dont chacune accomplissait seulement une ou deux des dix-huit tâches spécialisées que nécessite la fabrication d'une épingle. « Ces dix personnes pouvaient fabriquer ensemble jusqu'à 48 000 épingles par jour, assurait-il. Mais si chacune avait travaillé de son côté, indépendamment, sans avoir été formée à ce métier particulier, aucune d'elles n'aurait été capable d'en fabriquer vingt par jour, et peut-être même pas une seule. »

La division du travail a multiplié par un facteur de plusieurs centaines la productivité des fabricants d'épingles. Le gain réalisé, écrivait Smith « provient de trois facteurs différents ; d'abord, de l'amélioration de la dextérité de chaque travailleur pris séparément; deuxièmement, de la suppression des pertes de temps qu'engendre généralement le passage d'une sorte de travail à une autre ; enfin, de l'invention d'un grand nombre de machines qui facilitent et économisent le travail, permettant ainsi à un seul homme de faire le travail de plusieurs. »

Compagnies aériennes, aciéries, cabinets d'expertise comptable et fabricants de composants informatiques, tels que nous les connaissons aujourd'hui, ont tous été bâtis autour de l'idée centrale de Smith : la division ou la spécialisation de la main-d'oeuvre et la fragmentation du travail qui en découle. Plus l'organisation est vaste, plus le travailleur est spécialisé et plus les étapes individuelles de son travail sont fragmentées. Cette règle ne vaut pas seulement pour les emplois industriels. Les compagnies d'assurances, par exemple, confient habituellement à des employés distincts le traitement des différents rubriques d'un formulaire normalisé. Chacun transmet ensuite le formulaire à un autre employé, qui se charge de la ligne suivante. Ces salariés ne font jamais le travail en entier ; ils se contentent d'accomplir des tâches parcellaires.

Avec le temps, les sociétés américaines sont devenues les meilleures du monde pour traduire les principes d'organisation de Smith en organisations économiques effectives, nonobstant la taille réduite du marché intérieur des biens *made in America* en 1776, lorsque Smith fit connaître ses idées. Les Américains, qui n'étaient pas plus de 3,9 millions à l'époque, étaient isolés les uns des autres, car les routes étaient mauvaises et les communications médiocres. La toute jeune Philadelphie, avec ses 45 000 résidents, était la plus grande ville du pays.

Mais au cours du demi-siècle suivant, la population se multiplia et le marché intérieur avec elle. La population de Philadelphie quadrupla, par exemple, mais New York prit la tête avec 313 000 habitants. Des installations industrielles voyaient le jour dans tout le pays.

Cette croissance était due en partie aux innovations survenues dans les moyens de transport des marchandises. Dans les années 1820, les Américains commencèrent à construire des voies ferrées ; elle eurent pour effet non seulement d'étendre et d'accélérer le développement économique mais encore de faire progresser les techniques de gestion des entreprises. Ce furent les compagnies ferroviaires qui inventèrent l'administration d'entreprise moderne - innovation importante à l'époque, et qui a joué un rôle essentiel en permettant aux organisations de s'étendre au-delà de ce qu'une personne seule est capable de maîtriser.

Pour éviter les collisions sur les voies uniques où leurs trains circulaient dans les deux sens, les compagnies ferroviaires imaginèrent des procédures d'exploitation formalisées ainsi que les structures et mécanismes d'organisation nécessaires pour les appliquer. Les dirigeants édictèrent une règle pour tout incident concevable et définirent clairement les relations d'autorité et de remontée d'information. Les compagnies ferroviaires programmèrent littéralement leurs salariés afin qu'ils appliquent strictement les règles, seul moyen aux yeux de leurs dirigeants de s'assurer que leurs réseaux à voie unique seraient gouvernables, efficaces et sûrs. Aujourd'hui encore, l'administration d'entreprise consiste essentiellement à programmer les gens pour qu'ils se conforment aux procédures établies. Le système de pouvoir hiérarchique en vigueur dans la plupart des entreprises contemporaines applique les mêmes principes que les compagnies de chemin de fer voici cent cinquante ans.

Les grandes étapes suivantes de l'évolution des organisations économiques contemporaines furent franchies au début du XXe siècle, grâce à deux pionniers de l'automobile : Henry Ford et Alfred Sloan.

Ford améliora l'idée de Smith sur la division du travail en petites tâches répétitives. Au lieu de faire fabriquer des voitures entières par des travailleurs qualifiés chargés d'assembler des pièces détachées, Ford limita la tâche de chaque ouvrier au montage d'une pièce détachée d'une manière imposée. Initialement, les ouvriers passaient d'un poste d'assemblage à un autre : c'étaient eux qui allaient vers le travail. La chaîne d'assemblage mécanique, innovation à laquelle le nom de Ford reste le mieux attaché, a simplement fait venir le travail à l'ouvrier.

En décomposant le montage d'une voiture en une série de tâches simples, Ford a rendu les postes de travail eux-mêmes infiniment plus simples, mais il a aussi rendu beaucoup plus complexe le travail de coordination des titulaires de ces postes et d'addition du résultat de leur travail pour en faire une voiture complète.

Vint alors Alfred Sloan. Sloan, successeur du fondateur de General Motors William Durant, inventa un système de gestion répondant aux besoins du système de fabrication si efficace imaginé par Ford.

Ni Henry Ford ni Durant n'étaient parvenus à découvrir comment gérer les organisations tentaculaires rendues possibles et nécessaires par la production à la chaîne - les services d'étude, de fabrication, de montage et de commercialisation. Chez GM tout particulièrement, avec sa gamme bien plus étendue, il arrivait très souvent à Durant de découvrir qu'on avait produit trop d'exemplaires d'un modèle par rapport à l'état du marché ou qu'il avait fallu stopper la production faute d'avoir commandé assez de matières premières. Quand Alfred Sloan prit les commandes de GM, il compléta le système inventé par Ford, parachevant le système désigné aujourd'hui par l'expression « production de masse ».

Sloan créa des divisions plus petites, décentralisées, que les dirigeants pouvaient superviser à partir d'un siège de taille restreinte en se contentant de surveiller des chiffres de production et des données financières. Sloan créa une division pour chaque modèle de voiture – Chevrolet, Pontiac, Buick, Oldsmobile et Cadillac – plus quelques autres chargées de fabriquer des composants comme les générateurs (Delco) et les transmissions (Saginaw).

De même que Ford avait appliqué à la production le principe de division du travail imaginé par Adam Smith, Sloan l'appliqua à la gestion. Selon Sloan, les cadres supérieurs du siège n'avaient pas besoin de compétences particulières en conception ou en fabrication ; ces domaines fonctionnels pouvaient être supervisés par des spécialistes. En revanche, les cadres supérieurs devaient être aussi des experts financiers. Il leur suffisait d'examiner « les chiffres » - ventes, profits et pertes, niveau des stocks, etc. - provenant des différentes divisions de la société pour savoir si elles fonctionnaient bien ; si tel n'était pas le cas, ils pouvaient réclamer le correctif nécessaire.

Les innovations de Sloan en matière de gestion évitèrent à General Motors une disparition précoce et, au-delà, apportèrent une solution aux problèmes qui avaient bridé l'expansion des autres entreprises. Aux ingénieurs vinrent s'ajouter les spécialistes du marketing et les cadres financiers désormais nécessaires dans le système de Sloan. Le patron de GM institua solidement une division du travail intellectuel parallèle à celle du travail manuel déjà intervenue au niveau de l'atelier.

L'ultime étape du développement des grandes entreprises telles que nous les connaissons aujourd'hui est intervenue aux Etats-Unis entre la fin de la Seconde guerre mondiale et les années 60, période de forte expansion économique. Les règnes de Robert McNamara chez Ford, de Harold Geneen chez ITT et de Reginald Jones chez

General Electric incarnent le management de cette époque. Grâce à de savants travaux de planification, les cadres supérieurs déterminaient les métiers que leur entreprise devrait exercer, la quantité de capitaux qu'il faudrait consacrer à chacun d'eux et la rentabilité réclamée par la société mère aux responsables opérationnels des différentes activités. En guise d'yeux et d'oreilles, ils disposaient de vastes équipes de contrôleurs de gestion, de planificateurs et d'auditeurs qui décortiquaient les résultats des divisions et intervenaient pour corriger les plans et actions des responsables opérationnels.

Le modèle d'organisation né aux Etats-Unis s'étendit rapidement à l'Europe puis, après la Seconde guerre mondiale, au Japon. Imaginé à une époque où la demande était forte et allait en se développant, où la croissance s'accélérait donc, cette forme d'organisation de l'entreprise était parfaitement adaptée au contexte de l'après-guerre.

L'environnement économique de l'époque était dominé par un insatiable appétit de biens et de services, aux plans national et international. Privés de biens matériels, d'abord par la récession puis par la guerre, les consommateurs étaient trop heureux d'acheter tout ce que les entreprises avaient à leur offrir. Ils étaient rarement exigeants sur la qualité et le service. N'importe quelle maison, n'importe quelle voiture, n'importe quel réfrigérateur valait mieux que rien.

Dans les années 50 et 60, le premier souci opérationnel des cadres supérieurs était la capacité de production - c'est-à-dire l'aptitude à suivre une demande qui ne cessait d'augmenter. Si une société se dotait trop tôt d'une capacité de production excédentaire, le financement de ses nouvelles usines pouvait lui coûter très cher. Mais si elle ne voyait pas assez grand ou si elle s'équipait trop tard, elle risquait, incapable de faire face à la demande, de perdre des parts de marché. Pour résoudre ce genre de problèmes, les sociétés imaginèrent des systèmes de budget, de prévision et de contrôle sans cesse plus complexes.

La structure pyramidale d'organisation habituellement retenue par la plupart des organisations était bien adaptée à un environnement de forte croissance car il lui était possible de grossir. Lorsqu'une société devait s'étendre, il lui suffisait d'ajouter les travailleurs nécessaires en bas de l'organigramme et de pourvoir les échelons d'encadrement au-dessus.

Ce type d'organigramme convenait aussi idéalement pour le contrôle et la prévision. Une fois le travail morcelé, les superviseurs (et les superviseurs des superviseurs) pouvaient s'assurer que les résultats obtenus par les travailleurs étaient suffisants et réguliers. Il était facile de déterminer les budgets et de les suivre pour chaque département. Il en allait de même pour les plans.

Cette forme d'organisation s'accommodait aussi de durées de formation courtes, car rares étaient les tâches de production compliquées ou difficiles. De plus, lorsque la bureautique apparut, dans les années 60, elle poussa les entreprises à morceler encore davantage le travail de leurs cols blancs en petites tâches répétitives, également susceptibles d'être mécanisées ou automatisées.

Avec la multiplication du nombre des tâches, cependant, les processus globaux de production des produits ou services devinrent inévitablement de plus en plus complexes, ce qui ne fit que compliquer davantage leur gestion. La multiplication des gens situés vers le milieu de l'organigramme - les cadres moyens ou fonctionnels - fut une partie du prix payé par les sociétés en contrepartie de l'avantage tiré d'une fragmentation de leurs tâches en étapes simples et répétitives et de l'adoption d'une organisation hiérarchique.

Les entreprises eurent aussi à payer le coût d'un élargissement de la distance entre les cadres supérieurs et les utilisateurs de leur produit ou service. Les clients et leurs réactions à la stratégie de la société se transformèrent en une série de chiffres anonymes qui se frayaient un chemin vers le haut de la pyramide.

Telles sont donc les origines de la grande entreprise d'aujourd'hui, les règles, forgées par la nécessité, selon lesquelles les entreprises actuelles se sont structurées. Si les sociétés modernes saucissonnent le travail en tâches insignifiantes, c'est que cela fut naguère source d'efficacité. Si elles disséminent l'autorité et la responsabilité au sein de lourds services administratifs, c'est qu'elles ont appris à contrôler ainsi leurs unités tentaculaires. Si elles renâclent quand on leur suggère de changer leur façon de fonctionner, c'est que ces principes d'organisation et les structures qui en sont issues ont fort bien fonctionné pendant des décennies.

Pourtant, la réalité à laquelle les entreprises doivent faire face est que leur ancien mode de fonctionnement, la division du travail, érigée en principe par Adam Smith et autour duquel elles se sont développées, tout simplement ne marche plus. Le monde a brusquement changé. La crise de compétitivité à laquelle les entreprises occidentales sont confrontées ici et maintenant ne résulte pas d'une récession économique temporaire ou d'un point bas du cycle d'activité. En fait, on ne peut plus compter sur un cycle économique prévisible - prospérité puis récession suivie d'une prospérité retrouvée - comme ce fut le cas jusqu'ici. Dans l'environnement actuel, rien n'est constant ni prévisible - ni la progression du marché, ni la demande du consommateur, ni le cycle de vie d'un produit, ni le rythme de l'évolution technologique, ni la nature de la concurrence. Le monde d'Adam Smith et sa façon de travailler sont des paradigmes d'hier.

Trois forces, agissant à la fois ensemble et séparément, poussent les entreprises actuelles de plus en plus loin sur un terrain inconnu qui inquiète la plupart de leurs cadres et dirigeants. Ces forces, nous les appellerons les trois C : ce sont les Clients, la Concurrence et le Changement. Si leur nom n'a rien de nouveau, ces trois C présentent pourtant des caractéristiques remarquablement différentes de celles d'autrefois.

Voyons donc ces trois C et les changements qui les ont affectés. Et d'abord, les clients.

Les clients prennent le pouvoir

Depuis le début des années 80, dans les pays développés, le sens de la relation vendeur-acheteur a changé. Les vendeurs ont perdu leur prééminence ; le client a pris le dessus. Il dit maintenant à ses fournisseurs ce qu'il veut, quand il le veut, comment il le veut et ce qu'il est prêt à payer. Cette nouvelle situation est déstabilisante pour des entreprises qui n'avaient connu que le marché de masse.

En réalité, il n'y a jamais eu de marché de masse, mais pendant le plus clair de ce siècle, l'*idée* du marché de masse a engendré chez les industriels et les prestataires de services – de la société automobile de Henry Ford à la société d'informatique de Thomas Watson – une fiction commode selon laquelle tous leurs clients étaient plus ou moins identiques. Si cela était, ou si les clients faisaient comme si, les entreprises pouvaient considérer qu'un produit ou un service standardisé – une voiture noire ou un ordinateur de *Big Blue* – conviendrait à la plupart d'entre eux. Même les récalcitrants achèteraient ce qu'on leur offrirait, parce qu'ils n'auraient guère le choix. Les fournisseurs du marché de masse avaient relativement peu de concurrents et ils offraient en général des produits ou services très comparables. D'ailleurs, la plupart des consommateurs ne s'en plaignaient pas. Ils ignoraient qu'ils pouvaient avoir quelque chose de mieux ou de différent.

Mais à présent qu'ils ont le choix, les clients ne se comportent plus comme s'ils sortaient tous du même moule. Les clients - consommateurs aussi bien qu'entreprises - réclament des produits et services conçus en fonction de leurs besoins uniques et particuliers. Le client n'existe plus ; il n'y a plus que *ce* client, celui que le vendeur a en face de lui et qui a maintenant les moyens de faire valoir ses goûts personnels. Le marché de masse s'est brisé en mille morceaux, des morceaux dont la taille se limite quelquefois à celle d'un consommateur isolé.

Chaque client – consommateur ou entreprise – demande à être traité individuellement. Il attend des produits adaptés à ses besoins, des délais de livraison adaptés à ses projets industriels ou à ses heures de travail et des conditions de paiement adaptées à ses moyens. Le pouvoir économique est passé du producteur au consommateur ; individuellement ou collectivement, plusieurs facteurs ont fait pencher la balance du côté de ce dernier.

Les attentes du consommateur américain se sont emballées lorsque des concurrents – souvent japonais – ont afflué sur le marché en offrant des prix inférieurs, et bientôt des produits de plus haute qualité. Puis les Japonais lancèrent de nouveaux produits que les producteurs américains d'alors n'avaient pas eu le temps de mettre sur le marché – si seulement ils en avaient eu l'idée. Qui plus est, les Japonais firent tout cela en assurant des niveaux de service hors de portée des entreprises traditionnelles. C'était la production de masse *plus* – plus la qualité, plus le prix, plus le choix et plus le service.

Dans le secteur des services, les consommateurs attendent et exigent davantage parce qu'ils savent pouvoir obtenir davantage. La technologie, sous forme de bases de données sophistiquées, aisément accessibles, permet aux fournisseurs de service et aux détaillants de toute sorte d'accéder non seulement à des informations élémentaires sur leurs clients mais encore de connaître leurs préférences et leurs exigences, ce qui jette les fondements d'une nouvelle compétitivité.

Par exemple, quand un client appelle Pizza Hut pour commander pour la seconde fois consécutive une pepperoni-champignon, la standardiste lui propose d'essayer autre chose. S'il accepte, elle lui adresse par courrier des bons de réduction valables pour une pizza correspondant à ses désirs exprimés. Quand un client appelle le SAV de Whirlpool, l'appel est automatiquement dirigé vers le technicien avec lequel il a déjà été en contact, afin de dépasser l'anonymat d'un « numéro vert » en créant une impression de relation personnelle et d'individualisation. Les vépécistes, qui sont en mesure de collecter d'énormes quantités de données sur leurs clients, atteignent un degré de ciblage du service plus élevé encore. Une fois qu'ils ont bénéficié de ce service amélioré, les consommateurs ne sont plus très enclins à revenir en arrière.

L'incroyable concentration de la clientèle dans certains marchés – on s'en rend compte avec l'essor des méga-concessions dans l'automobile, le remplacement de milliers de restaurants indépendants par une poignée de franchises de restauration rapide ou les hypermarchés qui détournent les clients des magasins de centre ville – a contribué à modifier profondément les termes de la relation vendeur-client. Si on lit sur une enseigne « Garage Dupont – Oldsmobile, Nissan, Isuzu, Mercedes, Jeep, Honda, Saturn », cela signifie que M. Dupont peut tenir la dragée haute aux constructeurs automobiles. Puisqu'il propose tant de marques, chacune d'elles a besoin de M. Dupont plus que M. Dupont n'a besoin d'elle.

La menace d'une intégration à rebours a aussi contribué à faire passer le pouvoir des mains des producteurs à celles de leurs clients. Souvent, ces derniers peuvent faire eux-mêmes ce que leurs fournisseurs faisaient pour eux. Même si elles n'en ont pas l'intention, les entreprises pourraient fort bien acheter les mêmes machines et embaucher les mêmes salariés que leurs fournisseurs. « Faites ce que je veux, peuvent-ils dire, sinon je le ferai moi-même ». Avec les techniques économiques et relativement simples de la publication assistée par ordinateur, par exemple, les entreprises peuvent fort bien faire elles-mêmes des travaux qu'elles avaient l'habitude de confier à des imprimeurs.

Ce qui est vrai de la clientèle industrielle l'est aussi des consommateurs. Quand les épargnants se sont aperçus qu'ils pouvaient eux aussi souscrire les titres d'Etat et le papier commercial à court terme et de haute qualité que les banques achetaient avec l'argent de leurs dépôts, beaucoup d'eux ont diminué leurs placements sur les comptes faiblement rémunérés, privant les banques d'une source de revenu importante.

La possibilité d'accéder désormais à des données considérablement plus nombreuses a contribué à inverser le rapport de force entre clients et vendeurs. Ce monde à haute teneur en information rendu possible par les nouvelles technologies de communication n'exige même pas que le consommateur ait un ordinateur chez lui. En consultant n'importe quel journal, tout un chacun peut comparer les taux des différents produits de placement bancaires des grandes banques. Les éditeurs collectent ces données par voie électronique et les communiquent à leurs lecteurs, qui peuvent maintenant savoir à coup sûr si leur banque locale leur offre des conditions intéressantes ou, à défaut, qui leur en proposera. Aujourd'hui, le concessionnaire automobile doit considérer a priori que tout client a lu les revues de consommateurs et qu'il sait parfaitement à quel prix le constructeur lui vend ses modèles. Sa position dans la négociation en est fragilisée.

Pour les sociétés qui se sont développées avec une mentalité de marché de masse, la nouvelle réalité la plus dure à accepter est que *chaque client compte.* Si l'on perd un client aujourd'hui, il n'y en pas d'autre pour le remplacer. Pendant les trente années qui ont suivi la seconde guerre mondiale, il y avait insuffisance chronique de biens de consommation. Les industriels ne parvenaient pas à en produire suffisamment à des prix assez bas pour satisfaire tous les acheteurs potentiels. Une demande insatiable conférait aux producteurs un avantage sur les acheteurs. Dans un marché de masse, si vous fabriquez, « ils » achèteront.

Il n'y a plus de pénurie de biens de grande consommation. Du côté de l'offre, les producteurs se sont multipliés autour du monde. Du côté de la demande, la population des pays développés n'augmente plus aussi vite. Les marchés de beaucoup de produits sont en outre arrivés à maturité. Désormais, tous ceux qui veulent un réfrigérateur, un magnétoscope, voire un micro-ordinateur, en ont un. Les producteurs de ces équipements fonctionnent grâce aux renouvellements. Les consommateurs détiennent donc un pouvoir considérable. Autrement dit, ils peuvent se montrer très exigeants.

En bref, au lieu des marchés de masse en expansion des années 50, 60 et 70, les entreprises ont en face d'elles des clients – entreprises ou particuliers – qui savent ce qu'ils veulent, ce qu'ils sont prêts à payer et comment l'obtenir dans les conditions de leur choix. Ils ne sont nullement obligés d'en passer par les sociétés qui n'auraient pas compris et assimilé cette mutation radicale de la relation client-acheteur.

La concurrence se durcit

Le second C est la concurrence. Elle était simple naguère : l'entreprise qui pouvait offrir sur le marché au meilleur prix un produit ou service acceptable faisait la vente. A présent, la concurrence n'est pas seulement plus nombreuse, elle est aussi multiforme.

Des acteurs très spécialisés ont transformé pratiquement tous les marchés. Des produits identiques se vendent sur des marchés différents au nom d'atouts commerciaux totalement disparates : l'argument des prix sur un premier marché, celui du choix sur un second, celui de la qualité ailleurs, ou encore celui du service offert avant, pendant et après la vente. Avec la libération des échanges, aucun territoire national n'est à l'abri de la concurrence. Lorsque les Japonais – ou les Allemands, les Français, les Coréens, les Taïwanais et tant d'autres – ont le droit d'intervenir librement sur les mêmes marchés, un seul acteur meilleur que les autres est capable d'élever le seuil concurrentiel pour toutes les entreprises du monde. Caterpillar s'empoigne avec Komatsu, Du Pont avec Hoechst, la Chase Manhattan avec la Barclays. Les bons chassent les mauvais, car le prix plus bas, la qualité plus élevée ou le service meilleur offert par l'un quelconque d'entre eux a vite fait de devenir la norme pour tous les acteurs en présence. Il ne suffit plus d'être passable. Celui qui ne parvient pas à rester au coude à coude avec les meilleurs mondiaux dans sa catégorie n'a bientôt plus sa place.

Les entreprises qui partent de zéro, dépourvues de bagage organisationnel, n'ayant pas à porter le poids d'une histoire, sont capables d'entrer sur un marché avec un produit ou service de nouvelle génération avant que les sociétés existantes aient seulement pu récupérer leurs frais de développement sur le produit ou service précédent. Gros ne veut plus dire inexpugnable : toute entreprise installée doit aujourd'hui garder un oeil sur les nouvelles entreprises – les toutes jeunes aussi bien que celles qui, créées depuis déjà quelque temps, fonctionnent encore selon les principes édictés par leur fondateur.

Selon cette définition, Sun Microsystems reste une société nouvelle, et Wal-Mart aussi. L'innovation représentée par les stations de travail de Sun a infléchi le cours de l'histoire pour tous les fabricants d'ordinateurs du monde. Wal-Mart a réinventé le commerce de détail.

Les nouvelles entreprises ne respectent pas les règles. Elles en édictent de nouvelles. Wal-Mart n'a pas cherché à imiter Sears. N'ayant pas le même passé que Sears à porter, il a imaginé de nouvelles façons de travailler. Les atouts apparents de Sears – le grand nombre de ses points de vente, son personnel expérimenté, ses relations anciennes avec les fournisseurs, ses rouages opérationnels et administratifs bien huilés – sont devenus des handicaps, en ce sens qu'ils sont incapables de produire les résultats dont Wal-Mart a fait la nouvelle norme concurrentielle.

La technologie transforme la nature de la concurrence d'une façon qui surprend les entreprises. Dans le commerce de détail, par exemple, elle a permis à des producteurs et à des distributeurs comme Procter & Gamble et Wal-Mart de fusionner leurs systèmes de distribution et de stockage pour leur plus grand bénéfice mutuel. Dans le service après-vente, la technologie permet aux esprits inventifs d'imaginer des techniques de service entièrement nouvelles. Otis Elevator Company a par exemple créé un ingénieux système informatisé pour résoudre un problème byzantin : comment entretenir 93 000 ascenseurs et escaliers roulants d'Amérique du Nord, vingt-quatre heures sur vingt-quatre ? En arrivant sur place, les dépanneurs connaissent déjà la nature du problème et les opérations antérieurement effectuées sur la machine. Avec leurs innovations technologiques destinées à assurer une harmonieuse interaction entre elles-mêmes et leurs clients, des sociétés comme Otis repoussent les limites du possible mais élèvent aussi les attentes de la clientèle, et cela pour toutes les entreprises de leur marché.

Le changement devient incessant

Le troisième C est le changement. Les clients et la concurrence ont changé, on le sait déjà, mais ainsi en va-t-il également de la nature du changement lui-même. D'abord, le changement est devenu constant et omniprésent. Il est la normalité. Il n'y a pas si longtemps, par exemple, les compagnies d'assurance-vie ne proposaient que deux produits : le contrat permanent et le contrat temporaire. Aujourd'hui, elles offrent tout un assortiment de produits en perpétuelle évolution et subissent une pression concurrentielle toujours plus forte qui les oblige à créer de nouveaux produits.

De plus, le rythme du changement s'est accéléré. Avec la mondialisation de l'économie, les entreprises affrontent un nombre plus grand de concurrents, tous susceptibles d'innover en lançant des produits ou services nouveaux. La rapidité du changement technologique joue aussi en faveur de l'innovation. Ford a produit le Modèle T pour toute une génération d'hommes. Le cycle de vie d'un produit informatique lancé aujourd'hui sera probablement inférieur à deux ans. Une société du secteur de l'assurance retraite a récemment créé un service visant à exploiter les anomalies de la loi fiscale et des taux d'intérêt. Sa durée de vie prévue était de trois mois exactement. Arriver sur ce marché avec ne serait-ce que trente jours de retard aurait diminué d'un tiers la durée de vie de ce service.

Ce n'est pas seulement le cycle de vie des produits et services qui a diminué mais aussi le délai disponible pour en développer et en lancer de nouveaux. Aujourd'hui, les entreprises doivent bouger vite, ou bien elles ne bougeront plus du tout.

Il leur faut en outre exercer une surveillance tous azimuts. Les dirigeants *pensent* que leur entreprise est équipée de radars capables de détecter efficacement le changement, mais tel est rarement le cas. Le plus souvent, elle ne détecte que le changement auquel elle s'attend. Nous connaissons un fabricant de biens de grande consommation dont les chefs de marque surveillaient assidûment les attitudes des consommateurs pour détecter les infléchissements susceptibles d'affecter leurs produits. Malgré des sondages toujours favorables, la part de marché chuta soudain. On fit de nouveaux sondages. Les clients adoraient les produits, mais la part de marché continuait à décliner. On finit par s'apercevoir que le problème tenait aux négligences observées dans l'expédition des commandes ; elles exaspéraient les détaillants, qui réagissaient en réduisant la place du produit sur leurs linéaires, mais ni les chefs de marque ni personne d'autre dans la société n'avait assez de recul pour détecter et résoudre ce problème.

Les changements susceptibles de tuer une entreprise sont ceux auxquels elle ne s'attend pas ; or c'est le cas de la plupart des changements dans l'environnement économique actuel.

Les trois C – clients, concurrence et changement – ont transformé le monde économique, et l'on s'aperçoit de plus en plus que des organisations conçues pour fonctionner dans un certain contexte ne peuvent être amendées de façon à bien fonctionner dans un autre. Aux entreprises créées de façon à prospérer dans la production de masse, la stabilité et la croissance, il ne suffit pas d'un simple correctif pour réussir dans un monde où les clients, la concurrence et le changement réclament flexibilité et mobilité.

Certains imputent les problèmes des économies occidentales à des facteurs sur lesquels les dirigeants d'entreprise n'ont pas prise : le protectionnisme des pays tiers, le faible coût du capital chez les Japonais et les prix de braderie pratiqués par les sociétés étrangères subventionnées par leurs pouvoirs publics. Ils incriminent la politique économique de leur gouvernement, ses réglementations et l'insuffisance de sa politique de gestion des ressources naturelles et humaines. Ils s'en prennent aux syndicats ou aux travailleurs, mal formés et peu motivés.

Si ces raisons étaient les bonnes, la quasi-totalité des entreprises occidentales seraient sur le déclin. Or tel n'est pas le cas. Sans doute

Sears perd-il des parts de marché, mais Wal-Mart et The Gap prospèrent. GM a du mal à fabriquer des automobiles de haute qualité aux Etats-Unis, mais Honda y parvient. Peut-être le secteur de l'assurance dans son ensemble est-il un gouffre financier, mais certaines compagnies comme Progressive Insurance dégagent une rentabilité exceptionnelle. Bethlehem Steel ne fait plus que le dixième de sa taille d'autrefois, mais Nucor et autres minisidérurgistes se débrouillent bien sur le marché mondial. Dans presque tous les secteurs, avec les mêmes règles et les mêmes acteurs, la réussite de quelques entreprises invalide les fausses excuses de la plupart.

Incapables d'expliquer les problèmes de leurs entreprises, les managers ne s'accordent pas non plus sur les remèdes à apporter. Pour les uns, les sociétés rebondiraient si seulement elles disposaient de produits et services adaptés à leur époque. Cela nous paraît contestable, car les produits n'ont qu'une durée de vie limitée, et même les meilleurs ont vite fait de devenir obsolètes. Ce ne sont pas les produits mais les processus grâce auxquels ils sont créés qui font la réussite à long terme des entreprises. Ce ne sont pas les bons produits qui font les gagnants mais les gagnants qui font les bons produits.

Pour d'autres, les entreprises pourraient remédier à leurs handicaps en modifiant leur stratégie. Elles devraient vendre une division, en acheter une autre, changer de marché, s'engager dans des activités différentes. Elles pourraient jongler avec leurs actifs ou se restructurer grâce à un LBO. Les réflexions de ce genre détournent les entreprises des changements fondamentaux à apporter à ce qui est en réalité leur vrai travail. Elles dénotent aussi un profond mépris du quotidien. Les entreprises ne sont pas des portefeuilles d'actifs mais des personnes qui œuvrent ensemble pour inventer, fabriquer, vendre, assurer des services. Si elles ne réussissent pas dans le métier qui est le leur, c'est parce que leur personnel n'invente pas, ne fabrique pas, ne vend pas, n'assure pas les services aussi bien qu'il le devrait. Peut-être les cadres supérieurs aiment-ils mieux jouer au chevalier d'industrie que de se salir les mains avec les fastidieux détails de l'activité quotidienne, mais ce n'est pas ce qui compte le plus. « Dieu est dans les détails », a dit l'architecte Mies van der Rohe. Il parlait d'architecture, mais cette observation s'applique aussi bien à la gestion d'une entreprise.

D'autres encore, et notamment de nombreux managers, imputent les problèmes des entreprises à l'insuffisance de leur encadrement. Si seulement les sociétés étaient gérées autrement, et mieux, elles seraient en bonne santé. Mais aucune des théories dont les managers se sont entichés depuis vingt ans – ni la direction par objectifs, ni la diversification, ni la théorie Z, ni le budget base zéro, ni l'analyse de la chaîne de valeur, ni la décentralisation, ni les cercles de qualité, ni l'« excellence », ni la restructuration, ni le management ambulatoire, ni la gestion matricielle, ni l'intraprise, ni le management-minute – n'a inversé le mouvement de dégradation des performances concurrentielles des entreprises. Elles n'ont fait qu'éloigner les managers de la réalité des choses.

D'aucuns pensent que la réponse aux problèmes des entreprises réside dans l'informatisation. Il est vrai que les ordinateurs peuvent accélérer le travail ; depuis quarante ans, les entreprises ont investi des milliards pour automatiser des tâches jusqu'alors effectuées à la main. Automatiser aboutit à la réalisation plus rapide de certains travaux. Mais ceux-ci demeurent foncièrement identiques, ce qui veut dire qu'il n'y a pas d'amélioration fondamentale des performances.

Notre diagnostic sur les problèmes des entreprises occidentales est simple, mais il suppose des actions correctives moins faciles à mettre en oeuvre que les solutions déjà tentées. Ce diagnostic va au coeur même de la tâche de l'entreprise. Il repose sur la prémisse suivante : une société qui est meilleure que les autres dans son activité courante – inventer des produits et services, les fabriquer, les vendre, satisfaire des commandes, servir des clients – l'emportera sur ses concurrents. Nous croyons que, d'une façon générale, ce qui distingue les entreprises gagnantes des entreprises perdantes est que les premières savent mieux faire leur métier. Si les sociétés occidentales veulent passer à nouveau du côté des vainqueurs, elles doivent s'interroger sur la façon dont elles accomplissent leur métier. C'est aussi simple et aussi énorme que cela.

Pour illustrer ce que nous voulons dire quand nous parlons d'une entreprise qui fait son métier, prenons un processus courant dans les entreprises du monde entier. Le traitement d'une commande débute par la réception d'un ordre du client, s'achève par la livraison et englobe tout ce qui se passe dans l'intervalle. Ce processus comporte classiquement une douzaine d'opérations, accomplies par des personnes différentes dans des services distincts. Une personne du service clientèle reçoit la commande, l'enregistre et vérifie qu'elle est complète et peut être traitée. La commande passe alors au service financier, où une autre personne vérifie le crédit accordé au client. Puis quelqu'un du service des ventes détermine le prix à facturer. La commande est ensuite transmise au contrôle des stocks, qui s'assure que les produits sont disponibles. Si tel n'est pas le cas, la commande est dirigée vers le planning de production, qui la met en attente. Puis le magasin définit un programme d'expéditions. La logistique détermine le mode de transport – rail, route, air ou eau – et choisit une desserte et un transporteur. La manutention prend les produits dans l'entrepôt, vérifie que la commande est complète, regroupe les produits et les emballe. La logistique confie le tout au transporteur qui se charge de la livraison au client.

Ce processus est peut-être complexe, mais il a des avantages certains du point de vue du principe de division du travail imaginé par Adam Smith et des principes de contrôle de gestion et d'imputation des responsabilités posés par Alfred Sloan. D'abord, il n'exige pas de personnel qualifié. Chaque personne impliquée dans le processus est spécifiquement chargée d'une tâche simple. Ensuite, chacun a sa part de responsabilité tout au long de la chaîne de commande administrative.

Les entreprises sont pourtant obligées d'accepter des arbitrages pour préserver la simplicité des tâches et garder un contrôle étroit sur les actes des salariés. Premièrement, personne dans la société ne supervise l'ensemble du processus et son résultat : il n'y a pas une personne qui en soit responsable. Aucun des agents participant au processus ne peut dire aux clients où en est leur commande ni quand ils seront livrés. Beaucoup de gens participent au traitement des commandes, mais celui-ci ne dépend d'aucun individu ni d'aucun service.

En second lieu, ce processus est vulnérable. Des errements sont inévitables quand tant de gens doivent agir et intervenir séparément autour d'une même commande.

Prêcher la qualité n'aura guère d'effet. Quand bien même chaque personne participant au traitement des commandes ferait son travail à la perfection et dans le temps imparti, le processus resterait lent et vulnérable. Il y a trop de passages de témoin – au moins neuf, voire davantage si la commande doit être mise en attente. Tout passage de témoin suppose files d'attentes, traitements en bloc et délais.

De plus, le mode classique de traitement des commandes ne comporte pas le moindre aspect de service à la clientèle. Des procédures complexes qui impliquent une douzaine de gens travaillant dans plusieurs services ne peuvent acquérir la souplesse nécessaire pour traiter des exigences particulières ou pour répondre à des demandes de renseignement. Personne n'a qualité pour répondre à une question ou pour résoudre un problème. Une fois lancé le traitement d'une commande, rien ne prouvera qu'elle n'est pas perdue tant qu'elle ne sera pas parvenue en bout de chaîne – sans préjudice du temps qu'il lui faudra pour y parvenir.

Il ne suffit pas de rajuster les rouages du processus de traitement des commandes pour résoudre le problème dans son ensemble. C'est ce que ne voient pas les entreprises qui essaient d'améliorer leur fonctionnement en s'attaquant à ces rouages. S'attaquer aux rouages d'un processus pour améliorer ce qui fonctionne mal, c'est en fait le meilleur moyen pour conserver à coup sûr de mauvais résultats. Pourtant, les dirigeants des sociétés que nous rencontrons essaient les uns après les autres de faire fonctionner les rouages au lieu de redéfinir les processus grâce auxquels le travail sera fait.

Le message central de notre livre est donc le suivant : il n'est plus nécessaire ni souhaitable pour l'entreprise d'organiser son activité selon les principes de division du travail définis par Adam Smith. Dans le monde actuel, régi par les clients, la concurrence et le changement, les emplois voués à une tâche sont dépassés. Les entreprises doivent organiser leur travail autour de processus opérationnels transversaux.

Cette proposition est aussi radicale et aussi lourde de conséquences aujourd'hui que les idées d'Adam Smith en leur temps. Les managers qui comprennent et admettent cette idée selon laquelle le travail doit s'organiser autour des processus aideront leur entreprise à faire un bond en avant. Les autres resteront derrière.

Il sera question de processus opérationnels tout au long de ce livre, mais on doit bien saisir dès à présent pourquoi toute entreprise désireuse de sortir du dilemme qui pèse aujourd'hui sur toute l'économie occidentale a intérêt à raisonner en termes de processus. On doit bien saisir pourquoi il faut réinventer les entreprises et non les rafistoler.

De nos jours, dans la plupart des entreprises, personne n'est responsable des processus. A vrai dire, très peu de gens même ont conscience de ceux-ci. Y a-t-il une seule société où le traitement des commandes, la livraison des produits aux consommateurs, ait été confié à un directeur ? Sans doute pas. Qui est responsable du développement des nouveaux produits ? Tout le monde s'en occupe – la R&D, le marketing, la finance, la production, etc., mais personne n'en a la charge.

Les entreprises actuelles sont faites comme des « silos fonctionnels », ou encore des tuyaux de poêle, des structures verticales bâties à partir de petits morceaux de processus. La personne qui vérifie le crédit du client appartient au service du crédit clientèle, qui lui-même dépend sans doute du département financier. L'enlèvement des marchandises est l'affaire des employés du magasin, qui dépendent probablement du directeur de la production. Les expéditions, quant à elles, relèvent de la logistique. Tous ceux qui participent à un processus opérationnel regardent en arrière, vers le service dont ils font partie, ou en haut, vers leur patron, mais personne ne regarde en avant vers le client. Les problèmes d'efficacité des entreprises contemporaines trouvent ainsi leur source dans la fragmentation des processus opérationnels.

Les organigrammes classiques qui spécialisent le travail et fragmentent les processus se perpétuent d'eux-mêmes, car ils étouffent l'innovation et la créativité de l'organisation. Si quelqu'un relevant d'un service fonctionnel vient à avoir une idée nouvelle – une meilleure façon de traiter les commandes des clients, par exemple – il doit d'abord la vendre à son patron, qui doit la vendre à son propre supérieur, et ainsi de suite jusqu'au sommet de la hiérarchie. Pour qu'une idée soit acceptée, il faut que tout le monde lui dise oui de bout en bout, alors qu'il suffit d'un seul non pour la tuer. Du point de vue de ses concepteurs, cet obstacle congénital à l'innovation n'est pas une imperfection de l'organigramme classique mais un garde-fou contre un changement qui pourrait faire naître un risque non contrôlé.

La fragmentation des processus et la spécialisation des organigrammes, fruits d'un âge révolu, freinent aussi l'adaptation aux grands changements de l'environnement externe, c'est-à-dire du marché. Les processus opérationnels sont conçus actuellement sur l'hypothèse que l'environnement de l'entreprise variera seulement dans des limites étroites et prévisibles. En éloignant les dirigeants des activités opérationnelles et en fractionnant ces dernières entre des départements spécialisés, les entreprises d'aujourd'hui font en sorte que personne ne puisse s'apercevoir d'un changement significatif, ou en tout cas faire quoi que ce soit pour s'y adapter.

Aujourd'hui, les organisations fragmentées révèlent de fâcheuses déséconomies d'échelle, exactement à l'inverse de ce que prévoyait Adam Smith. Ces déséconomies ne concernent pas seulement la main-d'oeuvre directe mais également les frais généraux. Ainsi, une entreprise qui exécute 100 unités d'oeuvre par heure et dont chacun des ouvriers est capable d'accomplir 10 unités par heure aura besoin de onze salariés : dix ouvriers et un contremaître. Mais si la demande est multipliée par dix, la même société, pour accomplir 1000 unités d'oeuvre par heure, aura besoin de dix fois plus d'ouvriers, plus un contremaître pour chaque dizaine de nouveaux ouvriers. Il lui faudra quelque chose comme 196 personnes : 100 ouvriers, 10 contremaîtres, 1 manager, 3 managers adjoints, 18 agents chargés de l'administration du personnel, 19 agents pour la planification à long terme, 22 pour l'audit et le contrôle, 23 pour faire travailler les autres ensemble.

Cette déséconomie d'échelle n'est pas seulement prolifération administrative et folie des grandeurs, même si cela peut jouer aussi. Elle découle plutôt de ce que nous appellerons le *management façon Gribouille*. Les entreprises s'emparent d'un processus naturel, tel que le traitement des commandes, et le tronçonnent en une multitude de petits morceaux : les tâches accomplies par les agents des services fonctionnels. Il ne leur reste plus qu'à recruter de nouvelles troupes pour recoller les morceaux. Ces nouvelles troupes s'appellent auditeur, conciliateur, contrôleur, coordinateur, superviseur, manager, directeur. Elles ne sont que le liant qui fait tenir ensemble les gens qui font le travail proprement dit – ceux qui vérifient le crédit du client, ceux qui prélèvent les produits dans les stocks, ceux qui expédient les colis. Dans bien des entreprises, le coût de la main d'œuvre directe baisse, certes, mais les frais généraux montent, montent sans cesse. Autrement dit, la plupart des entreprises paient aujourd'hui le liant plus cher que le travail productif – ce qui est un bon moyen pour avoir des problèmes.

Rigidité, immobilisme, absence d'intérêt pour le client, obsession de l'activité plutôt que du résultat, paralysie bureaucratique, manque d'innovation ou lourdeur des frais généraux ne sont pas des traits nouveaux ; ils ne sont pas apparus soudainement. Ils ont toujours été là. Jusqu'à une époque récente, les entreprises n'ont guère eu à s'en tracasser. Si les coûts étaient élevés, on les faisait payer par les clients. Si les clients étaient mécontents, ils n'avaient pas le choix. Si les nouveaux produits tardaient à venir, les clients attendaient. Le travail important, pour un manager, était de gérer la croissance, et le reste n'avait pas d'importance. Maintenant qu'il n'y a plus de croissance, le reste a beaucoup d'importance.

Le problème de notre économie est que nous nous apprêtons à entrer dans le XXIe siècle avec des entreprises conçues au XIXe siècle pour bien fonctionner au XXe.

Il nous faut quelque chose d'entièrement différent.

2

REENGINEERING – LE CHEMIN DU CHANGEMENT

S'il fallait définir en quelques mots le Reengineering de l'entreprise, nous proposerions : « recommencer à zéro ». Le Reengineering (on pourrait en bon français parler de « reconfiguration majeure », et nous utiliserons parfois le verbe « reconfigurer ») ne consiste pas à rafistoler l'existant ni à le modifier une énième fois sans toucher à la structure de base. Il ne consiste pas à redistribuer les systèmes en place dans l'espoir d'améliorer leur fonctionnement. Il consiste à renoncer aux procédures établies de longue date et à jeter un regard neuf sur le travail nécessaire pour créer le produit ou le service de l'entreprise et satisfaire son client. Cela revient à se poser la question suivante : « Si je recréais cette entreprise aujourd'hui, sachant ce que je sais et compte tenu de la technologie actuelle, à quoi ressemblerait-elle ? » Reconfigurer une entreprise signifie se débarrasser des systèmes anciens pour repartir de zéro. Pour y parvenir, il faut commencer par le commencement et inventer une meilleure façon de faire son métier.

Cette définition approximative convient parfaitement dans la conversation, car elle donne aux gens une idée de ce que nous entendons par Reengineering en action. Mais elle n'est pas suffisante pour celui qui veut appliquer le Reengineering à une entreprise.

Comment une entreprise reconfigure-t-elle ses modes de fonctionnement ? Par où commencer ? Qui est concerné ? Où trouver des idées de changement radical ?

Nous avons scruté les réponses que les entreprises, en tâtonnant, apportent à ces questions. Nous avons conseillé des entreprises qui ont opéré de tels changements, et nous en avons observé d'autres. De leur expérience et de la nôtre, nous avons tiré la notion de *Business Reengineering*, que nous avons développée jusqu'à en faire une méthode de réinvention de l'entreprise. Avec les sociétés que nous avons accompagnées, nous avons développé un ensemble de techniques permettant de mener à bien ce processus. Il ne s'agit pas de formules toutes faites mais d'outils à la disposition des entreprises pour réinventer la façon dont elles exercent leur activité.

Ce que nous-mêmes et nos clients avons tiré de ces techniques est encourageant. Utilisées à bon escient – c'est-à-dire avec intelligence et imagination – elles se révèlent efficaces et peuvent déboucher sur de stupéfiantes améliorations des performances. Tout le reste de ce livre est consacré au Reengineering et aux moyens de le réussir dans une entreprise.

UNE DÉFINITION FORMELLE DU REENGINEERING

Commençons donc par donner une définition plus satisfaisante. Le « Reengineering », à proprement parler, est « une remise en cause fondamentale et une redéfinition radicale des processus opérationnels pour obtenir des gains spectaculaires dans les performances critiques que constituent aujourd'hui les coûts, la qualité, le service et la rapidité ». Cette définition contient quatre mots clés.

Mot clé : fondamentale

Le premier mot clé est *fondamentale*. Les dirigeants qui s'engagent dans un Reengineering doivent se poser les questions les plus élémentaires sur leur entreprise et sur sa façon de fonctionner : *Pourquoi* faisons-nous ce que nous faisons ? Et pourquoi le faisons-nous comme nous le faisons ? Ces questions essentielles obligent les gens à considérer les règles et présupposés tacites qui sous-tendent leur façon de gérer leurs activités. Souvent, ces règles se révèlent obsolètes, erronées ou inadaptées.

Reconfigurer, c'est d'abord renoncer aux présupposés et principes établis ; en fait, les entreprises qui entreprennent un Reengineering doivent se garder des idées reçues déjà contenues dans la plupart des processus eux-mêmes. Se demander : « Comment assurer plus efficacement la vérification du crédit client ? » présuppose qu'il soit nécessaire de vérifier le crédit client. Dans bien des cas, le coût de cette vérification risque pourtant d'excéder celui des impayés qu'elle permet d'éviter. Lors d'un Reengineering, on commence par déterminer *ce* qu'une entreprise doit faire avant de dire *comment* elle doit le faire. Le Reengineering ne tient rien pour acquis. Il ignore ce qui est et s'attache à ce qui *devrait être.*

Mot clé : radicale

Le second mot clé de notre définition est *radicale*, qui vient du latin « radix », racine. Opérer une remise en cause radicale signifie aller aux racines des choses : non pas apporter des changements superficiels ou bricoler l'existant, mais faire place nette des vieilleries. Par remise en cause on entend ici négliger toutes les structures et procédures existantes pour inventer des façons entièrement nouvelles d'accomplir son travail. Le Reengineering se veut *réinvention* de l'entreprise, et non amélioration, renforcement ou modification de celle-ci.

Mot clé : spectaculaire

Le troisième mot clé est *spectaculaire.* Le Reengineering ne vise pas à réaliser des améliorations marginales ou additionnelles mais à provoquer un bond quantitatif des performances. Si une entreprise est à 10 % de son objectif, si elle a des coûts 10 % trop élevés, si sa qualité est de 10 % trop faible, si elle doit améliorer de 10 % son service à la clientèle, elle n'a pas besoin d'un Reengineering. Des méthodes plus traditionnelles, de la remotivation des troupes aux programmes d'amélioration de la qualité sont susceptibles de combler un écart de 10 %. Il ne faut engager un Reengineering que s'il est nécessaire de frapper un grand coup. Pour réaliser une amélioration marginale, des ajustements suffisent ; pour obtenir une amélioration spectaculaire, il faut démolir l'ancien et bâtir du neuf à la place.

D'après notre expérience, les entreprises qui entreprennent un Reengineering peuvent être regroupées en trois catégories. Il y a d'abord celles qui éprouvent de graves difficultés. Elles n'ont pas le choix. Si les coûts d'une société sont plusieurs fois supérieurs à ce que sa concurrence ou son modèle d'activité permettent, si son service à la clientèle est à ce point désastreux que les clients s'en plaignent ouvertement, si le taux de panne de son produit est deux, trois ou cinq fois supérieur à celui des concurrents, autrement dit si ses performances doivent changer d'échelle, cette société exige à l'évidence un Reengineering. Tel était le cas de Ford Motor Company au début des années 80.

Viennent ensuite les entreprises qui n'ont pas encore de problèmes mais dont les dirigeants se rendent compte qu'elles vont en avoir. Aetna en a donné un exemple dans la seconde moitié des années 80. Sans doute les résultats financiers paraissent-ils satisfaisants pour l'instant, mais on voit monter à l'horizon des nuages – nouveaux concurrents, évolution des besoins ou des caractéristiques de la clientèle, transformation de l'environnement réglementaire ou économique – annonciateurs d'un orage qui pourrait bouleverser les bases sur lesquelles la société a fondé sa réussite. Ces entreprises ont suffisamment de recul pour entreprendre leur Reengineering avant que l'adversité ne les frappe.

La troisième catégorie d'entreprises justiciables d'un Reengineering regroupe celles qui sont au mieux de leur forme. Aucune difficulté n'est discernable, ni actuellement ni à l'horizon, elles ont des dirigeants ambitieux et ardents. Hallmark et Wal-Mart en sont des exemples. Les sociétés de cette troisième catégorie voient dans le Reengineering une opportunité de conforter leur avance sur la concurrence. En améliorant encore leurs performances, elles cherchent à placer la barre encore plus haut pour les concurrents et à rendre la vie plus difficile pour tous les autres. Evidemment, il est pénible d'opérer un Reengineering quand on est en position de force. Pourquoi modifier les règles quand la situation vous sourit ? On dit parfois qu'une société qui réussit vraiment se reconnaît à ce qu'elle est prête à abandonner ce qui marche depuis longtemps.

Une entreprise réellement ambitieuse ne se contente jamais de ses performances actuelles. Elle abandonne de son plein gré des pratiques depuis longtemps fructueuses avec l'espoir et la conviction qu'elle fera mieux encore.

Nous dirions que ces trois types d'entreprises se distinguent ainsi : Celles de la première catégorie sont dans une situation désespérée ; elles ont heurté un mur et gisent à terre. Celles de la seconde catégorie roulent à bonne vitesse mais voient quelque chose venir vers elles dans le halo de leurs phares ; serait-ce un mur ? Celles de la troisième catégorie se promènent par un clair après-midi, sans obstacle en vue. C'est le moment rêvé, se disent-elles, pour dresser un mur entre les autres et nous.

Mot clé : processus

Le quatrième mot clé de notre définition est *processus.* Il en est aussi le mot le plus important, et c'est celui qui pose le plus de problèmes aux dirigeants d'entreprises. La plupart d'entre eux ne raisonnent pas en termes de processus ; ils se polarisent sur les postes, les tâches, les gens, les structures, mais pas sur les processus.

Un processus opérationnel est une suite d'activités qui à partir d'une ou plusieurs entrées (*inputs*) produit un résultat (*output*) représentant une valeur pour un client. Nous avons montré au chapitre 1 ce qu'est un processus en évoquant le traitement des commandes, qui est déclenché par la commande et qui a pour résultat la livraison des biens demandés. Autrement dit, c'est la livraison au client des biens commandés qui constitue la valeur créée par le processus.

Influencés par l'idée d'Adam Smith sur la division du travail en ses tâches les plus simples, assignées chacune à un spécialiste, les entreprises modernes et leurs dirigeants se focalisent sur les tâches individuelles du processus – réception du bon de commande, prélèvement des marchandises dans un entrepôt, etc. – et ont tendance à perdre de vue l'objectif d'ensemble, qui est de faire parvenir les biens au client qui les a commandés. Les tâches individuelles participant au processus sont importantes, mais aucune d'elles ne vaut quoi que ce soit aux yeux du client si le processus dans son ensemble ne fonctionne pas – c'est-à-dire s'il n'aboutit pas à la livraison des marchandises.

Pour illustrer comment fonctionne le Reengineering et ce à quoi il peut aboutir, nous ferons appel à trois exemples. Lisez-les en gardant à l'esprit les quatre mots clés qui caractérisent le Reengineering – fondamental, radical, spectaculaire et processus – mais plus particulièrement le mot « processus ». Un raisonnement centré sur les tâches – la fragmentation du travail en ses composants les plus simples, confiés à des travailleurs spécialisés – influence depuis deux cents ans les organigrammes des entreprises. Une évolution vers une réflexion en termes de processus est déjà en cours : c'est ce que démontrent les changements radicaux opérés par des sociétés aussi en vue que IBM Credit, Ford Motor ou Kodak.

L'exemple de IBM Credit

Notre premier cas concerne IBM Credit Corporation, filiale à 100 % d'IBM, qui, si elle était indépendante, figurerait parmi les cent premières sociétés de service américaines. IBM Credit a pour vocation le financement des ordinateurs, logiciels et services vendus par IBM Corporation. IBM est très attaché à cette activité, car le financement des équipements est un métier extrêmement rentable.

A ses débuts, IBM Credit fonctionnait de façon absolument courtelinesque. Lorsqu'un vendeur d'IBM téléphonait pour une demande de crédit, l'une des quatorze personnes assises autour d'une table de réunion dans les bureaux de la compagnie décrochait le téléphone et enregistrait la demande sur une feuille de papier. Telle était la première étape.

Au cours de la seconde étape, quelqu'un montait cette feuille de papier à l'étage au-dessus, au service du crédit, où un spécialiste saisissait l'information à l'aide d'un système informatisé et contrôlait le montant du crédit susceptible d'être accordé au demandeur. Il inscrivait ce montant sur la feuille de papier et la transmettait au maillon suivant, le service des engagements.

Le service des engagements, troisième étape, était chargé d'adapter les conditions du prêt en fonction de ce que demandait le client. Après quoi, un agent du service joignait ces clauses particulières au formulaire de demande.

Puis la feuille de papier passait à un tarificateur, quatrième étape, qui enregistrait les données sur son micro-ordinateur pour déterminer à l'aide d'un tableur le taux d'intérêt applicable. Il inscrivait ce taux sur un nouveau formulaire. La liasse parvenait alors entre les mains du service administratif, cinquième étape.

Là, un rédacteur établissait à l'aide de ces différentes informations une lettre de proposition, qu'on expédiait au vendeur par Federal Express.

L'ensemble du processus demandait en moyenne six jours, mais il exigeait parfois jusqu'à deux semaines. De l'avis des vendeurs, ce délai était trop long, car il laissait au client six jours pour trouver une autre source de financement, se laisser séduire par un autre vendeur de matériel ou tout simplement renoncer à l'opération. C'est pourquoi les commerciaux téléphonaient sans relâche pour demander : « Où en est ma demande, et quand allez-vous me donner une réponse ? » Naturellement, personne n'en avait la moindre idée, car la demande était perdue quelque part dans la chaîne.

Dans l'espoir d'améliorer ce processus, IBM Credit essaya différents remèdes. On décida de créer un bureau de contrôle qui serait en mesure de répondre aux questions des commerciaux sur l'état d'avancement de leurs demandes. Au lieu de faire suivre le dossier, chaque service devait le retourner au bureau de contrôle où avait été enregistré l'appel d'origine. Là, un agent notait l'étape achevée avant de réexpédier le dossier vers la suivante. Ce palliatif régla effectivement un problème : le bureau de contrôle savait où chaque demande en était dans le labyrinthe et pouvait renseigner le vendeur. Malheureusement, cette information était obtenue au prix d'un allongement du temps total de traitement.

Un beau jour, deux cadres supérieurs de IBM Credit décidèrent de s'attaquer au problème. Ils prirent une demande de financement et suivirent eux-mêmes son cheminement d'étape en étape, en demandant aux agents de chaque bureau de laisser de côté ce qu'ils faisaient et de traiter leur demande comme ils le feraient normalement, en évitant seulement de la faire attendre dans une pile de papiers. Ils constatèrent ainsi que le travail réel ne durait au total que *quatre-vingt-dix minutes* – une heure et demie. Le restant – à cette époque plus de sept jours en moyenne – représentait le temps nécessaire à la transmission des formulaires entre les services. Les dirigeants avaient ainsi mis le doigt sur le noeud du problème, le processus global d'octroi des crédits. Bien entendu, si par quelque coup de baguette magique la société avait pu doubler la productivité de chacun de ses agents, le temps de traitement total aurait été ramené à quarante-cinq minutes. Le problème ne résidait pas dans les tâches ni dans les gens qui en étaient chargés mais dans la structure même du processus. Autrement dit, c'était le processus qu'il fallait changer, non ses différentes étapes.

En fin de compte, IBM Credit remplaça ses spécialistes (vérificateurs, tarificateurs, etc.) par des généralistes. Désormais, au lieu de faire passer la demande de bureau en bureau, un unique agent, intitulé *deal structurer*, traite toute la demande du début à la fin : il n'y a plus de manipulations.

Comment était-il possible qu'un unique généraliste remplace quatre spécialistes ? L'ancien processus avait en fait été conçu à partir d'une hypothèse bien admise (mais bien cachée) selon laquelle chaque demande était particulière, difficile à traiter, et exigeait donc l'intervention de quatre spécialistes parfaitement formés. C'était faux : la plupart des demandes étaient simples et sans complication. L'ancien processus avait été conçu de manière à pouvoir traiter sans peine les demandes les plus délicates que les dirigeants aient pu imaginer. Lorsque les cadres supérieurs de IBM Credit étudièrent le travail des spécialistes, ils s'aperçurent que, pour sa plus grande part, ce n'était guère plus que du travail de secrétariat : rechercher la notation du client dans une base de données, saisir des données pour alimenter un modèle standardisé, extraire d'un fichier des clauses toutes rédigées. Ces tâches sont à la portée d'une même personne pour peu qu'elle dispose d'un système informatisé suffisamment convivial lui permettant d'accéder à la totalité des données et outils utilisés par les spécialistes.

IBM Credit a aussi développé un nouveau système informatique très élaboré pour aider les *deal stucturers*. Dans la plupart des situations, le système leur fournit l'aide nécessaire. Si le cas est réellement délicat, ils peuvent faire appel à un petit groupe de vrais spécialistes – experts en contrôle de crédit, en tarification, etc. Même en ce cas, les manipulations ont disparu, car le *deal structurer* et le spécialiste auquel il s'adresse travaillent en équipe.

L'amélioration des résultats obtenue par ce Reengineering est extraordinaire. Le délai de traitement des dossiers de IBM Credit est tombé de sept *jours* à quatre *heures*, et cela sans augmentation de l'effectif – en réalité, l'effectif a légèrement diminué. Simultanément, le nombre de dossiers traité a été *multiplié par cent.*

Ce qu'a fait IBM Credit – une réduction de 90 % du temps de cycle et une multiplication par cent de la productivité – répond aisément à notre définition du Reengineering. La société est parvenue à une avancée *spectaculaire* des performances grâce à une modification *radicale* du *processus* dans son ensemble. IBM Credit ne s'est pas demandé : « Comment améliorer le calcul des cotes de crédit ? Comment accélérer le contrôle du crédit ? » mais plutôt : « Comment améliorer le processus d'octroi des crédits ? » De plus, en opérant ce changement radical, IBM Credit a infirmé l'hypothèse selon laquelle il lui fallait des spécialistes pour mener à bien des étapes spécialisées.

L'exemple de Ford Motor

Notre second exemple de Reengineering a trait à des changements apportés à un processus d'un type différent. Selon notre définition, un processus est une série d'actions qui apportent une valeur à un client ; nous avons cité comme exemple le traitement des commandes et l'octroi de crédits. Mais le client d'un processus n'est pas nécessairement un client de l'entreprise. Il peut se trouver à l'intérieur de celle-ci ; c'est par exemple le cas pour les processus d'achat ou d'approvisionnement en matières premières, qui fournissent les matières nécessaires à une activité industrielle. De tels processus peuvent également faire l'objet d'un Reengineering, ainsi que Ford Motor Company a eu l'occasion de s'en apercevoir.

Au début des années 80, Ford, comme tant d'autres grandes sociétés, souhaitait diminuer ses charges administratives et ses frais généraux. L'un des endroits où des économies étaient possibles, pensait-on, était le service des règlements fournisseurs, l'organisation chargée de payer les factures reçues des fournisseurs de la société. A l'époque, le service des règlements fournisseurs de Ford pour l'Amérique du nord employait plus de cinq cents personnes. On pensait parvenir à réduire ces effectifs de 20 % en informatisant certaines fonctions ; les effectifs auraient donc été ramenés à quatre cents personnes. Cette amélioration marginale, obtenue par automatisation des processus manuels en vigueur, n'aurait pu être considérée comme un Reengineering au sens où nous l'avons défini. Les managers de Ford auraient néanmoins été très satisfaits d'atteindre ces 20 %, jusqu'au jour où ils firent une visite chez Mazda.

Ford venait de prendre une participation de 25 % dans le capital de la société japonaise. Les dirigeants de Ford remarquèrent que Mazda, certes plus petite, parvenait à traiter ses règlements fournisseurs avec seulement cinq personnes ! L'écart entre les cinq cents personnes de Ford et les cinq de Mazda était trop grand pour être entièrement imputable à la taille plus réduite de la société, à sa cohésion interne, à son hymne d'entreprise ou à ses exercices de gymnastique matinale. Réduire le personnel de 20 % grâce à l'automatisation n'aurait évidemment pas mis Ford à égalité avec Mazda. Cela obligea les cadres de Ford à repenser tout le processus auquel participait le service des règlements fournisseurs.

Cela provoqua chez Ford un changement capital de perspective, car une société ne peut reconfigurer que les processus de son activité, et non les organisations administratives créées pour les accomplir. Les « règlements fournisseurs » n'étant pas un processus, ils ne peuvent être reconfigurés. Ils constituent un service, la matérialisation organisationnelle d'une façon particulière de traiter un processus. Le service des règlements fournisseurs consiste en un groupe d'employés assis dans un bureau qui s'échangent des papiers entre eux. Ce qu'ils *sont* ne peut être reconfiguré, mais ce qu'ils *font* peut l'être – et ce sont les besoins du processus après le Reengineering qui détermineront la façon dont ils seront finalement réorganisés.

Nous ne saurions trop insister sur cette distinction capitale. Le Reengineering doit s'attacher à la reformulation d'un processus d'activité fondamental, et non aux services, départements ou autres unités organisationnelles. Définir une tentative de Reengineering en termes d'organisation, c'est la condamner à échouer. L'organigramme nécessaire pour accomplir un processus de travail réel ne prendra forme qu'après le Reengineering de celui-ci. Sans doute ne ressemblera-t-il guère à l'ancienne organisation ; il se peut même que certains services ou autres unités d'organisation disparaissent, comme ce fut le cas chez Ford.

En fait, le Reengineering entrepris par Ford n'affecta pas le processus des « règlements fournisseurs » mais celui des « approvisionnements ». Ce processus commençait avec le bon de commande établi par exemple par une usine en manque de pièces détachées et s'achevait par la livraison à cette usine, cliente du processus, de marchandises dûment réglées. Le processus d'approvisionnement englobait la fonction de règlement des fournisseurs, mais également les achats et la réception des fournitures.

Le processus d'achat de pièces détachées autrefois en vigueur chez Ford était remarquablement conventionnel. Pour commencer, le service des achats adressait un bon de commande à un fournisseur, avec copie au service des règlements. Lorsque le fournisseur livrait les marchandises, un employé de la plate-forme de réception remplissait un formulaire décrivant les biens livrés et l'adressait au service des règlements fournisseurs. Simultanément, ce dernier recevait la facture du fournisseur.

Le service des règlements fournisseurs détenait donc trois documents relatifs aux marchandises : le bon de commande, le bordereau de réception et la facture. Si les trois correspondaient, un employé effectuait le règlement. Ainsi les choses se passaient-elles le plus souvent. Parfois, pourtant, on voyait intervenir Vilfredo Pareto.

Pareto, économiste italien du début du siècle, est l'auteur de ce qu'on appelle généralement la règle des 80/20, ou plus techniquement la loi de maldistribution. Cette règle affirme que 80 % de l'effort dépensé dans un processus est dû à 20 % seulement de ses *inputs.* Dans le cas du service des règlements fournisseurs chez Ford, les employés passaient la plus grande partie de leur temps à traiter les rares cas où les documents – bon de commande, bordereau de réception et facture – ne concordaient pas. Il leur fallait parfois des semaines entières et une énorme quantité de travail pour trouver l'origine des écarts et les expliquer.

Le nouveau processus de règlement fournisseurs de Ford n'a plus du tout la même allure. Les employés affectés au règlement des fournisseurs ne comparent plus bons de commande, factures et bordereaux de réception, et cela essentiellement parce que le nouveau processus élimine totalement la facture. Les résultats ont été spectaculaires. Au lieu de cinq cents personnes affectées au règlement des fournisseurs, Ford n'en compte plus que 125.

A quoi ressemble le nouveau processus ? Quand un acheteur du service achats adresse un bon de commande à un fournisseur, il enregistre simultanément la commande dans une base de données en ligne. Les fournisseurs, comme précédemment, adressent les marchandises au service de réception. Lorsqu'elles arrivent, un réceptionniste interroge un terminal pour savoir si la livraison correspond à un bon de commande enregistré dans la base de données. De deux choses l'une : elle correspond ou elle ne correspond pas. Dans le premier cas, le réceptionniste accepte les marchandises : en appuyant sur une touche du terminal, il avertit la base de données que les biens sont là. La livraison est désormais enregistrée ; l'ordinateur va automatiquement émettre et expédier un chèque au fournisseur en temps utile. Si au contraire les marchandises ne correspondent pas à un bon de commande en instance, le réceptionniste refusera la livraison et la retournera au fournisseur.

Le changement effectué chez Ford repose sur une idée simple. L'autorisation de paiement, traitée naguère par le service des règlements fournisseurs, est à présent donnée au quai de réception. L'ancien processus était source de complications byzantines (recherches, suspens, échéanciers...) suffisantes pour occuper raisonnablement cinq cents personnes. Tel n'est pas le cas du nouveau processus. En fait, il s'en faut de peu que ce dernier rende le service des règlements fournisseurs tout bonnement inutile. Dans certaines unités de Ford, telle la division moteurs, les effectifs affectés au règlement des fournisseurs ont diminué de 95 %. Il ne reste qu'une poignée de gens pour traiter les situations exceptionnelles.

Le processus en vigueur chez Ford après le Reengineering rompt avec les règles impérieuses appliquées autrefois. Toute entreprise possède de telles règles, profondément inscrites dans le fonctionnement de l'organisation, qu'elles soient ou non explicitement énoncées.

Par exemple, la règle numéro 1 du service des règlements fournisseurs chez Ford était la suivante : « On paie quand on reçoit les factures ». Rarement explicitée, cette règle formait néanmoins le cadre au sein duquel s'organisait l'ancien processus. Lorsque les managers de Ford réinventèrent ce processus, ils se demandèrent à juste titre s'il fallait maintenir cette règle. La réponse fut négative. Pour rompre avec la règle, on élimina les factures. « On paie quand on reçoit les *factures* » se transforma en « On paie quand on reçoit les *marchandises* ». En changeant un mot, on jeta les bases d'une transformation importante de l'activité. D'autres changements d'un seul mot dans les anciennes règles appliquées chez Ford produisent aujourd'hui des effets comparables.

Dans l'une de ses usines de camions, par exemple, Ford a remplacé la règle « On paie quand on reçoit les marchandises » par une règle encore plus neuve : « On paie quand on *utilise* les marchandises ». « Nous apprécions vos produits, a dit la société à l'un de ses fournisseurs de freins, et nous continuerons à les monter sur nos camions, mais tant qu'ils n'ont pas été montés, ce sont toujours *vos* freins, pas les nôtres. Les freins ne sont à nous qu'à partir du moment où nous les utilisons, et c'est alors que nous les paierons. Chaque fois qu'un camion sortira des chaînes équipé de vos freins, nous vous enverrons un chèque ». Ce changement a encore simplifié les procédures d'achat et de réception en vigueur chez Ford. Il a eu aussi d'autres effets positifs, de la réduction du niveau de stocks à l'amélioration de la trésorerie.

Le nouveau processus d'achat des freins pulvérise une autre règles de Ford, celle qui exige la pluralité des fournisseurs. Pour les freins de camions du moins, la nouvelle règle est : « Nous aurons un *unique* fournisseur et nous travaillerons en étroite liaison avec lui ».

On peut se demander ce qui a poussé le fournisseur de freins à accepter un tel changement, puisque désormais, en pratique, c'est lui qui finance les stocks de freins de Ford. Quel avantage trouve-t-il à cette nouvelle formule ?

D'abord, il reçoit à présent toutes les commandes de freins de Ford, au lieu de n'en avoir qu'une partie. Ensuite, comme il a maintenant accès au plan de fabrication informatisé de Ford, il ne dépend plus des prévisions peu fiables transmises par ses vendeurs. Il peut mieux planifier sa propre production et réduire le volume de ses stocks.

Les transformations apportées à différents processus chez Ford illustrent une autre caractéristique du véritable Reengineering : ces changements auraient été impossibles sans les *technologies de l'information* contemporaines – et cela est tout aussi vrai du Reengineering opéré chez IBM Credit. Dans les deux sociétés, les nouveaux processus ne sont pas les anciens processus redéployés différemment. Ce sont des processus entièrement nouveaux qui n'auraient pu exister sans les technologies actuelles de l'information.

Dans le processus d'approvisionnement reconfiguré, par exemple, l'agent de réception chez Ford ne peut autoriser le règlement du fournisseur lors de la livraison des marchandises que parce qu'il a accès à une base de données des bons de commandes. Sans cette base de données, il ne saurait pas davantage qu'autrefois quelles marchandises ont été commandées. Comme autrefois, il devrait supposer qu'elles ont été commandées, les accepter et laisser au service des règlements fournisseurs le soin de rapprocher le bordereau de réception, le bon de commande et la facture. En théorie, le service achats aurait pu adresser à tous les quais de livraison de la société une photocopie de chaque bon de commande ; les réceptionnistes auraient alors pu vérifier que les marchandises livrées correspondaient, mais pour des raisons évidentes, ce genre de système à base de documents écrits se serait révélé malcommode. Les technologies de l'information ont permis à Ford de créer un mode opératoire radicalement nouveau. De même, chez IBM Credit, elles assurent aux généralistes un accès facile à des informations auparavant accessibles aux seuls spécialistes.

Nous disons donc que lors d'un Reengineering les technologies de l'information jouent le rôle d'un *levier essentiel.* Sans elles, le processus ne pourrait être reconfiguré. Nous y reviendrons dans le chapitre 5.

L'exemple de Kodak

Le processus de développement de produit imaginé par Kodak pour faire face à la concurrence nous fournit un autre exemple. En 1987, le grand rival de Kodak, Fuji, lança un nouvel appareil photo 35 mm à usage unique, vendu tout chargé et retourné au fabricant après utilisation pour traitement du film, démontage de l'appareil et recyclage des pièces. Kodak n'avait rien de comparable à offrir, rien non plus en préparation, et il lui aurait fallu soixante-dix semaines pour élaborer une riposte à l'appareil jetable de Fuji en suivant son processus habituel de conception des produits. Un tel retard aurait conféré à Fuji une avance et un avantage sur ce nouveau marché. Pour accélérer son arrivée sur le marché, Kodak a reconfiguré son processus de développement de produit.

Les processus de développement de produit sont en général soit séquentiels, donc lents, soit parallèles, donc lents également mais pour une raison différente. Dans un processus de développement séquentiel, les individus ou les groupes qui travaillent sur une partie d'un produit doivent attendre que l'étape précédente soit achevée avant d'aborder la leur. Les concepteurs du boîtier de l'appareil photo, par exemple, font leur travail d'abord, puis vient le tour des concepteurs de l'obturateur, de ceux du mécanisme d'avancée du film et ainsi de suite. Il n'est pas étonnant que ce processus soit lent.

Dans un processus de conception en parallèle, on étudie toutes les pièces simultanément et on les assemble in fine. Mais cette méthode pose elle aussi un problème : fréquemment, les sous-systèmes s'ajustent mal, car, quoique tous les groupes soient partis d'une même conception de base de l'appareil photo, ils ont apporté chemin faisant des modifications – souvent des améliorations – dont ils ont négligé d'informer les autres. Ainsi, au moment où l'appareil photo devrait être prêt à passer à la production, sa conception doit être reprise au début.

L'ancien processus de développement de produit chez Kodak était en partie séquentiel et en partie parallèle, mais lent dans sa totalité. La conception de l'appareil photo était menée en parallèle, avec les problèmes inhérents à cette méthode, mais celle des outils d'industrialisation intervenait séquentiellement à la fin. Les ingénieurs de production ne commençaient à travailler que vingt-huit semaines après le début des travaux au bureau d'études.

Kodak a reconfiguré son processus de développement de produit grâce à un emploi innovant de la technologie dite CAO/FAO (conception assistée par ordinateur/fabrication assistée par ordinateur). A l'aide de celle-ci, les ingénieurs travaillent sur des stations de travail informatisées et non plus sur des tables à dessin. Le simple fait de travailler sur écran plutôt que sur papier aurait déjà amélioré leur productivité, mais cela n'aurait eu qu'un effet marginal sur l'ensemble du processus.

La technologie qui a permis à Kodak un Reengineering de son processus repose sur une base de donnée intégrée. Le travail de chaque projeteur y est enregistré chaque jour et combiné en un tout cohérent. Chaque matin, individuellement ou en groupe, les techniciens du bureau d'études inspectent la base de données pour s'assurer que le travail effectué la veille par tous les autres ne pose pas de problème pour eux ou pour l'ensemble du projet. Si problème il y a, ils le règlent *aussitôt*, sans prendre le risque de gâcher des semaines ou des mois de travail. De plus, cette technologie permet aux ingénieurs de production d'attaquer la conception de leur outillage dix semaines seulement après le début du processus de développement, dès que les concepteurs du produit ont commencé à donner forme au prototype.

Le nouveau processus de Kodak, dit « ingénierie parallèle » (*concurrent engineering*), est largement utilisé dans la construction automobile et dans l'industrie aéronautique, et elle fait désormais des adeptes parmi les sociétés de biens de consommation. Kodak a eu recours à l'ingénierie simultanée pour diminuer de près de moitié – il lui a fallu seulement trente-huit semaines – le temps nécessaire pour faire passer l'appareil photo 35 mm jetable du concept à la production. De plus, comme le processus reconfiguré permet aux ingénieurs de production d'entrer en action avant la fin de la conception du produit, on peut exploiter leur expertise pour créer un produit plus facile et moins coûteux à fabriquer. Avec son appareil photo à usage unique, Kodak a réduit de 25 % ses frais d'outillage et de production.

Avec ces trois exemples, nous avons vu de véritables cas de *Business Reengineering*, même si certains se sont produits avant que nous ne proposions ce terme. De tels exemples illustrent les quatre caractéristiques requises des travaux de Reengineering ; ils satisfont la définition selon laquelle le Reengineering est une remise en cause fondamentale et une redéfinition radicale des processus opérationnels, pour obtenir des gains spectaculaires dans les performances critiques que constituent aujourd'hui coûts, qualité, service et rapidité.

Ces trois cas suggèrent plusieurs thèmes que nous explorerons plus en détail dans la suite de ce livre. Ce sont :

La priorité accordée au processus

Les améliorations réalisées par IBM Credit, Ford et Kodak n'ont pas été obtenues en se penchant sur des tâches étroitement délimitées et en travaillant au sein d'une organisation aux frontières prédéfinies. Dans tous les cas, c'est un processus entier (octroi de crédits, approvisionnements, développement de produit), transcendant les frontières de l'organisation, qui a été étudié.

L'ambition

Dans aucune de ces situations des améliorations mineures n'auraient été suffisantes. Ces trois sociétés visaient des avancées décisives. Ford, par exemple, dans le Reengineering de son processus de règlement des fournisseurs, négligeant un correctif de 20 %, a opté pour une solution qui améliore son processus de 80 %.

L'infraction aux règles établies

Pour reconfigurer leurs processus, ces trois sociétés ont rompu avec leurs vieilles traditions. Elles ont délibérément renoncé aux idées reçues sur la spécialisation, la séquentialité et les délais.

L'exploitation créative des technologies de l'information

Les technologies modernes de l'information ont permis à nos trois sociétés de dépasser leurs vieilles règles. Elles jouent un rôle de « levier » en rendant possibles des façons de travailler totalement différentes.

CE QUE LE REENGINEERING N'EST PAS

Les gens qui ne connaissent le Reengineering que par ouï-dire, comme ceux qui en découvrent à peine l'idée, ont souvent tendance à le considérer comme plus ou moins semblable à d'autres programmes d'amélioration plus familiers pour eux. « Bien sûr, disent-ils, le Reengineering c'est la même chose que le *downsizing.* » D'aucuns évoquent aussi la restructuration ou autres remèdes à la mode. Ils se trompent. Le Reengineering a peu de choses en commun, voire rien, avec l'un quelconque de ces autres programmes et il s'écarte même sensiblement de ceux avec lesquels il partage effectivement des prémisses communes.

Tout d'abord, malgré le rôle de premier plan joué par les technologies de l'information dans le Business Reengineering, il doit être maintenant bien clair que celui-ci ne se confond pas avec l'automatisation. Automatiser grâce à l'informatique les processus existants, c'est la même chose que de goudronner des sentiers à vaches. L'automatisation offre seulement des moyens plus efficaces pour faire ce qu'on ne devrait pas faire.

On ne doit pas non plus confondre le Reengineering d'entreprise avec le soi-disant *Software Reengineering*, ou « refonte logicielle », qui signifie reconstruire à l'aide d'une technologie plus moderne des systèmes d'information dépassés. Le Software Reengineering n'aboutit souvent qu'à automatiser avec des systèmes informatiques sophistiqués des processus obsolètes.

Le Reengineering n'est ni une restructuration ni un *downsizing.* Ce sont là de simples termes de jargon pour désigner une réduction des capacités de production destinée à s'adapter à une demande plus faible. Quand le marché veut moins de voitures de General Motors, GM réduit ses capacités pour mieux répondre à la demande. Mais le *downsizing* et la restructuration signifient seulement faire moins avec moins. Le Reengineering, au contraire, signifie faire *plus* avec moins.

Le Reengineering n'est pas non plus la même chose qu'une réorganisation, un décloisonnement ou un aplatissement d'une organisation, même s'il peut effectivement aboutir à une organisation plus plate. Comme on l'a dit plus haut, le problème qui se pose aux entreprises ne vient pas de la structure de leur *organisation* mais de celle de leurs *processus.* Superposer une nouvelle organisation à un vieux processus, c'est verser dans des bouteilles neuves un vin piqué.

Les entreprises qui cherchent sincèrement à « alléger » leur bureaucratie prennent les choses par le mauvais bout. La bureaucratie n'est pas le problème. Au contraire, elle est la solution depuis deux cents ans. Si votre entreprise ne l'aime pas, qu'elle essaie donc de s'en passer. Ce sera le chaos. La bureaucratie est le liant qui fait tenir ensemble les grandes entreprises traditionnelles. Le problème sous-jacent, celui dont la bureaucratie a été et reste la solution, est la fragmentation des processus. Pour éliminer la bureaucratie et aplatir l'organisation, il faut reconfigurer les processus de telle sorte qu'ils cessent d'être fragmentés. Alors l'entreprise pourra assurer sa gestion en se passant de bureaucratie.

Le Reengineering n'est pas non plus la même chose que l'amélioration de la qualité, la gestion de la qualité totale ou autres manifestations actuelles du mouvement pour la qualité. Bien sûr, les programmes de qualité et le Reengineering partagent certains thèmes communs. Ils reconnaissent ensemble l'importance des processus, et travaillent à rebours à partir des besoins du client du processus. Ils ont néanmoins des différences fondamentales. Les programmes de qualité travaillent dans le cadre des processus existants et cherchent à les améliorer grâce à ce que les Japonais appellent *kaïzen*, ou amélioration marginale et continue. L'objectif est de faire ce qu'on fait déjà, mais de le faire mieux. L'amélioration de la qualité vise une progression régulière du résultat obtenu par le processus. Le Reengineering, comme on l'a vu, s'efforce de réaliser des avancées décisives, non pas en améliorant les processus existants mais en s'en débarrassant et en les remplaçant par de nouveaux. Aussi bien suppose-t-il un processus de gestion du changement différent de celui des programmes de qualité.

En définitive, le mieux est encore d'en revenir à la définition initiale en trois mots que nous donnions du Reengineering : recommencer à zéro. Pratiquer un Reengineering signifie recommencer à partir d'une feuille de papier vierge. Cela consiste à rejeter la sagesse conventionnelle et les idées reçues d'autrefois, à appliquer à la structure des processus des approches nouvelles, fort différentes de celles des époques antérieures.

Fondamentalement, le Reengineering vise à inverser la révolution industrielle. Il rejette les hypothèses inhérentes au paradigme industriel d'Adam Smith : la division du travail, les économies d'échelle, le contrôle hiérarchique et tous les autres accessoires d'une économie aux premiers stades de son développement. Le Reengineering est une recherche de nouveaux modèles d'organisation du travail. La tradition est ici sans valeur. Le Reengineering est un nouveau commencement.

3

REPENSER LES PROCESSUS OPÉRATIONNELS

Il devrait être maintenant clair pour notre lecteur qu'un processus opérationnel reconfiguré est vraiment différent d'un processus traditionnel. Mais à quoi ressemble-t-il au juste ?

A cette question, nous ne pouvons donner de réponse unique, car les processus peuvent prendre de nombreuses formes différentes. On peut néanmoins décrire un bon nombre de caractéristiques auxquelles ces processus se reconnaissent.

Nous avons assisté ou participé à des projets de Reengineering dans des dizaines de sociétés, ce qui nous a permis de noter des ressemblances frappantes entre les différents processus reconfigurés, quels que soient leur nature ou les secteurs concernés. Ce qui est vrai pour un constructeur automobile l'est aussi en grande partie pour une société d'assurance ou une entreprise de distribution.

Il n'y a rien d'étonnant à ce que des thèmes récurrents apparaissent dans des sociétés qui ont accompli un Reengineering, car la forme de ces entreprises, comme celle de l'organisation industrielle traditionnelle, découle d'une petite série de prémisses fondamentales. La prémisse de base sur laquelle repose le modèle industriel est que les travailleurs ont des compétences limitées et manquent du temps et des moyens nécessaires pour se former. Par conséquent, on ne peut leur assigner que des emplois et des tâches très simples. De plus, à en croire Adam Smith, les gens sont plus efficaces lorsqu'ils n'ont à accomplir qu'une seule tâche facile à comprendre. Mais la conjugaison de tâches simples en un ensemble cohérent exige un processus complexe, et, depuis deux cents ans, pour tirer parti de tâches simples, les entreprises ont dû accepter les inconvénients, coûts et gaspillages liés à un processus complexe.

Le Reengineering renverse ici le modèle industriel. Il proclame que pour répondre aux exigences contemporaines de qualité, de service, de flexibilité et d'économie, les processus doivent rester simples. Cette exigence de simplicité a d'énormes conséquences sur la façon de concevoir les processus et de profiler les organisations.

Voici donc les caractéristiques communes ou les thèmes récurrents fréquemment observés dans les processus opérationnels reconfigurés.

Le regroupement de plusieurs postes en un seul

L'aspect le plus élémentaire et le plus courant des processus reconfigurés est l'absence de chaîne d'assemblage, c'est-à-dire que plusieurs postes ou tâches jusqu'alors séparés sont intégrés et regroupés en un seul. Nous avons vu cette caractéristique chez IBM Credit, où plusieurs emplois spécialisés, comme ceux du vérificateur de crédit et du tarificateur ont été rassemblés en une seule fonction, celle de *deal structurer* (ordonnateur). Nous avons rencontré une transformation identique dans une société du secteur électronique dont le processus de traitement des commandes a fait l'objet d'un Reengineering. Auparavant, des spécialistes appartenant à des services distincts prenaient en charge chacune des cinq étapes situées entre la vente et l'installation des équipements. Ce processus supposait tant de discontinuités que des erreurs et des incompréhensions se produisaient inévitablement – d'autant plus qu'aucun individu ni aucun groupe ne maîtrisait le processus entier ou n'en était responsable. Si les clients téléphonaient, personne ne pouvait résoudre leur problème.

Lors du Reengineering de ce processus, l'entreprise a condensé les responsabilités en confiant les différentes étapes à une seule personne, le « délégué du service clientèle ». Cette personne a désormais la charge du processus entier et représente un point de contact unique pour le client. Le terme que nous employons pour désigner une personne ainsi responsable d'un processus de bout en bout est celui de *chargé de cas.*

Il n'est pas toujours possible de condenser toutes les étapes d'un long processus en un travail intégré confié à une seule personne. Dans certains cas – la livraison des produits par exemple – les différentes étapes ne se situent pas au même endroit. L'entreprise doit alors faire appel à plusieurs personnes, chacune prenant en charge une partie du processus. Dans d'autres cas, il peut se révéler difficile de doter chaque collaborateur de toutes les compétences nécessaires pour prendre en charge le processus entier.

Bell Atlantic, par exemple, s'est aperçu que c'était trop demander à une seule personne que de lui confier toutes les tâches nécessaires à la réalisation des circuits numériques rapides destinés à sa clientèle professionnelle. Mais la société voulait aussi régler les problèmes qui surgissaient inévitablement lorsque la commande circulait de main en main et d'un service à un autre. Pour éviter ces discontinuités, Bell Atlantic a organisé ce que nous appelons une *équipe de cas*, groupe de personnes disposant ensemble des compétences nécessaires pour assurer une installation.

Les membres de l'équipe de cas, autrefois affectés à des services distincts situés en des endroits différents, ont été regroupés en une seule unité à laquelle a été confiée la responsabilité totale de l'installation des équipements. Même si les passages de témoin entre membres de l'équipe peuvent encore être source d'erreurs et de retards, ces problèmes sont insignifiants si on les compare avec ceux dus aux discontinuités entre services. Et, ce qui est peut-être plus important encore, chacun sait à présent qui est responsable de l'exécution rapide et correcte des commandes.

Intégration des processus, chargés de cas et équipes de cas peuvent conduire à des résultats phénoménaux. L'élimination des discontinuités entraîne celle des erreurs, retards et doublons dont elles sont la cause. D'ordinaire, un processus confié à un chargé de cas demande *dix fois* moins de temps que la formule de montage à la chaîne à laquelle il se substitue. Bell Atlantic a par exemple ramené de trente jours à trois le délai d'installation d'un service numérique rapide ; dans certains cas, le temps nécessaire se compte même en heures. Au surplus, comme le nouveau processus provoque moins d'erreurs et de malentendus, la société se passe des gens qui étaient chargés d'y remédier.

Les processus intégrés ont aussi réduit les coûts d'administration des processus. Comme il appartient aux salariés participant au processus de s'assurer que les exigences des clients sont satisfaites sans faute ni retard, il est moins nécessaire de les surveiller. En revanche, l'entreprise incite ces salariés responsabilisés et autonomes à trouver des moyens nouveaux et créatifs pour réduire sans cesse les délais et les coûts tout en offrant un produit ou un service impeccable. Les processus intégrés ont aussi pour avantage une amélioration du contrôle. Dès lors que les gens participant au contrôle du processus sont moins nombreux, les responsabilités sont plus claires et le contrôle des performances plus facile.

Les décisions sont prises par les salariés

Les entreprises qui s'engagent dans un Reengineering compriment leurs processus horizontalement, grâce aux chargés de cas ou aux équipes de cas qui accomplissent en parallèle de multiples tâches séquentielles, mais aussi verticalement. Par compression verticale, il faut entendre que là où les employés devaient consulter leurs responsables hiérarchiques pour obtenir une réponse, ils prennent maintenant les décisions eux-mêmes. Au lieu d'être séparée du travail effectif, la prise de décision est *intégrée* au travail. Les employés eux-mêmes se chargent maintenant de la partie du travail qui incombait auparavant à la hiérarchie.

Le paradigme de la production de masse partait d'un postulat implicite selon lequel les gens qui accomplissent effectivement un travail n'ont ni le temps ni l'envie de le surveiller et de le contrôler, et que leurs connaissances sont trop étroites et trop superficielles pour qu'ils puissent prendre des décisions. De cette hypothèse découle l'habitude de bâtir des structures de gestion hiérarchiques. Comptables, auditeurs et contremaîtres vérifient, mesurent et surveillent le travail. Les cadres supervisent les abeilles ouvrières et traitent les exceptions. Il faut désormais écarter ce postulat aux conséquences fâcheuses.

Diminution des retards et des frais généraux, meilleure réactivité au client et plus grande autonomie des travailleurs, tels sont donc, en bref, les avantages de la compression verticale et horizontale du travail.

Les étapes du processus suivent un ordre naturel

Le Reengineering des processus libère ces derniers de la tyrannie des séquences ordonnées ; ils peuvent alors exploiter l'ordre naturel de priorité du travail, plutôt que l'ordre artificiel imposé par la linéarité. D'ordinaire, dans un processus conventionnel, la personne n°1 doit achever la tâche n°1 avant de transmettre les résultats à la personne n°2 qui accomplira la tâche n°2. Mais que se passe-t-il si la tâche n°2 doit être accomplie en même temps que la tâche n°1 ? La succession linéaire des tâches impose un ordre de priorité artificiel qui ralentit le travail.

Au sein des processus reconfigurés, le travail s'ordonne selon l'ordre *nécessaire* de succession des tâches. Dans cette entreprise industrielle, par exemple, il fallait cinq étapes pour passer de la réception de la commande à l'installation de l'équipement chez le client. La première étape portait sur l'analyse des besoins du client ; la seconde, sur le choix des références internes correspondantes ; la troisième, sur l'envoi des informations codées aux divers magasins et ateliers ; la quatrième, sur la réception et l'assemblage des composants ; la cinquième, sur la livraison et l'installation de l'équipement. Chaque étape était prise en charge par une organisation différente.

Traditionnellement, le groupe n°1 devait achever l'étape n°1 avant que le groupe n°2 n'entame l'étape n°2, mais cela n'était pas vraiment nécessaire. Le salarié responsable de l'étape n°1 passait l'essentiel de son temps à rassembler des informations qui ne deviendraient indispensables qu'à l'étape n°5. Pourtant, à cause de l'enchaînement linéaire arbitrairement imposé au processus, personne ne pouvait commencer à travailler sur l'étape n°2 avant que l'étape n°1 ne soit achevée. Dans la version reconfigurée de ce processus, l'étape n°2 commence dès que la collecte d'informations constituant l'étape n°1 est suffisamment avancée. Alors que se déclenchent les étapes numéros 2, 3 et 4, l'étape n°1 se poursuit par la collecte des informations nécessaires à l'étape n°5. Ainsi l'entreprise a-t-elle pu réduire de plus de 60 % le temps nécessaire pour exécuter les commandes.

Nous avons déjà rencontré un autre exemple de processus libéré d'une linéarité stricte : celui du développement des nouveaux produits chez Kodak. Là, il n'est plus nécessaire d'attendre que la conception du produit soit achevée pour entamer celle de l'outil industriel. Sitôt défini le concept de base du produit, les ingénieurs de production peuvent non seulement commencer leur travail mais aussi influencer la suite du processus de conception du produit.

La « délinéarisation » des processus accélère ces derniers de deux façons. Tout d'abord, beaucoup de travaux sont réalisés simultanément. Ensuite, la réduction du délai qui s'écoule entre les premières et les dernières étapes d'un processus diminue le risque qu'un changement important vienne rendre obsolète le travail déjà accompli ou introduise une incohérence entre les travaux les plus anciens et les plus récents. Ainsi les organisations ont-elles moins souvent besoin de réviser ce qu'elles ont déjà fait – autre source importante de retards.

Les processus ont des versions multiples

La quatrième caractéristique commune des processus reconfigurés pourrait être définie comme la fin de la standardisation. Les processus traditionnels ont été conçus de manière à offrir au marché de masse une production de masse. Toutes les entrées (*inputs*) étaient traitées sur le même mode afin que les sorties (*outputs*) demeurent uniformes et toujours égales à elles-mêmes. Dans un monde aux marchés divers et changeants, cette logique est dépassée. Pour faire face aux exigences de l'environnement actuel, il faut disposer de versions multiples d'un *même* processus, chacune étant adaptée aux exigences de marchés, de situations ou d'*inputs* différents. Ces nouveaux processus doivent en outre assurer les mêmes économies d'échelle que celles résultant de la production de masse.

Les processus à cheminements ou versions multiples commencent d'habitude par une étape de « tri » destinée à choisir la version la plus efficace dans une situation donnée. Ce tri existe chez IBM Credit, qui a instauré trois versions du processus d'octroi des crédits : une pour les cas simples (entièrement traités par ordinateur), une pour les cas moyennement difficiles (traités par les ordonnateurs), une pour les cas difficiles (traités par les ordonnateurs avec l'aide de conseillers spécialisés).

Nous connaissons quelqu'un qui, voulant faire dans sa maison de petits travaux d'amélioration, a dû attendre pendant six mois de comparaître devant une commission municipale, laquelle au vu du dossier, lui a donné son autorisation en vingt secondes. Sa demande, complétée d'un simple croquis à main levée, avait dû suivre le même processus que s'il s'était agi d'un ensemble de gratte-ciel exigeant des volumes entiers de plans, de descriptifs et de cahiers des charges. En reconfigurant son système de délivrance des permis de construire, la ville en question pourrait remplacer son processus unique par deux, voire trois processus : un pour les petits projets, un pour les grands projets et un pour ceux de taille intermédiaire. Un tri simple, dépendant de seuils préétablis, aurait permis une orientation rapide et efficiente de la demande de notre ami vers le processus approprié.

Les processus traditionnels « à taille unique » sont d'ordinaire assez complexes, puisqu'ils doivent prévoir assez d'exceptions et de procédures spéciales pour traiter les situations les plus diverses. Un processus multiversion, au contraire, est net et simple, car chaque version n'a besoin de traiter que les cas auxquels elle est destinée. Elle ne connaît ni cas spéciaux ni exceptions.

Le travail est réalisé là où c'est le plus logique

Le cinquième thème récurrent des processus reconfigurés est le déplacement du travail sans préjudice des frontières organisationnelles. Dans les organisations traditionnelles, le travail s'organise autour de spécialistes – et pas seulement au niveau de l'atelier. Les comptables étant là pour compter et les acheteurs pour passer commande, quand le service comptable a besoin de nouveaux crayons, c'est le service achats qui les achète. Il trouve des fournisseurs, négocie les prix, passe commande, vérifie les marchandises et paie la facture ; les comptables finissent ainsi par avoir leurs crayons, à moins que le fournisseur choisi soit à cours de crayons et que les acheteurs décident de les remplacer par des stylos.

Ce genre de processus est coûteux, car il met en jeu différents départements, ce qui suppose un suivi des documents et une coordination de l'ensemble du processus qui entraînent des frais généraux. Une société de notre connaissance a calculé qu'acheter 3 dollars de piles électriques lui coûtait 100 dollars de frais internes. Elle s'est aussi rendu compte que 35 % de ses commandes portaient sur des montants inférieurs à 500 dollars.

Jugeant absurde de dépenser 100 dollars en interne pour des achats de 500 dollars ou moins, l'entreprise a décidé de faire glisser la responsabilité des achats vers les clients du processus : en d'autres termes, les comptables – ou n'importe qui d'autre – achètent désormais leurs propres crayons. Ils savent à qui acheter et combien payer, car le service achats a négocié les prix et leur a remis une liste de fournisseurs agréés. Chaque unité opérationnelle dispose d'une carte de crédit limitée à 500 dollars. A la fin du mois, la banque émettrice de la carte adresse à la société un fichier de toutes les transactions effectuées, qu'on intègre au système de comptabilisation interne, afin d'imputer l'achat des crayons au budget de la comptabilité.

Ainsi, les demandeurs reçoivent leurs fournitures plus rapidement et après moins de formalités, et la société dépense bien moins de 100 dollars en frais de traitement. Cet exemple illustre ce que nous voulons dire quand nous affirmons que le client d'un processus devrait accomplir tout ou partie de celui-ci afin d'éliminer les passages de témoin et les frais généraux, donc de réduire les coûts.

De façon analogue, un fabricant d'équipements électroniques a reconfiguré son processus de dépannage sur site en confiant une partie des travaux de réparation aux clients eux-mêmes ; désormais, ces derniers assurent les dépannages simples, évitant ainsi de devoir attendre l'arrivée du technicien et éventuellement des pièces détachées nécessaires. Certaines pièces de rechange sont à présent stockées chez les clients et suivies à l'aide d'un système informatique de gestion des pièces détachées. En cas de problème, le client appelle le service après-vente du fabricant et décrit les symptômes observés à un « diagnosticien » assisté d'un ordinateur. Si le problème est susceptible d'être réglé par le client, on lui dit quelle pièce remplacer et comment l'installer. Ultérieurement, le fabricant reprendra la pièce défectueuse et laissera sur place une nouvelle pièce de rechange. Les dépanneurs ne se déplacent que lorsque le problème est trop complexe pour le client.

Parfois, en revanche, l'efficacité veut qu'un fournisseur assure en tout ou partie le processus de son client pour le compte de ce dernier. Le constructeur de camions Navistar International a ainsi fait remonter une partie de son travail vers ses fournisseurs. Au lieu de gérer son propre stock de pneus, il a confié son entrepôt à Goodyear, évidemment plus expert dans ce genre de travail. Goodyear s'assure que Navistar reçoit les pneus Goodyear, Bridgestone ou Michelin en fonction de ses besoins.

Pour Navistar, le processus est simplifié à l'extrême : ce constructeur ne se soucie plus du tout de son stock de pneus. Le fournisseur, Goodyear, connaît bien mieux la question que son client Navistar, aussi les stocks en magasin sont-ils passés de vingt-deux jours d'approvisionnement à cinq.

Autrement dit, les rapports entre processus et organisation peuvent se montrer très différents, après Reengineering, de ce qu'ils étaient auparavant. Le travail est redistribué à travers les frontières organisationnelles, afin d'améliorer l'efficacité globale du processus. Une grande partie du travail traditionnellement accompli dans les organisations consiste à harmoniser des tâches parcellaires réalisées par des unités indépendantes. La redistribution des tâches de part et d'autre des frontières organisationnelles permet justement d'éviter ce travail d'intégration, comme le montrent les cas ci-dessus.

Les vérifications et contrôles sont réduits

Un autre type de travail sans valeur ajoutée que le Reengineering des processus parvient à diminuer est celui de vérification et de contrôle ; ou, pour être plus précis, les processus reconfigurés ne font appel aux contrôles que lorsqu'ils sont économiquement justifiés.

Les processus conventionnels sont truffés d'étapes de vérification et de contrôle placées là pour vérifier que le processus est respecté mais qui n'apportent pas de valeur ajoutée. Dans un processus d'achat normal, par exemple, le département des achats vérifie la signature de la personne qui demande pour s'assurer qu'elle est autorisée à faire cet achat pour le montant prévu ; il vérifie aussi que le budget du service peut supporter la facture. Tout cela pour s'assurer que les membres de l'organisation n'achètent pas des biens auxquels ils n'ont pas droit.

Cet objectif est sans doute légitime, mais beaucoup d'organisations ne sont pas conscientes des coûts qu'entraîne un contrôle strict. Toutes ces vérifications demandent du temps et du travail ; en réalité, elles consomment parfois plus de temps et d'efforts que l'achat lui-même. Pis, il arrive que leur coût excède celui des marchandises achetées.

Dans les processus reconfigurés la démarche est plus équilibrée. Au lieu de vérifier de près le travail au fur et à mesure de sa réalisation, on y pratique souvent des contrôles groupés ou différés. De tels systèmes de contrôle risquent, par leur conception même, de laisser place à des dérapages modestes et limités, puisqu'ils retardent le moment où ceux-ci seront détectés et qu'ils s'intéressent à des agrégats plutôt qu'à des opérations individuelles. Néanmoins, ces systèmes de contrôle reconfigurés font plus que compenser le risque d'augmentation des irrégularités en abaissant de façon spectaculaire les coûts et autres inconvénients résultant du contrôle lui-même.

Revenons sur le processus d'achat à l'aide de cartes de crédit que nous venons de décrire. Comparé aux processus traditionnels, il semble presque dénué de contrôle. Les services pourraient utiliser leurs cartes de crédit pour se lancer dans une frénésie d'achat. Les gens pourraient s'enfuir au Brésil avec le produit de leurs razzias chez les fournisseurs d'articles de bureau. C'était du moins ce que craignaient les auditeurs de la société. Ils se trompaient, car le processus d'achat reconfiguré comporte un point de contrôle : les achats non autorisés seront détectés d'une part lors du rapprochement entre la liste des achats par carte de crédit et le budget du service, d'autre part lors de la vérification des dépenses par le chef de service. Etant donné les frais généraux dus aux contrôles traditionnels et la limite imposée à la carte de crédit, les responsables du Reengineering jugèrent tolérable l'exposition au risque attachée au nouveau processus. (N'oublions pas non plus que les processus anciens sont loin d'être à l'abri de tout danger.)

Certaines compagnies d'assurances automobiles ont adopté pour le traitement des déclarations de sinistre des méthodes similaires à celle que nous venons de décrire. Traditionnellement, les assureurs dépêchent des experts et des évaluateurs pour calculer le montant des réparations automobiles et déterminer le prix que l'assureur acceptera de payer. Cette étape de contrôle a pour but de s'assurer que le carrossier qui fera la réparation ne gonflera pas la facture et ne fera rien de plus que le nécessaire. Mais les experts finissent par coûter cher et ralentissent le processus, ce qui irrite les assurés au point qu'ils engagent souvent des actions judiciaires.

Certains assureurs se passent donc des experts pour les petits accidents. Ils renvoient l'assuré vers un carrossier agréé, en s'engageant à payer les travaux nécessaires. Comment évitent-ils le gonflement des factures ? Ils vérifient périodiquement les factures de chaque carrossier pour se faire une idée du profil des réparations effectuées, qu'ils comparent avec leurs propres normes et les profils des autres carrossiers. Celui qui fait trop de passages au marbre, par exemple, recevra un avertissement du genre : Si vous continuez, nous vous retirerons notre agrément et nous ne vous enverrons plus de clients. Ces compagnies acceptent volontiers le risque d'abus à court terme, parce que leur coût sera plus que compensé par les avantages de la simplification du processus d'indemnisation, désormais moins coûteux à gérer et plus satisfaisant pour les assurés.

Les pointages sont allégés

Autre forme de travail sans valeur ajoutée allégé par le Reengineering : les pointages ou rapprochements. Comme on diminue le nombre de points de contact du processus concerné avec l'extérieur, on réduit le risque d'aboutir à des divergences entre les données obtenues et donc de devoir opérer des rapprochements. Le processus des règlements fournisseurs de Ford, décrit au chapitre 2, illustre ce principe.

L'ancien processus de règlement comprenait trois points de contact avec les fournisseurs : au département achats via le bon de commande, à la réception des livraisons via le bordereau de livraison et à la comptabilité fournisseurs via la facture. Avec trois points de contact, les occasions de discordance sont énormes : le bon de commande peut être en désaccord avec le bon de livraison ou la facture, et ces derniers peuvent diverger entre eux. En éliminant la facture, Ford a réduit les points de contact externe de trois à deux, diminuant ainsi des deux tiers les occasions de désaccord. Le travail de vérification et de rapprochement accompli jusqu'alors par le service des règlements fournisseurs est donc devenu inutile, ce qui a permis une réduction spectaculaire de la taille du service.

Ce thème et plusieurs autres sont illustrés par la façon dont Wal-Mart, en liaison avec Procter & Gamble, a reconfiguré la gestion de ses stocks Pampers. Les couches jetables Pampers sont une marchandise volumineuse qui occupe beaucoup d'espace de stockage relativement à sa valeur. Wal-Mart conservait des stocks de Pampers dans les centres de distribution à partir desquels il servait les commandes provenant des magasins. Lorsque le niveau de stock des centres de distribution baissait, on se réassortissait auprès de Procter & Gamble.

La gestion de stock est un travail d'équilibriste. Trop peu de stocks, et ce sont des clients mécontents, des ventes perdues. Trop de stocks, et ce sont de lourds frais financiers, des coûts d'entrepôt. De plus, la gestion de stock est en soi un travail coûteux. Désireux d'améliorer cet aspect de son activité, Wal-Mart approcha Procter & Gamble, avec l'idée que son fournisseur devait en savoir plus que lui sur les mouvements des couches dans les entrepôts, et disposer de statistiques sur la rotation des stocks et les réassorts chez les détaillants du pays entier. Wal-Mart proposa donc à P&G de lui indiquer lui-même le moment de passer commande pour ses centres de distribution, en précisant les quantités à commander. Chaque jour, Wal-Mart indiquerait à P&G le volume de marchandises livré aux magasins par ses entrepôts. Quand il le jugerait utile, P&G appellerait Wal-Mart pour lui signaler qu'il serait temps de passer commande, en indiquant une quantité. Si le conseil semblait raisonnable, Wal-Mart donnerait son accord et P&G expédierait les marchandises.

La nouvelle formule fonctionna si bien que Wal-Mart finit par proposer à P&G de faire l'économie de ses conseils et de se contenter d'expédier des couches dès que cela lui semblerait nécessaire. Autrement dit, Wal-Mart s'est déchargé sur son fournisseur de sa fonction de réapprovisionnement, ce qui illustre le principe déjà évoqué ci-dessus de délocalisation du travail au-delà des frontières organisationnelles. Ici, néanmoins, on franchit une limite *inter*-entreprises, et pas seulement *intra*-entreprise. Les deux sociétés en tirent profit.

Wal-Mart a supprimé les coûts de gestion de ses stocks de Pampers. Le stock est mieux géré, car P&G maîtrise évidemment mieux ce travail. Ainsi le distributeur a-t-il moins de stocks sur les bras et se trouve-t-il moins souvent en rupture de stock. La diminution des stocks libère de l'espace dans les magasins et les centres de distribution de Wal-Mart, ce qui réduit d'autant son besoin en fonds de roulement. En fait, la gestion de stock est à présent accélérée au point que les marchandises, passant par les centres de distribution et les magasins, se retrouvent entre les mains du consommateur avant même que Wal-Mart les ait payées à P&G. Wal-Mart effectue ses règlements avec l'argent déjà reçu de ses propres clients. Que l'on appelle cela coûts d'inventaire négatifs ou rendement infini du capital, la formule est tout à l'avantage de Wal-Mart.

Wal-Mart pourrait se fournir en couches-culottes auprès de n'importe qui, mais P&G confère à ses produits une valeur supplémentaire en assurant le processus de gestion des stocks. Il s'affirme ainsi comme le fournisseur privilégié de cette grande chaîne de distribution. A ce titre, P&G obtient davantage de place sur les linéaires de Wal-Mart ainsi que de précieux emplacements en tête de gondole. Le processus reconfiguré est aussi très bénéfique pour les performances internes de P&G. En premier lieu, la société peut gérer sa production et sa logistique avec plus d'efficacité, disposant des informations nécessaires pour mieux prévoir la demande de ses produits. Les stocks ne partent plus vers Wal-Mart irrégulièrement et par grandes quantités mais continuellement et par petits lots. D'autres configurations producteur-distributeur, entre Levi Strauss et beaucoup de ses clients par exemple, utilisent aussi cette méthode dite du « réapprovisionnement continu ».

Le second avantage tiré par P&G de son accord avec Wal-Mart tient aussi à la réduction du nombre de points de contact externes. Cette réduction concerne en l'occurrence le processus de comptabilité clients. Le travail de la comptabilité clients consiste classiquement à rapprocher les paiements provenant des clients, leurs bons de commande et les factures du fournisseur. En principe, tout devrait concorder, mais la réalité n'est pas toujours conforme au principe. En cas de désaccord – si les prix ont été modifiés entre la commande et la facture, par exemple – les écarts s'évanouissent dans le trou noir des rapprochements, où ils consomment beaucoup d'énergie et ternissent les relations entre le fournisseur et son client. La comptabilité clients de P&G, quant à elle, n'a plus que deux points de contact avec Wal-Mart, la facture et le règlement. La commande d'origine ne provient plus de Wal-Mart mais de P&G. Les erreurs et le travail de pointage en sont considérablement réduits.

Un gestionnaire de cas constitue un point de contact unique

Le recours à quelqu'un qu'on pourrait appeler « gestionnaire de cas » est également une caractéristique récurrente des processus reconfigurés. Ce mécanisme se révèle utile quand les étapes d'un processus sont si complexes ou si dispersées qu'il est impossible à une personne seule ou même à une petite équipe d'assurer leur intégration. Faisant office de tampon entre le processus – toujours complexe – et le client, le gestionnaire de cas se comporte avec ce dernier comme s'il accomplissait lui-même la totalité du processus, même si cela n'est pas absolument vrai.

Pour jouer ce rôle – c'est-à-dire pour être capable de répondre aux questions du client et de résoudre ses problèmes – le gestionnaire de cas doit pouvoir accéder à tous les systèmes d'information utilisés par les personnes qui assurent effectivement le processus, et pouvoir faire appel à elles ou leur poser des questions en cas de besoin.

Nous disons parfois que les gestionnaires de cas sont des représentants « responsables et autonomes » du service clientèle, ce qui les distingue des responsables de Service Client traditionnels, lesquels ne disposent souvent que d'informations élémentaires et d'un pouvoir restreint. Les gestionnaires de cas responsables peuvent réellement faire avancer les choses. Chez Duke Power Company, à Raleigh, en Caroline du nord, les gestionnaires de cas donnent aux clients l'illusion avantageuse d'une intégration du Service Client en traitant tous leurs problèmes et en leur masquant toutes les complexités du processus réel.

Un fonctionnement hybride, centralisé et décentralisé, prévaut

Les sociétés qui ont pratiqué un Reengineering sont en mesure de cumuler en un même processus les avantages de la centralisation et de la décentralisation. C'est ce que nous verrons au chapitre 5 à propos de Hewlett-Packard, où un système d'achats standardisé et une base de données partagée permettent à la société de cumuler le meilleur des deux formules.

Les technologies de l'information permettent de plus en plus aux entreprises de fonctionner comme si leurs unités étaient pleinement autonomes, tout en conservant les économies d'échelle liées à la centralisation. Dotés d'ordinateurs portables reliés au siège par modem, les représentants peuvent par exemple accéder immédiatement aux informations centrales. En même temps, les contrôles inclus dans les logiciels qu'ils utilisent pour rédiger les contrats de vente leur interdisent d'avancer des prix déraisonnables ou de spécifier des délais de livraison ou autres conditions de ventes que l'organisation ne pourrait respecter. Avec cette technologie, les entreprises peuvent reconfigurer leur processus de vente de manière à éliminer les rouages administratifs des agences régionales tout en accroissant l'autonomie et la liberté de manœuvre des représentants et en améliorant leur contrôle sur les prix et conditions de vente.

De nombreuses banques ont créé des divisions distinctes pour vendre aux mêmes clients – les grandes entreprises, par exemple – des produits différents. Une division vend des crédits traditionnels, une autre des financements d'actifs, une troisième des lettres de crédit, une quatrième des services de gestion de fonds de retraite. Grâce à sa structure décentralisée, chaque division se concentre sur les produits et services dans lesquels elle est le plus experte, ce qui stimule en même temps son esprit d'entreprise. C'est également le chaos assuré.

Dans cette structure fractionnée, chacun s'intéresse à une tranche précise du marché, mais personne ne considère le client comme un tout, si bien que d'importants problèmes agrégés peuvent passer inaperçus. Une banque avait ainsi accordé à un client un plafond de 20 millions de dollars de crédit en demandant à ses différentes unités de le respecter. Ce qu'elles firent toutes en mettant en place la totalité des 20 millions, multipliant plusieurs fois le risque global de la banque. La direction ne s'aperçut de son risque réel que lorsque le client déposa son bilan. Pour éviter ce genre de problèmes, nombre de banques ont mis en place des bases de données clients utilisées par toutes leurs unités. Elles y enregistrent ce qu'elles savent du client et les relations qu'elles entretiennent avec lui, et elles y puisent des informations. De cette façon, des unités libres d'agir indépendamment parviennent à coordonner leurs activités sans la contrainte administrative que représenterait un point de contrôle central.

En présentant de tels exemples, et en mettant en évidence les caractéristiques récurrentes des processus opérationnels ainsi reconfigurés, nous ne prétendons pas que ces processus se ressemblent tous ou que le remodelage d'un processus est chose simple. Rien ne serait plus loin de la réalité. En fait, nombre de processus reconfigurés n'auront pas tous les attributs évoqués ci-dessus. Ils ne le pourraient d'ailleurs pas, car certains s'opposent entre eux. Créer un nouveau processus exige en définitive de la clairvoyance, de la créativité et du bon sens. Il en faudra autant pour définir les postes et organisations qui supporteront ces processus reconfigurés. Tel est le sujet qui va maintenant retenir notre attention.

4

LE NOUVEAU MONDE DU TRAVAIL

Nous avons souligné à plusieurs reprises que le Reengineering implique un remodelage radical des processus opérationnels de l'entreprise. Mais s'il commence par le remodelage des processus, il ne s'achève pas là. La transformation fondamentale des processus opérationnels a en effet des conséquences pour bien d'autres parties et aspects de l'entreprise – elle touche en fait toutes ses composantes.

Lors du Reengineering d'un processus, les postes de travail, jusqu'alors étroits et voués à une tâche, deviennent multidimensionnels. Des employés habitués à faire ce qu'on leur avait dit de faire ont désormais à exercer des choix et à prendre des décisions eux-mêmes. Le travail à la chaîne disparaît. Les services fonctionnels perdent leurs raisons d'être. Les managers cessent d'agir en surveillants pour se comporter plutôt en animateurs. Les salariés s'intéressent davantage aux besoins de leurs clients, et moins à ceux de leurs patrons. Attitudes et valeurs changent en réaction à de nouveaux stimulants. Pratiquement tous les aspects de l'organisation se transforment, au point de devenir parfois méconnaissables.

Examinons de plus près la nature des changements qui se produisent lorsqu'une entreprise reconfigure les processus de son activité.

Les unités de travail évoluent – de services fonctionnels en équipes responsables d'un processus

Au cours d'un Reengineering, l'entreprise ne fait en réalité que recoller le travail découpé en petits morceaux voici bien longtemps par Adam Smith et Henry Ford. Après restructuration, des équipes responsables de processus – groupes de personnes travaillant ensemble pour gérer un processus entier – s'imposent comme le moyen logique d'organiser les personnes qui font le travail. Les équipes chargées d'un processus ne sont pas formées de *représentants* des services fonctionnels concernés : elles *remplacent* l'ancienne organisation par services. Il existe différentes sortes d'équipes chargées d'un processus, mais nous utilisons ici le mot « équipe » pour désigner quelque chose de très particulier.

Imaginez le cheminement d'une commande (ou d'une idée de produit nouveau, ou d'une déclaration de sinistre à une assurance) dans une organisation. De nombreuses personnes différentes la manipulent, mais ces personnes ne forment pas une organisation intégrée. Elles sont réparties dans toute l'entreprise en une série de silos fonctionnels – services, groupes, divisions, etc. Ce fractionnement pose divers problèmes ; il favorise en particulier les divergences d'objectifs entre les différents acteurs. L'un se souciera par exemple de la rotation des stocks et l'autre des délais de livraison.

La solution de rechange consiste à prendre toutes ces personnes déjà en charge de la commande, ou du nouveau produit, ou de la déclaration de sinistre, mais en les rassemblant au sein d'une équipe au lieu de les disperser dans des services distincts. Sans nécessairement changer ce qu'ils font, on les fait travailler ensemble plutôt que séparément. En un sens, on se contente de rassembler à nouveau un groupe d'employés artificiellement séparés au nom de l'organisation. Lorsqu'elles sont réunies, nous appelons ces personnes une équipe de processus. En d'autres termes, une équipe de processus est une unité naturellement assemblée pour accomplir en totalité un ensemble de tâches, un processus.

Il existe différentes sortes d'équipes de processus, selon la nature du travail à accomplir. L'une d'entre elles est l'équipe de cas. En l'occurrence, comme nous l'avons vu dans le dernier chapitre avec Bell Atlantic, un certain nombre de personnes aux compétences différentes travaillent ensemble pour assurer un travail répétitif, tel que le traitement d'une déclaration de sinistre ou le raccordement d'un usager à un réseau de télécommunications à grande distance. Autrefois, quand un client de Bell Atlantic demandait son raccordement, la demande passait de service en service ; il lui fallait entre deux semaines et un mois pour parvenir à bon port. Lors du Reengineering de ce processus, Bell Atlantic a pris des gens de nombreux services fonctionnels pour les placer ensemble dans des équipes de cas, qui traitent à présent la plupart des demandes en quelques jours, voire en quelques heures. Comme les équipes de cas font un travail récurrent – c'est-à-dire qu'elles gèrent quotidiennement des demandes similaires – leurs membres forment normalement un groupe permanent. (Nous étudierons de plus près l'exemple de Bell Atlantic au chapitre 13.)

D'autres équipes de processus ont une durée de vie plus courte : elles ne restent ensemble que le temps nécessaire pour accomplir une tâche particulière et ponctuelle. Nous les appelons équipes virtuelles. Le processus de conception des nouveaux produits chez Kodak, par exemple, suppose un travail collectif de nombreuses personnes aux talents divers – spécialistes des obturateurs, de l'optique, de la production et autres – sur chaque nouveau projet. Mais lorsque le projet s'achève, l'équipe virtuelle se dissout et ses membres repartent vers d'autres projets et d'autres équipes. Chacun peut être membre de plus d'une équipe virtuelle à la fois et partager son temps entre différents projets.

IBM Credit (que nous avons déjà rencontré au chapitre 2) fait appel à une troisième sorte d'équipe de processus. Comparable à une équipe de cas, elle ne comprend cependant qu'une seule personne. Avant son Reengineering, quand IBM Credit montait un financement, il revenait au service des engagements de vérifier la solvabilité du demandeur, au service de la tarification de calculer le taux applicable, au service de l'exploitation de définir les autres conditions, avant qu'un rédacteur du service des contrats n'établisse l'offre finale regroupant le tout. Les agents de ces services se transmettaient le travail, non sans erreurs et retards habituels. Mais lorsque la société a reconfiguré son processus de montage des dossiers, elle a regroupé les quatre fonctions en remplaçant ces quatre départements par un seul. Une grande partie des gens – les ordonnateurs, ou *deal structurers* – affectés à ce nouveau service ont été choisis parmi les anciens spécialistes.

IBM Credit aurait pu se contenter de regrouper quatre spécialistes dans une équipe de processus, mais cette société est allée plus loin : à présent, chacun peut gérer un dossier entier du début à la fin du processus. IBM Credit s'est aperçu qu'une personne bien formée ayant accès à une base de données pouvait assurer au moins 90 % du travail habituellement réparti entre les spécialistes, le solde étant traité avec l'aide de quelques conseillers spécialisés. Chez IBM Credit, l'équipe de processus est formée d'une seule personne – ce que nous appelons un chargé de cas.

Les postes de travail évoluent – de tâches simples à un travail multidimensionnel

Pour les gens qui travaillent dans les équipes de processus, le travail sera très différent de ce à quoi ils étaient habitués. Le travail à la chaîne, qu'il soit manuel ou intellectuel, est hautement spécialisé : on y accomplit de façon répétitive une même tâche. Le travail peut requérir un minimum de formation – apprendre à insérer un composant particulier sur une carte à circuit imprimé, par exemple. Il peut même exiger un niveau d'études élevé – un diplôme de technicien en mécanique pour ceux qui conçoivent les obturateurs d'appareils photo. Mais, s'ils sont chargés d'accomplir une tâche particulière, ni l'ouvrier travaillant à la chaîne, ni l'ingénieur en mécanique n'ont besoin et ne se soucient de connaître en totalité le processus de fabrication d'un ordinateur ou de développement d'un modèle d'appareil photo.

Les membres des équipes de processus, collectivement responsables des résultats de leur processus et non plus individuellement responsables de leur tâche, font un travail d'un genre différent. Ils partagent avec les membres de leur équipe une responsabilité collective portant sur la réalisation du processus entier, et non plus d'une partie de celui-ci. Non seulement ils utilisent quotidiennement une gamme de compétences plus large, mais ils doivent voir les choses à plus grande échelle. Si tous les membres de l'équipe ne font pas exactement le même travail – après tout, leurs compétences et leurs aptitudes sont différentes – les frontières s'estompent entre eux. Chacun aura au moins une connaissance de base de toutes les étapes du processus et devrait pouvoir assurer plusieurs d'entre elles. Et tout ce que chacun fait est enrichi par la compréhension du processus dans son ensemble.

IBM Credit offre un bon exemple de la modification des emplois entraînée par le Reengineering. Les emplois anciens étaient ceux de spécialistes accomplissant une tâche unique. Les nouveaux ordonnateurs accomplissent des tâches variées. Ce sont des généralistes. Leur travail est multidimensionnel.

Que s'est-il passé chez Kodak quand la société a reconfiguré son processus de développement des produits ? Le spécialiste de l'optique qui se concentrait strictement et étroitement sur le développement des lentilles les développe aujourd'hui dans le contexte global d'un appareil photo, ce qui signifie qu'il contribue inévitablement aux autres aspects du développement et que son travail sera influencé par ce que d'autres ont à dire. Il n'intervient plus seulement à l'intérieur des limites de sa profession. Son emploi est lui aussi devenu multidimensionnel.

Parfois, le Reengineering d'un processus transcende les frontières entre différentes sortes de travail. Dans une entreprise, par exemple, les ingénieurs qui préparaient les informations destinées à des brochures commerciales rédigées par d'autres produisent à présent ces documents eux-mêmes ; ils en savent plus sur les produits que les gens du marketing, et ils sont capables d'utiliser les outils de PAO. Les responsables du marketing leur servent à présent de conseillers. Pour les deux groupes – ingénieurs et gens de marketing – le travail s'est élargi.

Au fur et à mesure que le travail s'élargit, il s'enrichit aussi. Car le Reengineering élimine non seulement les gaspillages, mais aussi le travail sans valeur ajoutée. Le Reengineering élimine l'essentiel des vérifications, pointages, attentes, surveillances, recherches – travaux improductifs justifiés par les frontières internes de l'organisation et destinés à compenser la fragmentation des processus -, ce qui veut dire que les gens passent plus de temps à faire du travail *véritable.*

Après un Reengineering, le travail devient plus gratifiant, les travailleurs éprouvent une plus grande impression de complétude, d'achèvement et d'accomplissement. Ils assurent en fait un travail complet – un processus ou un sous-processus – dont le résultat, par définition, a de l'importance pour quelqu'un. Ceux qui gèrent des processus partagent en grande partie les défis et les satisfactions des entrepreneurs : ils se concentrent sur leurs clients, avec pour objectif leur satisfaction. Ils n'essaient pas de satisfaire simplement leur patron ou une quelconque administration.

Le travail devient en outre plus gratifiant, car les emplois offrent un plus grand potentiel de croissance et de formation. Dans le contexte d'une équipe de processus, le développement personnel ne signifie plus grimper dans la hiérarchie mais changer de carrure – en savoir plus pour être capable d'assurer une plus large partie du processus. Après le Reengineering, la « maîtrise » d'un emploi ne veut plus rien dire ; au fur et à mesure que le travailleur développe son expertise et son expérience, son emploi se développe avec lui.

De plus, comme les salariés participant aux processus reconfigurés passent plus de temps à des travaux créateurs de valeur ajoutée et moins à des travaux stériles, ils contribuent plus largement aux résultats de l'entreprise ; par conséquent, dans un environnement reconfiguré, les emplois seront globalement mieux rémunérés.

La médaille a cependant son revers. Si les emplois en environnement reconfiguré sont plus intéressants, ils sont aussi plus stressants et plus difficiles. L'essentiel du travail routinier d'autrefois est éliminé ou automatisé. Si l'ancien modèle était fait de tâches simples pour gens simples, le nouveau est fait d'emplois complexes pour gens dégourdis, ce qui élève la barre pour les aspirants à un emploi. En environnement reconfiguré, rares seront les postes simples, routiniers, non qualifiés.

Les rôles évoluent – de postes contrôlés, vers des postes à responsabilité et autonomes

L'entreprise traditionnelle, organisée autour des tâches, attend que les personnes qu'elle embauche suivent des règles imposées. Les entreprises qui ont appliqué une démarche de Reengineering ne veulent pas que leurs salariés soient des suiveurs de règles ; elles veulent des gens qui forgent leurs propres règles. Les responsables qui confèrent à des équipes la responsabilité de gérer un processus entier doivent aussi leur déléguer le pouvoir de décision nécessaire pour y parvenir.

L'exemple suivant illustre la nature et l'intérêt de la délégation de pouvoir. Un client proteste auprès du portier d'un grand hôtel : pendant que sa voiture était stationnée dans le garage de l'établissement, son détecteur de radar a été volé. Le portier, habilité à satisfaire la clientèle, s'enquiert de son prix, accompagne le client à la réception et ordonne : « Donnez 150 dollars à ce monsieur ». Etonnement général, mais satisfaction du client. Deux semaines plus tard arrive sur le bureau du directeur général un chèque de 150 dollars accompagné d'une lettre du client annonçant qu'il a retrouvé le détecteur dans son coffre. Un post-scriptum précise : « Plus jamais je ne fréquenterai une autre chaîne que la vôtre ».

Les gens qui collaborent à un processus reconfiguré ont, par nécessité, une délégation de pouvoir. Aux membres d'une équipe de processus, il est à la fois permis et demandé de réfléchir, d'interagir, de faire preuve de bon sens et de prendre des décisions. Chez IBM Credit et chez Kodak, les processus de travail reconfigurés ne laissent pas de place aux intrusions des contremaîtres ou des cadres. Imaginez un ordonnateur d'IBM Credit qui s'efforce de traiter plusieurs dossiers à différents stades d'avancement et d'en boucler un maximum dans un temps aussi bref que possible. Surgit un contremaître qui veut savoir où il en est. Si l'ordonnateur oublie les clients pour lui répondre, le travail réel reste en plan. Chez Kodak, à quel moment le chef du département d'optique pourrait-il « valider » le projet d'un objectif ? La conception finale de ce dernier n'est arrêtée qu'avec celle de l'appareil photo tout entier. Sa validation par un superviseur ne ferait que ralentir le processus.

Inévitablement, les équipes qui accomplissent un travail portant sur un processus, qu'elles comptent une ou plusieurs personnes, se gouvernent elles-mêmes. Dans les limites de leurs obligations envers l'organisation – délais, objectifs de productivité, normes de qualité, etc. – elles choisissent quand et comment faire le travail. Si elles devaient attendre qu'un supérieur organise leur travail, elles ne seraient pas des équipes de processus.

La délégation de pouvoir est une conséquence inévitable du Reengineering ; on ne peut reconfigurer un processus sans conférer du pouvoir à ceux qui le prendront en charge. Les sociétés qui pratiquent un Reengineering doivent donc envisager des critères d'embauche supplémentaires. Il ne suffit plus de vérifier les diplômes, la formation et les compétences des candidats : leur caractère lui-même doit être considéré. Sont-ils capables de travailler sans y être poussés ? Peuvent-ils s'auto-discipliner ? Sont-ils assez motivés pour faire le nécessaire et satisfaire le client ?

Le Reengineering et la délégation de pouvoir qui s'ensuit auront d'importantes conséquences sur le profil des personnes que les entreprises embaucheront.

La préparation à l'exercice d'un métier évolue – de la formation vers l'éducation

Puisque les emplois des processus reconfigurés imposent aux employés, au lieu de suivre les règles, d'exercer leur jugement pour faire ce qu'il faut, les salariés doivent avoir une éducation suffisante pour discerner par eux-mêmes ce qu'il faut faire. Les entreprises traditionnelles privilégient d'ordinaire la *formation* du personnel – apprendre aux travailleurs comment accomplir un travail particulier ou comment traiter une situation spécifique. Dans les entreprises passées par un Reengineering, on insiste plutôt sur l'*éducation* – ou sur l'embauche de gens éduqués. La formation accroît l'habileté et la compétence du salarié et lui enseigne le « comment » d'un travail. L'éducation accroît sa perspicacité et lui enseigne le « pourquoi ».

Hill Pet Products, filiale de Colgate-Palmolive, a récemment bâti une nouvelle usine où sont appliqués nombre de principes liés à des processus reconfigurés. Les dirigeants de la société savaient quel genre de personnes ils devraient recruter pour leurs ateliers et se mirent à rechercher cent cinquante salariés. La société reçut plusieurs milliers de candidatures ; le service du personnel en étudia attentivement trois mille. Une fois les finalistes choisis, on s'aperçut qu'ils avaient presque tous une caractéristique en commun : ils n'avaient jamais travaillé en usine. Les candidats retenus avaient été enseignants, policiers, etc. ; ils avaient le caractère et l'éducation recherchés, mais ils n'avaient pas l'habitude des ateliers. Cette insuffisance apparemment criante ne posa pas de grands problèmes. L'entreprise n'eut pas de mal à former ces nouvelles recrues, car elles savaient déjà comment apprendre.

Pour pourvoir des postes multidimensionnels et évolutifs, les entreprises n'ont que faire de gens capables de remplir une case, car la case ne sera que grossièrement définie. Les entreprises ont besoin de gens capables de se représenter ce qu'exige le travail, et de le faire, de gens capables de se tailler une case à leur mesure. De plus, cette case sera changeante. Dans un contexte de changement et d'évolution, il est évidemment impossible d'embaucher des gens qui connaissent déjà tout ce qu'ils auront besoin de savoir ; dans l'entreprise d'après Reengineering, l'éducation continue, tout au long de la vie professionnelle, devient la norme.

Les critères essentiels de rémunération et de mesure des performances passent de l'activité aux résultats

Dans les entreprises traditionnelles, la rémunération des salariés est relativement simple : les gens sont payés au temps. Le travail du salarié individuel affecté à une chaîne de production industrielle ou à un service administratif n'a pas de valeur quantifiable. Que valent par exemple un joint de soudure ou les données inscrites sur un formulaire d'assurance ? Ni l'un ni l'autre n'a de valeur en soi. Seules l'automobile entière ou la police d'assurance nouvellement établie ont une valeur pour l'entreprise. Lorsque le travail est fragmenté en tâches simples, les entreprises n'ont pas d'autre choix que de mesurer les travailleurs d'après l'efficacité avec laquelle ils accomplissent un travail étroitement défini. Le problème est qu'une amélioration de l'efficacité d'un travail étroitement défini ne se traduit pas nécessairement par l'amélioration des résultats du processus.

Par contraste, l'ordonnateur d'IBM Credit n'est pas noté au nombre de morceaux de papier qu'il manipule mais au nombre et à la rentabilité des crédits mis en place, ainsi qu'à leur qualité mesurée par des enquêtes de satisfaction auprès de la clientèle. Lorsque les salariés accomplissent un travail de processus, l'entreprise peut mesurer leurs résultats et les payer en fonction de la valeur qu'ils créent. Cette valeur est mesurable, car, dans les processus opérationnels reconfigurés, les équipes créent des produits ou services ayant une valeur intrinsèque. Un nouvel appareil photo a une valeur, par exemple, alors qu'un mécanisme d'obturation n'en a pas.

Le Reengineering oblige aussi les entreprises à réviser certaines idées reçues sur les rémunérations. Ainsi, les performances réalisées au cours d'une année par un salarié chargé d'un processus ne garantit en rien ses performances de l'année suivante. C'est pourquoi les salaires de base des entreprises à processus reconfigurés ont tendance à rester assez stables, hormis la correction de l'inflation. Les performances exceptionnelles sont rémunérées sous forme de primes plutôt que d'augmentations de salaire.

Le Reengineering remet aussi en question d'autres postulats relatifs aux rémunérations : la détermination des salaires d'après l'ancienneté ou le rang hiérarchique ; la rémunération calculée sur le seul temps de présence ; l'octroi d'augmentations au seul motif qu'une année s'est écoulée.

Les rémunérations calculées d'après la position des gens dans l'organisation – plus ils sont haut, mieux ils sont payés – sont en contradiction avec les principes du Reengineering. Les grilles d'évaluation traditionnelles, où le niveau d'un salaire dépend du nombre de salariés et du budget gérés par son bénéficiaire, ne conviennent pas non plus aux environnements organisés autour des processus. Les hiérarchies savamment mesurées, avec de multiples échelons – analyste 1, analyste 2, analyste senior, etc. – correspondant chacun à une étroite fourchette de rémunération, doivent être abandonnées.

Dans les entreprises reconfigurées, la rémunération dépend essentiellement de la contribution au résultat et de la performance. Cette façon de faire n'est pas sans précédent : même dans les entreprises traditionnelles, le directeur des ventes est rarement la personne la mieux payée de l'organisation commerciale – honneur réservé d'habitude au représentant le plus productif. Dans les banques d'affaires de Wall Street, le plus gros salaire n'est généralement pas celui du président mais plutôt celui d'un *golden boy*, vedette des opérations sur les obligations ou sur les changes.

Dans les sociétés qui ont accompli leur Reengineering, la performance se mesure à la valeur créée, et la rémunération doit être fixée en conséquence.

Les critères d'avancement évoluent – de la performance à l'aptitude

La récompense normale d'un travail bien fait est une prime et non un avancement. Une fois opéré un Reengineering, une distinction nette est établie entre avancement et performance. L'avancement à un nouveau poste au sein de l'organisation dépend de l'aptitude, non de la performance. C'est un changement, pas une récompense.

Progressive Insurance considère cette distinction comme si importante qu'elle l'a consignée dans son rapport annuel. « L'un de nos principes essentiels, y lit-on, est que le salaire dépend de la performance et l'avancement de l'aptitude ». A y réfléchir, le principe paraît évident. Pourtant, il est rarement suivi. Le raisonnement habituel est celui-ci : « Si Elisabeth est une bonne chimiste, elle saura encadrer des chimistes ». C'est souvent faux, et la « promotion » d'Elisabeth n'aboutit pour l'entreprise qu'à échanger un bon chimiste contre un mauvais manager.

Le groupe de marketing direct de l'assureur Capital Holding veille à bien préciser à ses salariés la distinction entre résultats et avancement. « Nous avons séparé l'évaluation des résultats, en fonction de laquelle nous récompensons les gens sous forme de rémunération, et l'évaluation du développement personnel, explique Pamela Goldwin, directrice du groupe. Ainsi, même ceux qui obtiennent des résultats exceptionnels en viennent à admettre qu'ils ont besoin d'améliorer leur croissance et leur développement personnel. La séparation des deux évaluations contribue à clarifier leur différence dans l'esprit des salariés. »

Les valeurs évoluent – du protectionnisme à l'ouverture

Le Reengineering suppose une évolution de la culture de l'organisation aussi profonde que celle de sa structure. Il suppose que les salariés ont l'intime conviction qu'ils travaillent pour leurs clients et non pour leur patron. Ils n'y croiront que dans la mesure où les moyens de motivation en usage dans l'entreprise renforceront cette conviction. Xerox Corporation, par exemple, ne se contente pas de dire à ses collaborateurs que leurs salaires sont payés par les clients mais elle établit un lien explicite. Les primes versées à chaque cadre sont désormais assises pour une grande part sur un indice de satisfaction de la clientèle. Du temps où leurs primes ne dépendaient que des résultats de leurs propres départements, les cadres ne cessaient de guerroyer les uns contre les autres pour des questions de responsabilité, de pouvoir ou d'affectation des ressources. Les querelles internes ont pratiquement disparu, car les cadres se soucient à présent de maximiser la satisfaction de la clientèle.

Les valeurs et les convictions des salariés découlent principalement des systèmes de management de l'entreprise – à savoir comment on paie les gens, comment on mesure leurs résultats, etc.

Malheureusement, trop de managers croient encore qu'il suffit, pour orienter les systèmes de valeurs de leurs salariés, de prononcer des discours après avoir défini quelques pompeuses valeurs. Se contenter de proclamer les valeurs de l'entreprise, c'est sacrifier inutilement à une mode sans lendemain. Sans systèmes de management, la plupart des projets d'entreprise se réduisent à des collections de platitudes gratuites qui ne font que renforcer le cynisme des salariés. Pour valoir le papier sur lequel il est imprimé, le projet d'entreprise doit être conforté par les systèmes de management de la société. Le projet définit des valeurs ; les systèmes de gestion leur donnent vie et consistance à l'intérieur de la société.

Bien entendu, les cadres supérieurs doivent eux-mêmes respecter ces valeurs. Si un dirigeant, après avoir proclamé qu'il faut se soucier des clients, consacre une heure chaque semaine à leur téléphoner, la valeur de ce temps est peut-être mince pour les clients mais elle est incommensurable pour l'organisation. Cette heure est le symbole et la preuve que l'encadrement adhère personnellement aux valeurs qu'il demande à chacun de respecter.

Les valeurs culturelles qu'on rencontre dans la plupart des entreprises traditionnelles sont les sous-produits des systèmes de management fragmentés, qui s'attachent à la performance passée, privilégient le contrôle et divinisent la hiérarchie. Quoi que puisse dire le projet d'entreprise d'une société traditionnelle, son système de management promeut en réalité des valeurs du genre :

– C'est mon patron qui me verse mon salaire : malgré tout ce qu'on dit du service à la clientèle, l'objectif véritable est de plaire au patron.

– Je ne suis qu'un rouage dans la mécanique : la meilleure stratégie est de baisser la tête et de ne pas faire de vagues.
– Plus j'ai de subordonnés directs, plus je suis important. Le vainqueur est celui qui possède l'empire le plus vaste.
– Demain sera exactement comme aujourd'hui : il en a toujours été ainsi.

Le problème est que ces valeurs et croyances ne facilitent pas l'obtention des résultats nécessaires aux organisations à dominante commerciale. Elles ne collent pas avec les nouveaux processus créés dans un environnement reconfiguré ; sans changement des valeurs, les nouveaux processus, si bien pensés soient-ils, ne fonctionneront jamais. Le changement des valeurs fait partie du Reengineering au même titre que celui des processus.

Dans une société passée par un Reengineering, les salariés doivent partager des convictions telles que :

– Ce sont les clients qui paient nos salaires : je dois faire le nécessaire pour les satisfaire.
– Dans la société, tous les postes sont essentiels et importants : ce que je fais est capital.
– Brasser de l'air ne mène à rien : je suis payé pour la valeur que je crée.
– C'est moi le responsable : je dois accepter la charge des problèmes et les résoudre.
– Je fais partie d'une équipe : nous échouerons ou nous réussirons ensemble.
– Personne ne sait ce que demain nous réserve : mon travail consiste aussi à apprendre sans cesse.

Les managers évoluent – de superviseurs en animateurs

Quand une entreprise réalise un Reengineering, des processus jusque-là complexes deviennent simples, et des postes simples deviennent complexes. Au lieu de faire appel à quatre ou cinq personnes différentes, par exemple, le *processus* de montage d'un dossier chez IBM Credit n'en requiert plus qu'une : l'ordonnateur fait tout de A à Z. Par conséquent, les managers de la société passent moins de temps à faire circuler les formulaires d'un service à un autre, et en passent davantage à aider les salariés à accomplir un travail plus riche et plus exigeant.

Les équipes de processus, qu'elles soient formées de plusieurs personnes ou d'une seule, n'ont pas besoin de patrons, elles ont besoin d'*entraîneurs*. Les équipes sollicitent les conseils des entraîneurs, les entraîneurs aident les équipes à résoudre des problèmes. Ils ne sont pas *dans* l'action, mais ils en sont assez proches pour assister l'équipe dans son travail.

Les patrons traditionnels définissent et distribuent le travail. Les équipes s'en chargent elles-mêmes. Les patrons traditionnels supervisent, surveillent, contrôlent et vérifient le travail au fur et à mesure qu'il passe d'un poste de travail à un autre. Les équipes s'en chargent elles-mêmes. Les patrons traditionnels n'ont guère leur place dans un environnement reconfiguré. Les managers doivent renoncer à leur rôle de supervision pour *faciliter, mettre en condition*, agir en hommes dont le travail est de développer les gens et leurs compétences, de sorte que ces gens soient capables d'accomplir eux-mêmes des processus créateurs de valeur ajoutée.

Ce type de management est un vrai métier. La pratique traditionnelle dévalue à la fois le travail et le management. Elle dévalue le travail en posant qu'un travailleur n'a pas d'autre moyen de progresser que de devenir manager. Implicitement, il serait donc plus important de gérer que de travailler. Mais elle prétend aussi que celui qui démontre ses qualités de travailleur est capable de gérer.

En fait, le management suppose une compétence particulière, à l'instar d'une fonction d'ingénieur, et il n'y a guère de corrélation entre la réussite dans une fonction productive et la réussite dans une fonction de management. Casey Stengel fut un honnête joueur de baseball mais un grand manager. La plupart des grands joueurs font des managers médiocres.

Le manager d'une entreprise reconfigurée doit faire preuve de grandes qualités relationnelles et tirer fierté de la réussite des autres. Ce manager agit comme un mentor, il est là pour fournir des ressources, pour répondre aux questions et pour orienter la carrière à long terme des individus. Ce rôle diffère de celui que jouaient traditionnellement la plupart des cadres.

Les organigrammes évoluent – de hiérarchiques à plats

Lorsqu'une équipe prend en charge un processus entier, la gestion de ce processus fait partie de son travail. Les décisions et questions intéressant plusieurs services, qui exigeaient d'habitude des réunions aux différents niveaux de la hiérarchie font désormais partie du travail normal des équipes. La décentralisation des décisions vers les gens qui exécutent le travail va de pair avec une réduction du rôle traditionnel des managers. Les fonctions de direction et de contrôle ont moins à jouer le rôle d'un « liant » destiné à faire tenir le travail ensemble. Après un Reengineering, il n'est plus nécessaire de monter sur ses grands chevaux pour recoller ensemble des processus fragmentés. Dès lors qu'il y a moins de managers, il y a moins d'échelons d'encadrement.

Dans l'entreprise traditionnelle, l'organigramme est une question importante qui absorbe une quantité d'énergie considérable. Pourquoi ? Parce que c'est un mécanisme qui répond à bien des questions et résout bien des problèmes. N'oublions pas que l'unité de base de l'organisation traditionnelle est le département ou service fonctionnel, groupe de gens chargés d'accomplir des tâches identiques. L'organisation dans son ensemble est formée de ces services fonctionnels, articulés de diverses manières. Leur disposition varie largement d'une entreprise à l'autre. Dans la société dite fonctionnelle, tous les départements fonctionnels de même nature sont réunis en une même division fonctionnelle : tous les services des ventes sont regroupés dans une division des ventes. Dans une structure fondée sur les unités stratégiques (*strategic business units*), les services fonctionnels sont regroupés par marchés : une entreprise aura par exemple une Division Ouest.

La définition de ces organisations consomme beaucoup d'énergie car leur forme détermine largement le fonctionnement de l'entreprise, depuis la façon d'exécuter le travail jusqu'aux mécanismes de contrôle et de mesure des performances. L'organigramme fixe les lignes de communication au sein de l'organisation et détermine la hiérarchie du pouvoir.

Dans les sociétés reconfigurées, en revanche, la question de l'organigramme n'a pas autant d'importance. Le travail est organisé autour des processus et des équipes qui les assurent. Les lignes de communication ? Si besoin est, les gens communiquent avec n'importe qui. Le contrôle incombe aux personnes qui gèrent le processus.

Après Reengineering, l'organigramme, quel qu'il soit, tend donc à être plat, car le travail est réalisé par des équipes d'employés égaux, jouissant d'une grande autonomie, et aidés par des managers peu nombreux – car si un manager ne peut d'ordinaire superviser que sept personnes, il peut en animer une trentaine. Avec un ratio d'un manager pour sept travailleurs, une organisation est hiérarchique par nécessité. A un pour trente, elle l'est beaucoup moins. Interrogé sur son organigramme après Reengineering, Steve Israel, directeur d'IBM Credit, répondait : « Nous en avons bien un, mais nous n'en tenons jamais compte ». La structure de son organisation se définissait en quelques mots : « Des groupes de gens qui réalisent le travail ». Une telle entreprise ne compte pas que sa structure réponde, par elle-même, à beaucoup de questions. Après un Reengineering, la question de l'organigramme a bien moins d'importance.

Les dirigeants évoluent – d'arbitres en leaders

L'un des changements, et non des moindres, entraînés par un Reengineering est qu'il rend possible et nécessaire une évolution du rôle des cadres dirigeants de l'entreprise. Une organisation plus plate rapproche les dirigeants des clients et des personnes qui créent la valeur ajoutée de la société. Dans un environnement reconfiguré, la bonne exécution du travail dépend bien plus des attitudes et des efforts d'employés responsables que des actes de managers fonctionnels voués à des tâches particulières. Les dirigeants doivent donc agir en leaders, orientant et renforçant par leurs paroles et par leurs actes les valeurs et les convictions des salariés.

Les cadres dirigeants sont globalement responsables de la performance des processus reconfigurés, mais ils n'exercent pas de contrôle direct sur ceux qui en ont la charge. Ces derniers travaillent de façon plus ou moins autonome grâce à l'aide de leurs animateurs. Les dirigeants font face à leurs responsabilités en s'assurant que les processus sont conçus de telle sorte que les travailleurs puissent faire le travail nécessaire et soient motivés par les systèmes de management de l'entreprise – les systèmes de mesure des performances et de rémunération.

Dans les entreprises traditionnelles, les dirigeants sont coupés de l'activité courante. Leur vision de la société qu'ils dirigent est surtout financière : a-t-elle atteint ses objectifs ce trimestre ? En tant que leaders d'une entreprise reconfigurée, ils se rapprochent du travail réel. En donnant forme aux processus et en motivant les travailleurs, ils touchent de très près à la façon dont le travail est fait. Jamais un entraîneur de football ne dira à son équipe : « Je veux que vous gagniez par cinq à zéro. Allez-y, battez-vous et revenez me dire à la fin de la partie comment ça s'est passé. » Même s'il ne joue pas, l'entraîneur s'implique activement dans le choix d'une stratégie et dans le jeu des footballeurs. Ainsi en va-t-il des cadres dirigeants des sociétés reconfigurées. Ils sont bien plus que des arbitres.

Résumons les changements qui se produisent lorsqu'une entreprise reconfigure ses processus d'activité : les emplois changent, assurément, ainsi que les gens qui les occupent, les relations de ces derniers avec leur encadrement, leurs profils de carrière, la façon dont ils sont évalués et rémunérés, le rôle des managers et des dirigeants et même ce qui se passe dans la tête des salariés. En bref, le Reengineering des processus opérationnels d'une entreprise la transforme finalement *dans son entier* ou presque, car tous ces aspects – le personnel, les emplois, les managers, les valeurs – sont liés entre eux. Nous dirons qu'ils forment les quatre sommets d'un losange figurant un modèle opérationnel d'entreprise. La pointe supérieure du losange est celle des processus opérationnels de l'entreprise – la façon dont elle fait son travail ; la seconde représente ses emplois et ses structures ; la troisième, ses systèmes de management et de mesure ; la quatrième enfin sa culture – les valeurs et convictions des salariés.

Le modèle opérationnel de l'entreprise forme un losange

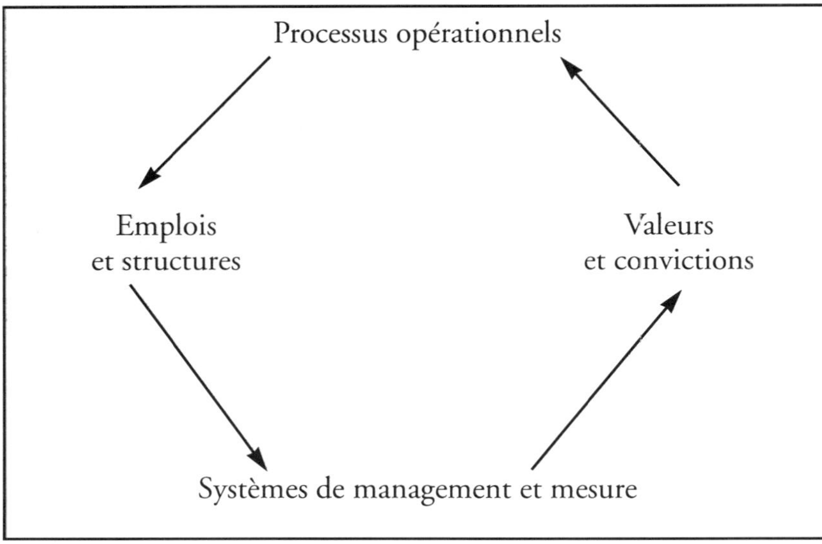

Les liens entre les sommets sont essentiels. La pointe supérieure du losange, les processus, détermine la seconde, les emplois et structures. La façon dont le travail s'accomplit détermine la nature des emplois ainsi que les regroupements des salariés qui les occupent – bref, l'organisation. Les processus fragmentaires des entreprises traditionnelles conduisent à une étroite spécialisation des emplois et des organisations au sein de services fonctionnels. Les processus intégrés donnent naissance à des emplois multidimensionnels auxquels une organisation en équipes de processus convient mieux.

En outre, il nous faut des systèmes de management appropriés pour recruter, évaluer et payer les salariés affectés à des emplois multidimensionnels et organisés en équipes. Autrement dit, les emplois et structures, eux-mêmes déterminés par le processus, conduisent à leur tour au troisième sommet du losange, la nature du système de management que l'entreprise doit posséder.

Le système de management – c'est-à-dire la façon dont les gens sont payés, les moyens d'évaluation de leurs performances, etc. – détermine largement les valeurs et convictions des salariés, quatrième sommet du losange. Par valeurs et convictions, nous entendons les thèmes ou préoccupations que les membres de l'entreprise considèrent comme importants et à quoi ils vont prêter une attention particulière.

Enfin, les valeurs et convictions dominantes d'une organisation doivent soutenir l'efficacité de ses processus. Par exemple, un processus de traitement des commandes prévu pour fonctionner vite et sûrement ne produira les résultats recherchés que si les gens qui en ont la charge considèrent la rapidité et l'exactitude comme importantes. Ce qui nous ramène à la première pointe du losange. Répétons donc qu'il ne suffit pas de redéfinir les processus pour réaliser un Reengineering. Les quatre pointes du losange symbolisant le modèle de l'entreprise doivent être en équilibre, sans quoi celle-ci sera défectueuse et bancale.

Le fait est que toute entreprise a son losange, y compris celles qui conservent une organisation traditionnelle. Ainsi, on peut envisager le Reengineering comme le remplacement d'un losange distordu par un losange parfait.

Nous avons déjà évoqué superficiellement le rôle joué par les technologies de l'information. Le prochain chapitre expliquera en quoi cet aspect du Reengineering est essentiel.

5

LES TECHNOLOGIES DE L'INFORMATION ET LEUR ROLE DE LEVIER

Une entreprise qui ne peut envisager d'un oeil neuf les technologies de l'information est incapable d'opérer un Reengineering. Il en va de même pour celle qui assimile informatique et automatisation, ou encore pour celle qui commence par se focaliser sur ses problèmes avant de rechercher des solutions techniques pour les traiter.

Les technologies de l'information jouent un rôle crucial dans le Reengineering de l'entreprise, mais pas forcément celui qu'on croit. Tout travail de Reengineering passe par les technologies de l'information modernes, dans leurs derniers développements ; elles jouent un rôle de *levier essentiel*, car elles *permettent* aux entreprises de reconfigurer leurs modes de fonctionnement. Mais, de même qu'il ne suffit pas de voter un budget pour régler un problème politique, il ne suffit pas d'acheter un ordinateur pour reconfigurer une entreprise. *Employées à mauvais escient*, ces technologies peuvent en fait bloquer tout Reengineering en renforçant de vieilles idées et de vieux comportements.

Considérons ce qui aurait pu se passer chez les trois sociétés dont les efforts de Reengineering ont été étudiés au chapitre précédent, IBM Credit, Ford et Kodak, si elles s'étaient contentées d'informatiser leurs problèmes.

IBM Credit aurait pu essayer d'accélérer son rythme de tortue en reliant par ordinateur les spécialistes de cinq espèces différentes chargés d'examiner toute demande de crédit. Un tel système aurait accéléré l'ancien processus en éliminant le délai nécessaire pour transporter physiquement les documents du bureau d'un spécialiste à celui d'un autre. Mais cela n'aurait eu aucun effet sur l'attente bien plus longue imposée aux formulaires dans chaque bureau. En informatisant le processus, la société aurait pu améliorer ses performances de 10 %, alors qu'elle a atteint un score de 90 % avec son Reengineering.

Ford aurait également pu se contenter d'informatiser le règlement des vendeurs. Les dirigeants de la société estiment qu'ils auraient ainsi pu réduire de 20 % les effectifs du service des règlements. Mais en reconfigurant le processus, ils ont éliminé 80 % de ces cinq cents postes.

Kodak aurait pu réduire de quelques journées le temps d'étude des produits et de l'outillage en dotant son bureau d'études de stations de CAO dernier cri, mais cela ne lui aurait jamais permis la réduction de près de 50 % du temps de développement global consécutive au Reengineering du processus.

APPRENONS À PENSER PAR INDUCTION

Pour appréhender le potentiel des technologies de l'information modernes et pour imaginer comment elles peuvent l'exploiter, les entreprises doivent faire appel à une forme de pensée qu'on n'enseigne pas aux hommes d'affaires et qui les met mal à l'aise. La plupart des cadres et dirigeants savent penser par *déduction.* C'est-à-dire qu'ils savent parfaitement définir un ou plusieurs problèmes puis rechercher et évaluer différentes solutions. Mais pour appliquer les technologies de l'information au Reengineering d'entreprise, il faut penser par *induction* – être capable de commencer par détecter une solution puissante avant de rechercher quels problèmes elle pourrait résoudre, problèmes dont la société n'a probablement même pas conscience.

Les cadres de Ford pensaient au départ que le problème était de trouver une méthode permettant de traiter les factures des vendeurs plus vite et avec moins de monde. Ils découvrirent à la place une solution qui les débarrassa complètement des factures. Les dirigeants d'IBM Credit pensaient que le problème était d'accélérer la circulation de l'information entre divers groupes de spécialistes. Les technologies de l'information permirent d'éliminer les spécialistes, supprimant du même coup la nécessité de faire circuler l'information. Kodak pensait que son problème était d'amener les concepteurs à travailler plus vite afin d'enchaîner plus rapidement les différentes étapes de la conception. Sa solution technologique a pratiquement fait disparaître le caractère séquentiel de la conception.

Lorsqu'elles considèrent les technologies de l'information, la plupart des entreprises commettent une erreur fondamentale : elles la voient à travers le prisme de leurs processus existants. « Comment utiliser ces nouvelles possibilités technologiques pour renforcer, harmoniser ou améliorer ce que nous faisons déjà ? » se demandent-elles. « Comment utiliser les technologies pour parvenir à faire des choses que nous ne faisons pas encore ? » devraient-elles plutôt se demander. Contrairement à l'automatisation, le Reengineering est affaire d'innovation. Il consiste à exploiter les plus récentes possibilités des technologies pour atteindre des objectifs entièrement neufs. Détecter les possibilités nouvelles, inhabituelles, des technologies, plutôt que celles auxquelles on est habitué, voilà l'un des aspects les plus difficiles du Reengineering.

Thomas J. Watson, le fondateur d'IBM fut lui-même victime de cette myopie classique le jour où il affirma que la demande mondiale pour les ordinateurs de traitement des données n'atteindrait pas cinquante machines. Vingt ans plus tard, fabricants de gros ordinateurs et directeurs informatiques de grandes sociétés se moquèrent en choeur des mini-ordinateurs, simples jouets à leurs yeux. Dix années plus tard, les micro-ordinateurs reçurent le même accueil : « Nos grosses machines répondent bien à nos besoins, pensaient les traditionalistes. Pourquoi nous en faudrait-il de petites ? » La réponse, on le voit à présent, était que les mini-ordinateurs puis les micro-ordinateurs ne se contenteraient pas de faire ce que des machines plus puissantes faisaient déjà mais qu'ils allaient donner naissance à des types d'utilisations entièrement nouveaux.

Appliquer aux technologies un raisonnement déductif conduit non seulement à ignorer ce qu'il y a en elles de vraiment important, mais aussi à s'enthousiasmer pour des techniques et utilisations qui sont, en fait, banales et secondaires. Naguère, quelqu'un eut ainsi l'idée géniale de réunir le micro-ordinateur et le téléphone en une seule machine. Cet ensemble intégré occuperait moins de place sur un bureau et coûterait moins cher à l'achat que deux machines séparées. C'est peut-être exact, mais le fait de combiner deux machines en une seule n'améliore nullement leurs capacités. Cela ne permet pas de faire des choses importantes qu'on n'aurait pas pu faire auparavant. C'est tout au plus une amélioration marginale.

L'insuffisance du raisonnement déductif appliqué aux technologies est un problème qui n'a rien de nouveau et qui ne concerne pas seulement les néophytes. On a cru tout d'abord que le téléphone servirait surtout à combattre la solitude des femmes d'agriculteurs. Thomas Edison a dit un jour que l'intérêt du phonographe, dont il est l'inventeur, était de permettre aux « gentlemen à l'article de la mort » d'enregistrer leurs dernières volontés. Marconi, qui mit au point la radio, y voyait un télégraphe sans fil destiné à transmettre des messages d'un endroit à un autre ; il ne s'aperçut pas de son potentiel comme moyen de diffusion de masse. Une société comme IBM s'est complètement trompée sur l'intérêt réel de la xérographie.

A la fin des années 50, Xerox, engagé dans des recherches fondamentales autour du 914, le premier copieur qu'il ait commercialisé, se trouvait dans une situation financière difficile et aurait voulu monnayer son projet. Il proposa son brevet à IBM, qui chargea Arthur D. Little (ADL), la firme de conseil de Cambridge (Massachusetts), d'effectuer une étude de marché. La conclusion d'ADL fut la suivante : même si cette machine révolutionnaire captait en totalité le marché du papier carbone, du ditographe et de l'hectographe, techniques alors en usage pour la copie de documents, cela ne suffirait pas à rentabiliser l'investissement de départ nécessaire. Fort de cette constatation, IBM décida de décliner la proposition de Xerox et de ne pas s'intéresser aux copieurs. Malgré cette prévision de mauvais augure, Xerox persévéra, convaincu que *quelqu'un* finirait bien par trouver à quoi ces machines pourraient servir.

Nous savons à présent – cela paraît même une évidence – que la force du copieur Xerox ne résidait pas dans son aptitude à remplacer le papier carbone et autres moyens de reproduction de l'époque mais dans sa capacité à rendre des services hors de portée de ces technologies. Le 914 créa le marché de la copie de masse, jusqu'alors inexistant. Avant l'invention de la reprographie, personne n'imaginait avoir besoin de copier un dossier en trente exemplaires pour le distribuer autour de lui. Faute d'un moyen pour faire ces trente copies vite et à peu de frais, personne n'avait perçu cela comme un « besoin ».

Ce que nous voyons à l'oeuvre dans de tels cas, où les technologies créent leurs propres utilisations jusqu'alors inimaginables, n'est autre qu'une variante de la loi de Say. Jean-Baptiste Say, économiste français du début du XIXe siècle, a observé que l'offre crée souvent sa propre demande. Tant qu'ils ignorent qu'ils peuvent avoir quelque chose, les gens ne savent pas qu'ils en ont besoin ; ensuite, ils ont l'impression de ne plus pouvoir s'en passer. Comme disait Alan Kay, père putatif du micro-ordinateur et aujourd'hui Apple Fellow chez Apple Computers, « toute technologie commence par créer un problème avant de le résoudre ». Personne n'avait « besoin » du copieur 914 – personne ne ressentait le problème qu'il résolvait – avant son apparition. Alors, le besoin latent, inexprimable, devint soudain tangible et criant.

C'est pourquoi il est inutile de demander simplement aux gens à quoi pourrait servir, dans leur activité, une technologie donnée. Leur réponse portera inévitablement sur ce que cette technologie pourrait apporter à une tâche qu'ils accomplissent déjà. On peut utilement demander aux gens s'ils préfèrent acheter leur lait en bouteilles de verre ou en boîtes de carton. Ces deux types de conditionnement, tout comme le lait lui-même, sont quelque chose de familier pour les consommateurs, qui peuvent donc exprimer et expliquer leurs préférences. En revanche, interroger les gens sur les machines à copier comme on l'a fait à l'ère pré-reprographique les amenait évidemment à répondre qu'elles leur paraissaient trop chères pour remplacer le papier carbone.

De la même façon, si une société d'études de marché demande à un homme d'affaires obligé de voyager beaucoup ce qui lui faciliterait la vie, il répondra sans doute qu'il aimerait avoir un moyen plus rapide pour se rendre à l'aéroport, à moins qu'il ne réclame un avion privé. Mais il *ne dira pas* qu'il aimerait disposer d'un moyen de téléportation façon Star Trek. Il ne le dira pas parce que ce genre d'engin ne fait pas partie de son cadre de référence. Si un enquêteur l'interroge sur ses voyages d'affaires, notre homme d'affaires songe à son vécu habituel : échapper aux embouteillages pour parvenir à l'aéroport, faire la queue, s'effondrer dans un fauteuil, avaler un repas médiocre. Tels sont les problèmes dont il a *conscience* et auxquels il recherchera une solution. Or le véritable pouvoir des technologies est d'offrir des réponses à des problèmes dont il ne *sait* même pas qu'ils se posent à lui – par exemple comment se passer complètement des voyages en avion.

La réussite de Sony Corporation tient en bonne partie au respect de ce principe fondamental : une étude de marché pour un produit qui n'existe pas encore ne sert à rien. Lorsque le bureau d'études de Sony a commencé à travailler sur le Walkman, les dirigeants de la société n'ont pas demandé d'études de marché pour savoir comment il serait accueilli par les consommateurs. Sachant que les gens ne parviennent pas à se représenter ce qu'ils ne connaissent pas, Sony donna le feu vert au Walkman en faisant confiance à l'intuition de ses créateurs et aux possibilités de la technologie. Bien plus qu'il ne l'a satisfaite, le Walkman a transformé l'idée qu'on se fait des lieux et moyens propres à écouter de la musique.

Plus généralement, nous voudrions souligner que les besoins et les aspirations des gens sont modelés par ce qui leur paraît possible. Les technologies novatrices autorisent des activités et des actions que l'on n'imaginait pas jusqu'alors. Détecter le potentiel économique de la technologie, il y a là un défi que peu d'entreprises parviennent à relever. Cette insuffisance est compréhensible à défaut d'être excusable.

Prenez par exemple la téléconférence, moyen à l'aide duquel des personnes situées dans des salles spécialement équipées, éloignées les unes des autres, peuvent se parler, se voir et travailler ensemble presque comme si elles se trouvaient dans la même pièce. Au début, la plupart des entreprises s'imaginèrent que l'intérêt de la téléconférence résiderait dans la réduction des frais de déplacement : les gens pourraient se rencontrer sans être obligés de prendre l'avion. A cet égard, la téléconférence apparaît dans l'ensemble comme un monumental échec. De nombreuses raisons poussent les gens à voyager pour se rencontrer. Le fait même d'entreprendre un déplacement, que ce soit pour traverser une ville ou pour traverser un pays, révèle quelque chose de l'importance attachée au message délivré ou au sujet débattu. La communication non verbale que permet une réunion en face à face a sans doute plus d'importance que la plupart des mots prononcés. Il n'est donc pas surprenant que la téléconférence n'ait guère eu d'incidence sur les frais de voyage des entreprises.

Cela ne signifie pourtant pas que la téléconférence soit sans intérêt. Mais celui-ci réside dans la transformation des modes opératoires, non dans la réduction de leur coût. Une société de notre connaissance y a par exemple fait appel pour réduire de six mois le cycle de développement de ses produits. Par quel miracle ?

Le bureau d'études et le service de marketing de cette société sont installés dans deux Etats différents ; une fois par mois, l'un d'eux rend donc visite à l'autre pour régler leurs problèmes. La société possède aujourd'hui des équipements de téléconférence, mais chercheurs et hommes de marketing continuent à prendre l'avion pour se rencontrer chaque mois, car il leur a paru difficile de vider toutes leurs querelles via un poste de télévision. Ce média est trop froid et la téléconférence ne remplace pas le combat au corps-à-corps. Mais ils ont recours aux téléconférences pour des débats hebdomadaires, auparavant impossibles en raison de la fatigue des voyages et de leur coût en temps et en argent.

Au cours de leurs téléconférences hebdomadaires, les deux groupes font le point sur les questions débattues lors de la précédente réunion en face à face. Ils peuvent en outre ouvrir leurs discussions à de nouveaux participants. Avant la téléconférence, les cadres supérieurs étaient trop occupés pour consacrer trois jours – un pour l'aller, un pour la réunion elle-même, un pour le retour – à une rencontre mensuelle, et l'on jugeait trop coûteux de payer l'avion aux collaborateurs les plus jeunes associés aux projets. Ce qui veut dire que seuls les cadres de niveau intermédiaire se réunissaient autour d'une même table. Avec la téléconférence, tout le monde peut se « réunir » une fois par semaine, se tenir informé, régler des questions courantes. De ce fait, le bureau d'études et le marketing gardent un meilleur contact, les problèmes sont réglés plus tôt et plus vite, on évite mieux de s'enfoncer dans des impasses, les projets sont plus vite bouclés et l'on fabrique des produits mieux adaptés au marché.

En bref, l'intérêt de la téléconférence pour cette société est qu'elle lui permet de faire une chose qu'elle ne faisait pas auparavant : ménager un contact hebdomadaire entre le marketing et le bureau d'études. Ce genre d'utilisation n'était pas venu à l'esprit des promoteurs de la téléconférence, car ils ne s'étaient pas dépouillés de leur vieux mode de pensée déductif.

Répétons-le, le vrai pouvoir des technologies n'est pas d'améliorer les anciens processus, mais de permettre aux organisations de briser les anciennes règles et de créer de nouvelles façons de travailler, c'est-à-dire de se reconfigurer.

La construction d'une nouvelle usine pour son modèle Saturn a donné à General Motors l'occasion de reconfigurer ses méthodes de travail en dehors des contraintes imposées par les installations existantes. General Motors, qui nourrissait de grandes ambitions pour cette usine, a ainsi pu rompre les règles de façon radicale en capitalisant sur la puissance des technologies de l'information.

General Motors a conçu l'usine Saturn en y intégrant une base de données de production accessible en temps réel aux fournisseurs de la société. Ces derniers n'attendent pas que General Motors leur passe commande ; ils consultent tout simplement le programme de production du constructeur, inclus dans la base de données. Puis, de leur propre chef, ils livrent à l'usine de montage les pièces détachées dont elle a besoin. Sachant combien de voitures General Motors prévoit de fabriquer au cours du mois à venir, par exemple, la société qui fournit les freins de la Saturn est en mesure d'organiser son propre programme de fabrication et d'expédition. Il appartient au fabricant de freins de se présenter à huit heures et demie du matin à la bonne entrée du bon atelier pour livrer les bons systèmes de freinage destinés aux bons modèles de voiture, chargés sur palettes en fonction du déroulement des opérations de montage. Personne chez Saturn n'aura à lui demander expressément de faire ainsi.

Cette procédure se déroule sans papier – ni bon de commande, ni facture. Une fois les pièces expédiées, le fournisseur adresse à Saturn un message électronique du genre : « Voici la liste des pièces que nous venons de vous livrer ». Quand un colis est livré, le préposé à la réception lit avec un stylo électronique le code-barre qui y est imprimé. L'ordinateur lui dit alors à quelle partie de l'usine il est destiné. L'opération déclenche aussi le règlement du fournisseur.

Les technologies de l'information – en l'espèce une base de données contenant le programme de production et un système d'échange de données informatisé (EDI) – a permis à Saturn et à ses fournisseurs de fonctionner comme s'ils formaient une seule entreprise, de réduire les frais généraux de part et d'autre, et de briser l'une des règles les plus anciennes qui régissent les rapports des entreprises entre elles : traiter les fournisseurs en adversaires.

Briser les règles, tel est notre conseil pour appliquer le raisonnement par induction aux technologies au cours du Reengineering : trouvez la ou les règles admises de longue date que votre entreprise pourrait briser grâce aux technologies, puis voyez les opportunités qui en résulteraient. La téléconférence, par exemple, brise la règle qui veut que des gens travaillant dans des endroits éloignés ne puissent se rencontrer que rarement et à grands frais. Il leur est à présent possible de se rencontrer souvent et à peu de frais dans un environnement libéré des contraintes géographiques.

Cette façon de voir offre à l'entreprise un puissant outil de modification de son fonctionnement. Outre le développement de produit, elle peut s'appliquer à toutes sortes de domaines et de processus. Dans la grande distribution, plusieurs entreprises telles Wal-Mart et K Mart utilisent la téléconférence pour permettre à leurs « merchandiseurs » de fournir aux directeurs de magasins, depuis le siège, des conseils et des directives. Les téléconférences leur permettent de combiner initiative locale et expertise centralisée.

IBM Credit, Ford et Kodak ont aussi fait appel aux technologies pour briser leurs règles. Explicites ou non, celles-ci n'étaient à l'origine ni frivoles ni absurdes. Elles étaient les expressions d'une sagesse tirée de l'expérience. Un directeur d'usine astucieux n'a pas besoin de se trouver plusieurs fois en rupture de stock pour apprendre qu'il doit gonfler un peu ses commandes afin de se prémunir contre un afflux de demandes. Tant qu'on n'avait pas de moyens de prévision, cette façon de faire était parfaitement raisonnable. Mais l'arrivée d'une technologie de prévision brise la règle selon laquelle il faut se ménager un stock de sécurité pour amortir les variations de la demande.

C'est ce pouvoir perturbateur, cette faculté de briser les règles bridant notre façon de travailler, qui confèrent aux technologies leur importance capitale pour les entreprises désireuses de se ménager un avantage concurrentiel.

Voici encore quelques règles sur l'organisation du travail susceptibles d'être brisées à l'aide de différentes technologies, familières pour certaines, plus récentes pour d'autres.

Règle ancienne : L'information n'est disponible qu'en un seul endroit
Technologie perturbatrice : Bases de données partagées
Règle nouvelle : L'information est disponible simultanément partout où l'on en a besoin

---

Il est consternant de penser à quel point nos façons de travailler ont été dictées par la taille des classeurs. Une information couchée sur le papier et rangée dans un classeur n'est utilisable que par une personne à la fois. Faire des copies et les diffuser n'est pas toujours possible et, en tout état de cause, cela conduit à créer des versions multiples et en fin de compte divergentes du document. Par conséquent, le travail qui nécessite cette information tend à être structuré sur un mode séquentiel, chacun menant à bien sa tâche avant de transmettre le classeur au suivant.

La technologie des bases de données transforme cette règle. Elle permet à beaucoup de gens d'utiliser l'information simultanément.

Dans l'assurance, par exemple, A pourra calculer la prime d'un nouvel assuré tandis que B vérifiera ses antécédents ; tous deux utiliseront le même formulaire d'adhésion, et ils pourront faire leur travail indépendamment l'un de l'autre. En permettant l'existence d'un même document en plusieurs endroits à la fois, la technologie des bases de données parvient à libérer une procédure des limites artificielles imposées par son caractère séquentiel.

Règle ancienne : Seuls des experts peuvent faire un travail complexe
Technologie perturbatrice : Systèmes experts
Règle nouvelle : Un généraliste peut faire le travail d'un expert

Lorsque la technologie des systèmes experts apparut sur les écrans radar des entreprises, au début des années 80, on envisagea son utilité surtout en termes immédiats et simplistes : on l'exploiterait pour automatiser le travail d'experts de haut niveau en incorporant leur savoir-faire dans un logiciel. Cette idée était parfaitement absurde pour différentes raisons : la technologie n'en est pas vraiment là, les experts restent quand même indispensables afin qu'ils continuent à apprendre et à approfondir leur domaine, et l'on n'est pas très sûr que des gens de ce niveau accepteront volontiers de partager leur savoir avec un ordinateur destiné à les remplacer.

Avec le temps, néanmoins, les organisations astucieuses se sont aperçu qu'il était plus rentable de ne pas être bête que d'être intelligent. Autrement dit, la valeur réelle de la technologie des systèmes experts tient à ce qu'elle permet à des gens d'un niveau relativement bas d'intervenir à un niveau proche de celui d'experts chevronnés.

Une grande société chimique a par exemple équipé chacun de ses conseillers de clientèle d'un système expert qui les renseigne sur les caractéristiques et les interactions des produits. Grâce à ce système, chacun d'eux peut transformer toute demande de la clientèle en opportunité de vente supplémentaire, alors que seuls les meilleurs d'entre eux en étaient capables jusqu'alors.

Des généralistes équipés de systèmes intégrés peuvent faire le travail de bien des spécialistes. Cela a des conséquences profondes sur la façon dont le travail peut être organisé. Comme le montrent les changements intervenus chez IBM Credit, cette technologie permet la création de *chargés de cas*, capables de traiter du début à la fin toutes les étapes d'une procédure. En éliminant les pertes, retards et erreurs inhérents aux traitements séquentiels classiques, une procédure confiée à des chargés de cas permet un énorme gain en rapidité, en exactitude et en argent.

Règle ancienne : Les entreprises sont obligées de choisir entre centralisation et décentralisation
Technologie perturbatrice : Réseaux de télécommunications
Règle nouvelle : Les entreprises peuvent bénéficier simultanément des avantages de la centralisation et de ceux de la décentralisation

Dans les entreprises, on « sait » que les usines, les ateliers de dépannage et les agences commerciales situées loin du siège doivent être traitées comme des organisations distinctes, décentralisées et autonomes si l'on veut qu'elles fonctionnent avec efficacité. Pourquoi ? Parce que si toutes les questions qui se posent localement devaient remonter au siège, on ne ferait pas grand chose, et avec retard encore. L'expérience enseigne que les hommes de terrain travaillent généralement mieux s'ils sont en mesure de prendre les décisions eux-mêmes.

Les entreprises qui font circuler leurs informations à l'aide des vieilles technologies – la poste, le téléphone ou même les messageries express – doivent renoncer à la gestion centralisée pour parvenir à un fonctionnement souple et adapté sur le terrain.

Pourtant, de nouvelles technologies libèrent les entreprises de ce dilemme. Les réseaux de communication à haute fréquence permettent au siège d'obtenir les mêmes informations que les établissements locaux et d'accéder aux mêmes données qu'eux – et vice versa – le tout en temps réel. Grâce à cette mise en commun, tout établissement local peut efficacement s'intégrer au siège, et le siège à chaque établissement. Ainsi les entreprises peuvent-elles adopter la formule la plus adaptée à leur marché, quelle qu'elle soit – centralisation, décentralisation ou un mélange des deux.

Les technologies de l'information ont permis au fabricant d'instruments et de systèmes informatiques Hewlett-Packard de briser la règle longtemps admise selon laquelle centralisation et décentralisation s'excluent mutuellement.

Pour ses fournitures de matières, comme dans la plupart de ses activités, cette société était hautement décentralisée. Hewlett-Packard laissait à ses divisions opérationnelles une autonomie à peu près totale pour leurs achats, car elles connaissaient leurs propres besoins. Mais les avantages de la décentralisation (souplesse, adaptation, capacité de réaction) ont un coût (renonciation aux économies d'échelle et à la maîtrise des coûts). Chez Hewlett-Packard, la décentralisation des achats interdisait à la société de profiter des rabais consentis par ses fournisseurs pour des achats en grandes quantités. Elle estimait que ses matières premières lui coûtaient de ce fait entre 50 et 100 millions de plus par an. La centralisation des achats n'aurait pas « résolu » le problème des coûts ; elle l'aurait seulement échangé contre un problème inverse, celui de la rigidité et de la bureaucratie. Mais Hewlett-Packard découvrit en fait une troisième voie en faisant appel à un système informatisé de gestion des achats.

Avec la nouvelle méthode, chaque division de fabrication de Hewlett-Packard continue à commander les pièces dont elle a besoin. Mais tous les services d'achat utilisent des systèmes d'achat uniformes. Ils déversent leurs données dans une nouvelle base de données gérées par un service central des achats. Ce dernier négocie les contrats groupés et les remises quantitatives avec les fournisseurs pour le compte de l'entreprise toute entière. Cela lui est possible car la base de données lui fournit des informations complètes sur les achats réels et prévus des divisions. Une fois les contrats établis, les acheteurs consultent la base de données pour connaître les fournisseurs agréés, et ils passent leurs commandes.

La nouvelle procédure d'achats assure à Hewlett-Packard le meilleur de la centralisation – les remises quantitatives – comme de la décentralisation – la satisfaction locale des besoins locaux.

Utilisées avec imagination, les technologies de l'information rendent inutiles les unités locales de plein exercice, source de frais généraux. Le secteur bancaire, pour ne citer que lui, s'en est aperçu. Pendant des années, les banques ont traité leurs agences comme des entités comptables distinctes, mais beaucoup les considèrent à présent comme des points de vente et non plus comme des organisations complètes. Grâce aux guichets automatiques de banque et autres appareils à haute capacité capables de transmettre des données en temps réel, les transactions des agences sont aussitôt enregistrées dans les comptes centraux de la banque. Comme les agences deviennent de simples points de vente, leur personnel peut rester proche du client sans que les banques renoncent le moins du monde à contrôler leur activité.

Règle ancienne : Les managers prennent toutes les décisions
Technologie perturbatrice : Outils d'aide à la décision (bases de données et logiciels de simulation)
Règle nouvelle : Chacun peut prendre des décisions à son niveau

La notion d'autorité hiérarchique appartient au modèle de la Révolution Industrielle. L'ouvrier affecté à une tâche est censé l'accomplir sans y réfléchir ou prendre de décisions. Celles-ci appartiennent aux managers. Ces règles n'étaient pas simplement des manifestations de féodalisme industriel. Disposant de plus d'informations, les managers avaient effectivement des perspectives plus larges que celles des travailleurs de base. Mieux informés, ils étaient supposés pouvoir prendre de meilleures décisions.

Mais la prise de décision hiérarchique représente désormais un coût intolérable. Si tout doit remonter vers le haut de l'échelle, les décisions sont prises trop tard dans un marché qui évolue rapidement. Les entreprises disent aujourd'hui que les employés en contact avec la clientèle doivent pouvoir prendre eux-même des décisions. Mais il ne suffit pas de donner aux gens le droit de prendre des décisions pour qu'il y ait délégation de pouvoir : il leur faut aussi des outils.

La technologie moderne des bases de données permet de rendre largement accessibles des informations autrefois réservées aux dirigeants. Si l'on y ajoute des outils d'analyse et de simulation simples d'emploi, les salariés en contact avec la clientèle – sous réserve d'une formation adaptée – ont soudain la capacité de prendre des décisions d'un certain niveau. Les décisions peuvent être prises plus rapidement et les problèmes résolus dès qu'ils surviennent.

Règle ancienne : Le personnel de terrain doit disposer de bureaux où il puisse recevoir, consulter et transmettre des informations
Technologie perturbatrice : Radiotransmission des données et ordinateurs portables
Règle nouvelle : Le personnel de terrain peut expédier et recevoir des informations où qu'il se trouve

Avec les moyens de radiotransmission à large bande et les ordinateurs portables, le personnel de terrain, quel que soit son rôle, peut demander, visualiser, manipuler, exploiter et transmettre des données à peu près n'importe où sans devoir rejoindre un bureau.

La radiotransmission des données repose sur une technologie semblable à celle des téléphones cellulaires, avec cette différence importante qu'elle permet à ses utilisateurs d'expédier des données à la place ou en sus de la voix. Où que l'on se trouve, on peut se connecter à des sources d'information grâce à des terminaux et à des ordinateurs de plus en plus miniaturisés. Les agents d'entretien d'Otis Elevator, par exemple, ne se séparent jamais de leurs terminaux portables. Après réparation d'un ascenseur, ils mettent à jour sur place le dossier du client puis adressent l'information par modem au siège de la société. Avis applique le même principe pour ses activités de location. Lorsqu'un client restitue une voiture à un guichet Avis, un agent équipé d'un minuscule ordinateur vérifie la voiture, enregistre les données sur la transaction et calcule la facture. On ne demande jamais au client de se rendre dans un bureau.

Nous avons dit plus haut que les communications à large bande permettaient aux entreprises de briser les anciennes règles selon lesquelles les bureaux locaux doivent être érigés en organisations autonomes. La radiocommunication de données va plus loin : elle commence à rendre les bureaux totalement inutiles. Des opérations comme les comptes rendus d'activités, le traitement des sinistres dans les assurances et les consultations pour réparations d'équipements sur site n'exigeront plus qu'un agent puisse disposer sur place d'un téléphone ou d'un terminal d'ordinateur. Le siège peut être informé en même temps que le personnel de terrain, et vice versa.

Règle ancienne : Le meilleur contact avec un client potentiel est le contact personnel

Technologie perturbatrice : Vidéodisque interactif

Règle nouvelle : Le meilleur contact avec un client potentiel est le contact efficace

---

Certaines entreprises ont commencé à utiliser des vidéodisques interactifs qui permettent d'afficher sur un écran d'ordinateur une séquence vidéo, puis de poser des questions ou d'y répondre directement sur écran. Cette technologie était classiquement utilisée en formation, mais l'intérêt potentiel de la vidéo interactive va bien au-delà.

Plusieurs sociétés de grande distribution sont par exemple en train d'expérimenter la vidéo interactive pour accroître leur force de vente au détail. Les clients de ces magasins peuvent choisir un produit sur un menu, assister à une présentation vidéo, poser des questions puis passer commande à l'aide d'une carte de crédit, le tout sans intervention humaine. Le procédé peut paraître froid et impersonnel, mais les clients le préfèrent à cette mésaventure habituelle dans les magasins : après avoir longuement attendu un vendeur, s'apercevoir qu'il n'y connaît rien.

Les banques ont commencé à utiliser la vidéo interactive pour détailler les services de plus en plus complexes qu'elles offrent à leurs clients. Ces derniers peuvent demander à la machine de clarifier les détails qu'ils ne comprennent pas. Certaines informations passent mieux sous forme visuelle – dans l'immobilier par exemple. La vidéo interactive permet aux acheteurs potentiels de visiter une maison de fond en comble, en retournant voir à leur gré la chambre du maître de maison, sans mettre un pied en dehors de l'agence immobilière.

Règle ancienne : Il faut savoir où les choses se trouvent
Technologie perturbatrice : Technologie de la reconnaissance et du suivi automatiques
Règle nouvelle : Les choses vous disent où elles se trouvent

Ajoutée à la radiotransmission de données, la technologie de la reconnaissance automatique permet aux choses – des camions, par exemple – de vous dire à tout moment où elles sont. On n'a pas à les surveiller, et si l'on veut qu'elles changent de place, la consigne leur parvient aussitôt. Inutile d'attendre que les chauffeurs s'arrêtent sur un parking pour téléphoner à leur dispatcheur.

Une entreprise qui sait en temps réel où se trouvent ses camions, ses wagons ou ses dépanneurs, est en mesure de réduire leur nombre. Elle n'a pas besoin d'avoir autant de personnel, d'équipements ou de matériels en double pour parer aux retards entraînés par la recherche et la réorientation des objets et des hommes en déplacement.

Certaines compagnies de transport ferroviaire, par exemple, s'apprêtent à mettre en oeuvre des systèmes par satellite qui leur diront à tout moment où se trouve tel ou tel train. La vieille méthode de suivi faisait appel à des symboles comparables à un code-barre peints sur les côtés des wagons. Lorsque le train passait en gare, une machine lisait le code-barre et signalait au siège la position du train. En théorie du moins, car le système n'a jamais fonctionné. Couverts de poussière et de crasse, les codes-barres étaient bien évidemment illisibles. Une fois le système de satellite en place, les compagnies de chemin de fer pourront acheminer leurs wagons de marchandises avec autant de précision que les transporteurs express leurs colis.

Règle ancienne : Les plans donnent lieu à révision périodique
Technologie perturbatrice : Ordinateurs de grande puissance
Règle nouvelle : Les plans donnent lieu à révision immédiate

A elle seule, la puissance de plus en plus abordable des ordinateurs fait apparaître de nouvelles possibilités pour les entreprises. Prenez par exemple l'industrie manufacturière. Aujourd'hui, un industriel rassemble des données sur les ventes de ses produits, le prix et la disponibilité des matières premières, la main d'oeuvre, etc. afin d'établir une fois par mois (ou par semaine) un programme de production. Un ordinateur alimenté en temps réel par des données provenant entre autres de terminaux point de vente, des bourses de marchandises, voire des services de prévision météorologique, pourrait ajuster constamment ce programme en fonction des besoins actuels et non des statistiques passées.

Ces exemples montrent clairement que les technologies, au fur et à mesure de leurs progrès, continueront de briser les règles qui guident la gestion des entreprises. D'une année sur l'autre, des règles qui paraissent encore inviolables aujourd'hui peuvent se trouver périmées.

Exploiter le potentiel des technologies pour transformer les processus opérationnels d'une entreprise et lui faire prendre une avance spectaculaire sur ses concurrents ne s'accomplit donc pas une fois pour toutes. Ce n'est même pas quelque chose que l'entreprise pourrait faire de temps à autre, disons tous les dix ans. Au contraire, un effort permanent – semblable à celui consenti pour la recherche & développement ou le marketing – doit être accompli pour rester au meilleur niveau des technologies nouvelles et apprendre à les détecter et à les intégrer dans une organisation. Il faut un œil exercé et un esprit imaginatif pour repérer le potentiel d'une technologie à première vue sans utilisation évidente pour une société ou pour voir, au -delà de l'évidence, les applications novatrices d'une technologie qui, en surface, ne semble utile que pour une amélioration marginale du *statu quo.*

Pour réussir en période d'évolution technologique incessante, les entreprises doivent faire de l'exploitation des technologies l'une de leurs compétences clés. Celles qui parviennent le mieux à détecter et à exploiter le potentiel des nouvelles technologies bénéficieront d'un avantage permanent et croissant sur leurs concurrents.

Selon nous, une technologie n'est plus nouvelle lorsqu'on peut l'acheter. Nous rejoignons ici ce qu'on pourrait appeler l'Ecole de technologie de Wayne Gretzky. On demandait un jour à Wayne Gretzky, devenu à l'âge de vingt-huit ans recordman de la National Hockey League par le nombre de points marqués, ce qui faisait de lui un grand joueur de hockey. « Ce que j'ai d'exceptionnel, répondit-il, c'est que je vais là où le palet va être et non là où il est ». La même règle vaut pour la technologie. Une société qui bâtit sa stratégie autour de ce qui se trouve aujourd'hui sur le marché sera toujours en retard sur ses concurrents qui ont anticipé. Ces derniers savent ce qu'ils vont faire de la technologie avant qu'elle ne soit disponible, et ils sont donc prêt à la déployer le jour venu.

Les sociétés qui ont rencontré le plus grand succès dans la mise en oeuvre des technologies – American Express par exemple, dont le système de traitement d'image lui permet d'envoyer une copie numérisée de ses facturettes à la fois aux entreprises clientes et à ses services comptables, ou encore Chrysler avec son système de communication par satellite qui assiste ses concessionnaire dans la gestion de leur stock de pièces détachées – se sont renseignées sur la technologie dont elles avaient besoin bien avant qu'elle n'apparaisse sur le marché. Année après année, Chrysler lançait des appels d'offres expliquant ce qu'elle désirait ; le jour où un fournisseur finissait par lui proposer les moyens désirés, elle était prête à s'en servir. Ses dirigeants savaient quelles règles ils voulaient briser à l'aide d'une technologie avant même que cette dernière ne soit accessible.

Une entreprise ne peut utiliser demain la technologie dont elle entend parler aujourd'hui. Il lui faut du temps pour l'étudier, pour comprendre ses implications, pour imaginer ce qu'on peut en faire, pour vendre ces utilisations à ses propres collaborateurs et pour préparer leur mise en oeuvre. Toute organisation capable d'accomplir ces préliminaires avant que la technologie ne soit réellement disponible prendra inévitablement une avance significative sur ses concurrents – souvent trois ans ou davantage.

Car, en matière de technologie, il est parfaitement possible d'avoir trois ans d'avance sur le marché. Il faut du temps pour passer du laboratoire au marché ; il n'existe pas de technologie destinée à jouer un rôle important en 1995 qui ne soit accessible dès aujourd'hui. Les sociétés intelligentes peuvent se demander comment elles utiliseront une technologie alors même que les chercheurs en sont encore à peaufiner leurs prototypes.

Avec leur potentiel de levier, les technologies de l'information modernes jouent dans la démarche de Reengineering un rôle dont l'importance est difficile à surestimer. Mais les entreprises doivent se garder de penser que les technologies constituent l'élément essentiel du Reengineering.

Reconfigurer une entreprise, c'est lui faire quitter les rives du familier pour voyager vers l'inconnu. Le voyage doit bien commencer quelque part et avec quelqu'un. Où et avec qui ? Les chapitres qui suivent répondront à cette question.

6

LES ACTEURS DU REENGINEERING

Ce ne sont pas les entreprises qui reconfigurent les processus : ce sont les hommes. Avant d'explorer plus avant le « comment » de la démarche de Reengineering, posons-nous la question du « qui ». Le choix et l'organisation des personnes qui mettront en oeuvre le Reengineering sont les clés du succès du projet.

Lors de nos travaux aux côtés d'entreprises en cours de Reengineering, nous avons vu s'imposer plus ou moins distinctement les rôles suivants :

• le *leader* : cadre dirigeant qui autorise et motive l'ensemble de l'effort de Reengineering ;

• le *responsable du processus* : manager responsable d'un processus spécifique et de l'effort de Reengineering auquel il donne lieu ;

• l'*équipe de Reengineering* : groupe de personnes qui se consacrent au Reengineering d'un processus particulier, qui établissent le diagnostic du processus existant et qui développent son remodelage ;

• le *comité de pilotage* : ensemble de cadres supérieurs qui mettent au point la stratégie globale de Reengineering de l'organisation et qui pilotent son avancement ;

• le *capitaine du Reengineering* : personne responsable de la création des techniques et outils de Reengineering de l'entreprise, et garante des synergies à assurer entre ses différents projets.

Dans l'idéal, la relation entre ces rôles est la suivante : le *leader* désigne un *responsable du processus* qui constitue une *équipe de Reengineering* chargée de traiter un processus avec l'assistance du *capitaine du Reengineering* sous les auspices du *comité de pilotage.* Examinons de plus près ces rôles et les personnes qui les assument.

LE LEADER

Le leader est celui par qui le Reengineering devient réalité. C'est un cadre dirigeant assez influent pour pousser l'organisation à se remettre totalement en question, et persuader les employés d'accepter les bouleversements radicaux entraînés par le Reengineering. Une organisation aura beau étudier la question sur le papier, elle aura beau même agiter quelques idées de remodelage de ses processus, s'il n'y a pas de leader il n'y aura pas de Reengineering. Toute tentative s'essoufflera ou s'effondrera avant d'avoir porté ses fruits.

D'ordinaire, le leader n'est pas « investi ». C'est un rôle que l'on saisit. Un beau jour, quelqu'un de suffisamment influent se prend de passion pour réinventer l'entreprise, pour en faire la meilleure de sa profession, bref pour la remettre sur le droit chemin, et ce quelqu'un s'impose comme leader du Reengineering.

Le rôle essentiel du leader est d'agir en visionnaire et de motiver le personnel. En élaborant et en articulant une vision claire de l'organisation qu'il veut créer, le leader donne à chacun une raison d'être et une mission à accomplir. Le leader doit bien faire sentir à tout le monde l'ampleur de l'effort nécessaire, tout au long du chemin. C'est de la conviction et de l'enthousiasme du leader que l'organisation tirera l'énergie dont elle a besoin pour se lancer dans un voyage vers l'inconnu.

Le leader donne aussi le coup d'envoi des travaux de Reengineering. C'est lui qui désigne parmi les cadres supérieurs les responsables de processus, et leur demande de décupler les performances. Le leader développe la nouvelle vision et définit les nouvelles normes, puis, par l'intermédiaire des responsables des processus, il transmet à d'autres le soin d'en faire une réalité.

Le leader doit aussi créer un environnement propice au Reengineering. Il ne suffit pas de pousser les gens. Dans le contexte de l'entreprise, toute personne sensée réagira avec prudence, voire avec cynisme, lorsqu'un un dirigeant lui demande d'enfreindre les règles, de violer les préceptes admis, de sortir des sentiers battus. Aussi, pousser le responsable du processus et l'équipe de Reengineering à agir n'est que la moitié du travail du leader ; l'autre moitié consiste à les soutenir de sorte qu'ils soient *en mesure* d'agir. « Allez-y hardiment, dit le leader, et si quelqu'un vous ennuie, envoyez-le moi. Si quelqu'un se met en travers de votre chemin, venez me le dire et je m'en chargerai ».

Qui joue le rôle du leader ? Pour que le Reengineering *puisse* avoir lieu, il faut quelqu'un qui ait suffisamment d'autorité auprès de tous ceux qui sont concernés par le processus à reconfigurer. Ce n'est pas nécessairement le PDG ; en fait, c'est rarement lui. Dans la plupart des grandes sociétés, les préoccupations du PDG vont de la levée de capitaux en bourse aux relations avec les principaux clients, en passant par les négociations avec les pouvoirs publics. Son attention est surtout dirigée vers l'extérieur de l'entreprise, ce qui l'écarte de ses processus. Aussi le rôle de leader échoit-il souvent au directeur général, qui regarde à la fois vers l'extérieur, vers la clientèle, et vers l'intérieur, vers le fonctionnement de l'entreprise.

Si l'entreprise envisage de limiter son Reengineering à une partie de son organisation, le leader peut y occuper une situation moins importante. Ce sera peut-être le directeur d'une division. Mais, même en ce cas, le leader doit avoir autorité sur les ressources qui concourent au fonctionnement des processus de la division. Par exemple, le directeur d'une division qui exploite des installations industrielles « appartenant » à un directeur de production ne dépendant pas de lui n'aura peut-être pas l'autorité nécessaire pour introduire des changements dans la production. Le leader de l'effort de Reengineering devrait alors se situer plus haut dans la hiérarchie. Pour des raisons similaires, un responsable fonctionnel tel qu'un directeur des ventes ou de la production n'est généralement pas en mesure de jouer un rôle de leader dans le Reengineering, à moins que celui-ci ne s'inscrive entièrement à l'intérieur des fonctions dont il a la charge.

Le leadership n'est pas seulement affaire de rang mais aussi de caractère. L'ambition, l'opiniâtreté et la curiosité intellectuelle caractérisent le leader du changement. Un défenseur du *statu quo* ne sera jamais capable de soulever la passion et l'enthousiasme nécessaires.

Le leader doit aussi *être* un leader, c'est-à-dire que ce ne sera pas quelqu'un qui fait *faire* aux autres ce qu'il veut mais quelqu'un qui leur fait *vouloir* ce qu'il veut. Un leader n'impose pas aux gens un changement qu'ils refusent. Il élabore une vision et obtient qu'ils y adhèrent, de sorte qu'ils acceptent volontairement, et même avec enthousiasme, le stress dû à sa réalisation.

Moïse était un leader visionnaire. Il persuada les enfants d'Israël de marcher vers une terre de lait et de miel, alors qu'ils ne voyaient que du sable autour d'eux. Un seul homme ne pourrait obliger un peuple entier à s'aventurer dans le désert ; il dut les motiver par sa vision. Et il donna personnellement l'exemple. Lorsqu'ils arrivèrent à la Mer Rouge, Moïse dit : « Voici mon plan. Nous allons nous avancer dans la mer, Dieu séparera les eaux et nous marcherons à pied sec ». « Vas-y d'abord », répondit sa suite. Il avança, et ils le suivirent. Etre en tête face au danger, cela fait partie du leadership. Cette histoire démontre aussi combien il vaut mieux, comme Moïse, avoir le patron de son côté.

Le leader reconfigurateur peut manifester son leadership à travers des signaux, des symboles et des systèmes.

Les *signaux* sont les messages explicites que le leader adresse à l'organisation concernant le Reengineering, sa signification, ses raisons, ses moyens, ses exigences. Comme le savent ceux qui ont déjà réussi des opérations de Reengineering, on sous-estime toujours l'importance du travail de communication nécessaire. Prononcer un discours, ou deux, ou dix, ne suffit pas à faire passer le moindre message. Le Reengineering est une idée que les gens ont du mal à assimiler, car elle tranche dans le vif de tout leur vécu professionnel. Et, dans bien des cas, ils ne voient pas (ou refusent de voir) pourquoi l'opération est nécessaire. Seul celui qui croit au Reengineering, jusqu'au fanatisme éventuellement, peut délivrer les bons signaux. Winston Churchill disait que le fanatique est celui qui ne peut pas changer d'avis et qui ne changera pas de sujet. Le fanatisme ainsi défini est nécessaire au leader, car il est essentiel de répéter inlassablement le message du Reengineering pour que les gens le comprennent et le prennent au sérieux.

Les *symboles* sont les actes accomplis par le leader pour renforcer le contenu des signaux, pour démonter que ses actes sont en accord avec ses paroles. Affecter les meilleurs éléments de l'entreprise aux équipes de Reengineering, rejeter les propositions qui n'entraîneraient que des différences de degré et non de nature, muter les cadres qui font obstacle à l'effort de Reengineering, quelle que soit leur valeur intrinsèque, voilà quelques exemples d'actes symboliques. Ils prouvent à l'organisation que le leader prend le Reengineering au sérieux.

Le leader doit aussi utiliser les *systèmes* pour renforcer le message du Reengineering. Ces systèmes doivent mesurer et récompenser la performance des gens de façon à les inciter à entreprendre un changement majeur. Sanctionner celui qui innove et qui échoue est le meilleur moyen pour que personne n'essaie jamais plus d'innover. Progressive Insurance, l'une des sociétés d'assurances les plus prospères des Etats-Unis, doit sa bonne santé à des innovations incessantes. « Nous ne sanctionnons jamais l'échec, explique son directeur général. Nous ne sanctionnons que la négligence et l'obstination dans l'erreur ».

Les systèmes de gestion doivent récompenser et non punir ceux qui échouent en testant de bonnes idées. Motorola a pour mot d'ordre : « Nous *célébrons* l'échec s'il est noble ». Exiger une constante perfection décourage les efforts et rend les gens timorés. Comme disait Voltaire, « le mieux est l'ennemi du bien ».

Certains leaders se sont aperçus qu'il était impossible d'entreprendre un travail de Reengineering si l'organisation ou la culture d'entreprise étaient trop résistantes au changement. Ron Compton, PDG de la compagnie d'assurances Aetna, a ainsi engagé son programme de Reengineering par une série d'actions à première vue sans rapport avec celui-ci. Il a instauré un nouvel organigramme qui mettait en valeur l'autonomie des principales *business units*, éliminé les subventions croisées, nommé une nouvelle équipe de direction, entrepris une réduction sensible des effectifs du contrôle des coûts, manifesté une rupture avec la culture paternaliste jadis en vigueur chez Aetna. Aucune de ces étapes n'entre dans notre définition du Reengineering, mais elles ont aidé à créer un contexte favorable. La force de ces changements, selon Compton, tient à ce qu'il peut désormais dire à l'organisation qu'elle a « brûlé ses vaisseaux ». Il a démantelé l'ancienne Aetna, la compagnie est désormais obligée d'aller de l'avant. La formule allemande *eine Flucht nach Vorne*, une fuite en avant, exprime le cocktail de résignation et d'ambition que beaucoup de leaders du changement jugent nécessaire d'instiller dans leur organisation.

Quelle part de son temps le leader doit-il consacrer au Reengineering ? Car un cadre supérieur a d'autres sujets de préoccupation, ne serait-ce que d'assurer la survie de l'entreprise en attendant le jour où le Reengineering produira ses effets. Il y a deux manières de répondre à cette question. Le Reengineering en tant que tel peut n'occuper qu'une faible partie du temps du leader, consacrée d'ordinaire à des réunions de travail et à des exhortations visant à soutenir les efforts. Mais, en même temps, il doit imprégner son esprit et ses objectifs au point d'orienter tous ses actes.

La plupart des échecs en matière de Reengineering sont dus à une défaillance du leadership. Sans un leadership fort, ambitieux, résolu et lucide, personne ne pourra persuader les barons qui gouvernent les silos fonctionnels de l'entreprise de subordonner les intérêts de leurs domaines de responsabilité à ceux de processus qui en ignorent les frontières. Personne ne parviendra à imposer des modifications des systèmes de rémunération et d'évaluation ni à obliger les gestionnaires des ressources humaines à refondre leur système de classification des postes. Personne ne sera capable de convaincre ceux qui sont touchés par le Reengineering qu'il n'y a pas d'autre choix et que les résultats justifieront les désagréments subis.

Que se passe-t-il s'il n'y a pas un leader pour prendre les devants dès le début ? Comment faire si ceux qui ressentent les premiers le désir d'opérer un Reengineering ne sont pas assez haut placés dans la hiérarchie de l'entreprise pour la mettre en train ? Il leur faut mettre un leader de leur côté. Cela exige tact, persévérance et abnégation. Ils devront trouver un leader potentiel, le convaincre de la nécessité d'agir puis lancer l'idée du Reengineering de telle manière que le leader l'adopte comme si elle venait de lui.

Nous nous sommes étendus sur le rôle du leader en raison de son importance dans la réussite du Reengineering. Ce n'est pas que les autres soient sans importance, mais aucun autre individu impliqué dans le Reengineering n'a un rôle à ce point capital.

LE RESPONSABLE DU PROCESSUS

Le responsable du processus, chargé du Reengineering d'un processus spécifique, doit être un cadre expérimenté, exerçant d'habitude des responsabilités opérationnelles et possédant à l'intérieur de l'entreprise prestige, crédibilité et influence. Il appartient au leader de faire aboutir globalement l'effort de Reengineering, et au responsable du processus de le faire aboutir au niveau du détail, celui du processus individuel. Le Reengineering du processus dont il a la responsabilité met en jeu sa réputation, ses primes et son avancement.

Dans les organisations traditionnelles, on n'a guère tendance à penser en termes de processus, aussi les responsables des processus y sont-ils rares. La responsabilité des processus est morcelée par les frontières internes à l'organisation. C'est pourquoi la détection préalable des grands processus de l'entreprise est une étape capitale du Reengineering. (Nous en dirons plus sur la façon d'y parvenir dans le prochain chapitre.)

Après détection des processus, le leader désigne les responsables qui guideront leur Reengineering. Les responsables des processus sont d'ordinaire choisis parmi les dirigeants des fonctions concourant au processus soumis à Reengineering. Pour assumer ce rôle, ils doivent jouir du respect de leurs pairs et avoir une prédisposition au Reengineering – ils doivent être à l'aise dans le changement, tolérants envers l'ambiguïté et sereins dans l'adversité.

Le travail du responsable du processus n'est pas de *réaliser* le Reengineering mais de s'assurer qu'il se réalise. Il doit former l'équipe de Reengineering et faire en sorte qu'elle puisse accomplir son travail. Il obtient les ressources dont elle a besoin, gère les problèmes administratifs et s'efforce d'obtenir la coopération des autres managers responsables de groupes fonctionnels impliqués dans le processus.

Le responsable du processus est aussi celui qui motive, inspire et conseille son équipe. Il est pour elle à la fois censeur, porte-parole, surveillant et agent de liaison. Quand les membres de l'équipe de Reengineering commencent à produire des idées qui déplaisent à leurs collègues de travail, le responsable du processus les protège contre les flèches qu'on leur décoche. Il attire la foudre pour que l'équipe puisse se concentrer sur l'avancement du Reengineering.

Le travail du responsable du processus ne s'achèvera pas avec l'accomplissement du Reengineering. Dans une entreprise organisée par processus, ce sont ces derniers, et non les fonctions ou la géographie, qui forment la base de l'organisation, de sorte que tout processus aura encore besoin d'un responsable pour veiller à son bon fonctionnement.

L'ÉQUIPE DE REENGINEERING

Le travail de Reengineering proprement dit – car il faut bien aller au charbon – relève des membres de l'équipe de Reengineering. Il leur incombe de produire les idées et les plans, et souvent de les transformer ensuite en réalités. Ce sont eux qui réinventent effectivement l'entreprise.

Petite précision avant de les présenter davantage : une équipe ne peut reconfigurer plus d'un processus à la fois, ce qui veut dire qu'une société qui reconfigure plusieurs processus devra affecter plusieurs équipes à ce travail. Nos propos valent pour chacune d'elles.

Notez bien que nous parlons d'« équipes » et non de comités. Pour fonctionner comme telles, elles doivent être de petite taille – entre cinq et dix personnes. Chacune d'elles comprendra deux sortes de personnes, les initiés et les néophytes.

Les initiés sont ceux qui travaillent déjà au sein du processus concerné. Ils proviennent des différentes fonctions qui y participent. Ils connaissent le processus, ou du moins celles de ses parties sur lesquelles porte leur travail.

Mais la connaissance du processus existant et du fonctionnement actuel de la société est à double tranchant. Connaissant intimement le processus, l'équipe pourra mieux découvrir ses déficiences et l'origine de ses problèmes d'efficacité. En revanche, elle peut l'empêcher de jeter sur lui un regard nouveau et imaginatif.

Les initiés confondent parfois ce qui *est* et ce qui *devrait être.* On recherchera par conséquent des gens qui ont suffisamment d'ancienneté pour connaître les ficelles du métier, mais pas au point de croire que les vieux processus vont de soi ; ils ne doivent pas être déformés par les aberrations du mode de travail actuel. On recherchera également des vieux renards qui connaissent les règles mais qui savent aussi les contourner. En général, les initiés affectés à une équipe de Reengineering doivent être les meilleurs, les étoiles montantes de l'entreprise.

Outre leurs connaissances, l'atout le plus important dont disposent les initiés dans leur travail de Reengineering est leur crédibilité auprès de leurs collègues de travail. S'ils disent qu'un nouveau processus fonctionnera, les employés des organisations dont ils sont issus les croiront. Lorsque le moment sera venu de mettre en place le nouveau processus, les initiés joueront un rôle clé pour persuader le reste de l'organisation d'adopter les changements nécessaires.

Les initiés sont néanmoins incapables par eux-mêmes de reconfigurer un processus. Leurs perspectives individuelles risquent d'être trop étroites, car confinées à une partie seulement du processus. De plus, le processus existant et l'organisation conçue pour assurer son fonctionnement peuvent présenter à leurs yeux un intérêt intrinsèque. Il serait vain d'espérer les voir, sans aide, surmonter les biais tenant à leurs connaissances ou à leur place dans l'organisation et envisager des façons de travailler radicalement nouvelles. Laissée à elle même, une équipe d'initiés aura tendance à recréer ce qui existe déjà, avec peut-être 10 % d'amélioration. Elle restera dans les limites du processus existant au lieu d'en sortir. Pour connaître ce qui est à changer, l'équipe doit comprendre des initiés, mais pour le changer vraiment, elle doit comprendre aussi un élément perturbateur. C'est le rôle des néophytes.

Les néophytes ne travaillent pas dans le processus soumis au Reengineering. Ils apportent donc à l'équipe une plus grande objectivité et une perspective différente. Ils n'ont pas peur de dire que le roi est nu ; ils ne craignent pas de poser les questions candides qui bousculent les idées reçues et ouvrent les esprits à de nouvelles façons de voir le monde. Le travail des néophytes au sein de l'équipe est de faire des vagues. Indépendants des personnes affectées par les changements qu'ils déclenchent, ils ont moins peur de prendre des risques.

D'où viennent-ils ? Par définition, ils sont extérieurs au processus ; souvent, notamment dans les sociétés qui n'ont aucune expérience antérieure du Reengineering, ils viennent de l'extérieur de l'entreprise. Les néophytes doivent savoir bien écouter et bien communiquer. Ils doivent raisonner en termes globaux et apprendre vite, car ils devront ingurgiter en peu de temps une masse de connaissances relatives à tous les processus sur lesquels ils auront à travailler. Ils doivent avoir de l'imagination, être capables de définir un concept et de le mettre en application.

Les entreprises disposent en fait de nombreux néophytes potentiels à l'intérieur de leurs organisations. Il convient en particulier de regarder vers des services comme le bureau d'études, l'informatique et le marketing, où l'on trouve souvent rassemblés des gens raisonnant en termes de processus et prédisposés à l'innovation. Les entreprises dépourvues de néophytes convenables peuvent les chercher à l'extérieur, d'ordinaire en faisant appel à des firmes de conseil ayant une expérience du Reengineering. Leurs consultants apportent avec eux une expérience que les entreprises ne pourraient pas reproduire elles-mêmes.

Combien faut-il de néophytes dans une équipe de Reengineering ? De la confrontation jaillit la lumière. Un rapport de deux ou trois initiés pour un néophyte est convenable.

Initiés et néophytes ne se mélangent pas aisément. N'espérez pas que l'équipe travaille toujours en parfaite harmonie. Ses réunions ressembleront sans doute à des sessions du parlement russe, et c'est très bien ainsi. Mais si l'absence de désaccord et de conflit au cours d'un Reengineering veut généralement dire qu'il ne se passe rien de productif, désaccords et conflits au sein de l'équipe doivent néanmoins être dirigés vers un but commun. « La vérité surgit du désaccord entre amis », disait le philosophe écossais David Hume. Pour nous, des amis sont des gens qui se vouent une estime et un intérêt réciproques. Les membres de l'équipe doivent être des amis partageant une préoccupation commune : améliorer l'efficacité de leur processus. Territoires et centres d'intérêt individuels n'ont rien à faire ici.

Les équipes de Reengineering doivent être largement autodirigées. Le responsable du processus est leur client, non leur patron, et le principal critère de mesure et de récompense de leurs performances devrait être l'état d'avancement de leurs travaux. De plus, la réussite individuelle de ses membres devrait être mesurée en grande partie d'après la performance de l'équipe.

Pour que l'équipe fonctionne vraiment, il faut que ses membres travaillent ensemble en un même endroit, ce qui n'est pas aussi facile qu'il y paraît. Tel ne sera pas le cas s'ils restent dans les bureaux qu'ils occupaient avant de la rejoindre. Disons même qu'il n'y aura pas d'équipe si les gens restent dans des bureaux. Les entreprises tiennent rarement compte du travail en commun dans l'aménagement de leurs installations. Elles prévoient des séries de pièces privatives ou semi-privatives conçues pour le travail solitaire, avec des salles de conférence pour les réunions, mais elles manquent de grands espaces où des équipes pourraient travailler ensemble pendant une longue durée. La question n'est pas mineure ; elle peut se révéler un obstacle sérieux à la progression d'une équipe de Reengineering. Aussi l'une des tâches du leader est-elle de trouver ou de réquisitionner un espace de travail approprié.

Le Reengineering suppose invention et découverte, créativité et synthèse. Une équipe de Reengineering ne doit pas craindre l'ambiguïté. Ses membres doivent se dire qu'ils feront des erreurs et qu'ils auront des leçons à en tirer. Les gens incapables de travailler ainsi n'y ont pas leur place.

Les organisations classiques abordent les problèmes de façon analytique, en s'attachant aux détails ; il leur paraît très désirable de tomber juste du premier coup. Elles illustrent ce que nous appelons le modèle de « planification sans fin, exécution sans faute », dans lequel une longue période d'analyse débouche sur un plan si parfait qu'un débile mental pourrait en principe l'appliquer. Le Reengineering, au contraire, suppose un processus itératif d'apprentissage au cours duquel l'équipe invente une nouvelle façon de travailler. Ses membres devront désapprendre la manière traditionnelle d'aborder les problèmes ; certains ont du mal à s'y faire.

Les équipes de Reengineering n'ont pas de chef officiel. La plupart d'entre elles jugent utile d'avoir un meneur, désigné parfois par le responsable du processus mais le plus souvent par acclamations. Le meneur n'est pas le roi mais seulement le *primus inter pares*, le premier parmi ses égaux. Initié ou néophyte, il facilite le travail du groupe, il est son quartier-maître. Il a pour rôle de permettre aux membres du groupe de faire leur travail. Le meneur peut fixer l'ordre du jour des réunions, aider l'équipe à s'y tenir et servir de médiateur en cas de conflit. Il faut bien que quelqu'un se charge des détails administratifs comme les emplois du temps et l'ordre des départs en vacances : il y a toutes les chances pour que ces tâches incombent aussi au meneur. Cependant, il doit avant tout se comporter comme n'importe quel membre de l'équipe.

Trois questions nous sont souvent posées à propos des équipes de Reengineering : Combien ? Combien de temps ? Et après ?

Par « Combien », on nous demande quel pourcentage de leur temps les membres de l'équipe doivent prévoir de consacrer à l'effort de Reengineering. Là-dessus, nous serons catégoriques : les affectations à temps partiel ne marchent pas. L'engagement minimum est de 75 % du temps des membres, initiés comme néophytes. Une astreinte moindre rendrait très difficile la réalisation de quoi que ce soit. Elle risquerait aussi d'allonger dans le temps l'effort de Reengineering au point qu'il perdrait son élan et s'essoufflerait. En réalité, nous conseillons fortement les affectations à plein temps. Outre qu'elles facilitent la tâche, elles démontrent puissamment à l'entreprise que ses dirigeants prennent le Reengineering au sérieux.

Quand on appartient à une équipe de Reengineering, ce n'est pas pour trois mois. Les membres de l'équipe restent en place au moins le temps nécessaire à l'implantation d'un premier site pilote sur le terrain, et de préférence jusqu'à la fin du travail de Reengineering. Pour les initiés, donc, s'intégrer à une équipe de Reengineering signifie changer d'affectation et d'organisation, et il ne peut en être autrement. Ils doivent rompre leurs liens anciens afin de se consacrer au processus, à l'effort de Reengineering et à leur équipe. Ils n'y représentent pas les intérêts étroits de leur ancien service mais les intérêts collectifs de l'entreprise. Pour que cela leur apparaisse plus nettement encore, ils ne doivent pas s'attendre à retrouver leur emploi d'autrefois une fois le Reengineering achevé. Ils feront plutôt partie de la nouvelle organisation chargée du processus qu'ils sont en train de définir. Il n'est pas d'incitation plus efficace que la perspective de vivre soi-même les résultats de son travail.

Nous avons jusqu'ici évoqué ce que nous appelons le coeur de l'équipe de Reengineering, le groupe directement responsable du projet de Reengineering. Ce noyau est d'ordinaire complété par un cercle extérieur de participants occasionnels ou à temps partiel, dont la contribution est plus restreinte et spécialisée. Clients et fournisseurs du processus sont souvent représentés dans ce cercle extérieur, afin de faire valoir directement et sans filtre leurs perspectives et leurs préoccupations. Souvent, des spécialistes de disciplines particulières – comme les technologies de l'information, les ressources humaines ou les relations publiques – font aussi partie de ce cercle extérieur. Ils détiennent des informations nécessaires à l'équipe et peuvent être chargés de tâches spécifiques, comme la réalisation d'un système d'information permettant le fonctionnement du nouveau processus, ou l'élaboration d'un plan de communication destiné à l'expliquer au reste de l'organisation. Ces apports individuels sont variables, mais ils interviennent généralement au fur et à mesure des besoins.

Outre le leader et l'équipe de Reengineering, deux autres rôles apparaissent habituellement : le *comité de pilotage* et le *capitaine du Reengineering.*

LE COMITÉ DE PILOTAGE

Le comité de pilotage est un élément facultatif de la structure qui encadre le Reengineering. Certaines sociétés ne jurent que par lui, d'autres s'en passent ou n'en veulent pas. Le comité de pilotage est formé de cadres supérieurs, parmi lesquels se trouvent d'ordinaire les responsables des processus, mais pas seulement eux, et il définit la stratégie globale de Reengineering de l'organisation. Le leader doit présider ce groupe.

Les questions plus globales qui transcendent les processus et projets individuels relèvent du comité de pilotage. Ce groupe fixe par exemple l'ordre de priorité des différents projets de Reengineering concurrents et détermine les ressources à leur fournir. Les responsables des processus et leurs équipes font appel au comité de pilotage s'ils se heurtent à des problèmes qu'ils ne peuvent régler eux-mêmes. Les membres du comité se font exposer et résolvent les conflits entre responsables de processus. Tout à la fois cour d'appel, société de secours mutuel et parlement, le comité de pilotage peut contribuer grandement à la réussite d'un programme de Reengineering à grande échelle.

LE CAPITAINE DU REENGINEERING

Les propriétaires des processus et leurs équipes se concentrent sur des projets de Reengineering spécifiques. Mais qui se préoccupe de la gestion active des processus de Reengineering sur un plan plus vaste, celui de l'agrégation des efforts menés à travers l'entreprise tout entière ? Le leader jouit d'un point de vue privilégié, mais il n'a pas le temps de gérer au jour le jour l'effort de Reengineering ; il a donc besoin d'une aide solide dans cette tâche. Nous appellerons « capitaine du Reengineering » la personne qui se charge de ce rôle.

Le capitaine du Reengineering est le chef d'état-major du leader pour les questions de Reengineering. En principe, il dépend directement du leader, mais nous avons vu à peu près tous les cas de figure possibles en matière de rattachement hiérarchique.

Le capitaine du Reengineering a deux fonctions principales : premièrement, il aide et soutient tous les responsables de processus et toutes les équipes de Reengineering ; deuxièmement, il coordonne tous les chantiers de Reengineering en cours.

Le premier coup de téléphone d'un responsable de processus nouvellement désigné devrait être pour le capitaine du Reengineering, qui sait ce qu'il faut faire pour parvenir à bon port. Gardien des techniques de Reengineering de l'entreprise, le capitaine du Reengineering doit maîtriser les méthodes nécessaires et être capable de les expliquer aux responsables de processus nouveaux dans cette tâche.

Le capitaine du Reengineering peut aider à choisir les initiés d'une équipe et détecter – ou même désigner – les néophytes adéquats. Il conseillera aussi les nouveaux responsables de processus sur les interrogations et problèmes qu'ils risquent de rencontrer. Il a déjà parcouru le chemin du Reengineering et évite aux nouveaux voyageurs les angoisses de la solitude.

Le capitaine du Reengineering garde aussi un oeil attentif sur les responsables de processus pour vérifier qu'ils restent sur la bonne voie tout au long du projet. Il peut susciter et arbitrer des discussions entre eux. Si par exemple les responsables respectifs des processus d'approvisionnement et de traitement des commandes doivent coordonner leurs efforts, c'est à lui de s'assurer qu'ils le font.

Le capitaine du Reengineering se préoccupe aussi de créer une plateforme de sorte qu'un nouveau projet de Reengineering n'ait pas toujours l'air d'être le premier chantier ouvert par la société. Des techniques éprouvées et une écurie de néophytes expérimentés permettent de bénéficier des expériences passées. Mais il a aussi une troisième mission.

On peut faciliter et accélérer un Reengineering en mettant en place certains éléments d'infrastructure avant que ne commence la phase de réalisation du projet. L'informatique est l'un de ces éléments. Il est souvent possible de prévoir assez tôt dans un projet de Reengineering (ou même avant son commencement) le type de système d'information que l'organisation devra posséder. Une installation précoce du matériel et du logiciel nécessaires accélérera beaucoup les travaux. De même, lorsque les entreprises se rendent compte en commençant que les processus reconfigurés feront appel à des compétences qu'elles ne possèdent pas en nombre suffisant, elles peuvent recruter avant que l'avancement des travaux ne les rende indispensables, ce qui épargnera angoisses et pertes de temps aux managers en charge des projets. On peut aussi prendre de l'avance dans la transformation des systèmes de management concernant la rémunération des salariés, les récompenses et l'évaluation des résultats. Le travail du capitaine du Reengineering consiste pour partie à anticiper ces problèmes d'infrastructure et à les régler avant même qu'ils ne se posent.

Une dernière précision à propos du capitaine du Reengineering : nous avons vu des cas où il devenait source de problèmes par excès d'autoritarisme et en oubliant que le pouvoir est entre les mains du leader et du responsable du processus. Il faut être conscient de ce risque et se souvenir en permanence que le travail de Reengineering doit rester l'affaire du manager opérationnel.

Leader, responsable du processus, équipe d'initiés et de néophytes, comité de pilotage et capitaine du Reengineering, tels sont donc les artisans du Reengineering. Il se peut que certaines entreprises leur donnent d'autres noms ou répartissent différemment les rôles. C'est normal. Le Reengineering est un art jeune, et il y a place pour plusieurs méthodes différentes.

Après nous être demandé à qui incombe le Reengineering, passons à la question suivante : à quoi s'applique-t-il ?

7

A LA RECHERCHE DES OPPORTUNITÉS DE REENGINEERING

Le Reengineering, on l'a vu, ne s'intéresse pas aux organisations mais aux processus. Une entreprise ne reconfigure pas sa direction des ventes ou son département de production, elle reconfigure le travail accompli par les employés de ces services.

S'il y a confusion sur l'objet du Reengineering – unités organisationnelles ou processus – cela tient au fait que les hommes d'affaires raisonnent en termes de services, de divisions et de groupes mais pas en termes de processus ; la structure des organisations se lit clairement sur leur organigramme, mais non leurs processus ; les unités organisationnelles ont des noms, alors que la plupart des processus n'en ont pas.

Le présent chapitre montrera comment on identifie les processus opérationnels, il proposera des techniques pour sélectionner les processus à reconfigurer et fixer l'ordre dans lequel on les traitera, il soulignera enfin combien il est important d'appréhender des processus spécifiques avant d'essayer de les reconfigurer.

Nous n'avons pas inventé les processus pour pouvoir disserter à leur sujet. Toutes les entreprises au monde sont faites de processus. Les processus sont ce que les entreprises font.

Les processus d'une entreprise correspondent à des activités naturelles, mais ils sont souvent fragmentés et occultés par son organigramme. Les processus sont invisibles et anonymes parce que les gens raisonnent en fonction de leurs départements isolés et non des processus auxquels ils participent tous. Les processus tendent à ne pas être gérés, car on désigne des responsables de services ou d'unités de travail, alors que personne n'est nommé responsable de l'accomplissement de tel ou tel processus.

Pour mieux appréhender les processus, il peut être utile de leur donner un nom exprimant leurs début et leur fin. Ce nom devrait évoquer la totalité du travail accompli entre le commencement et la fin du processus. On ne parlera pas de fabrication, mot qui évoque davantage un département, mais plutôt de processus allant des approvisionnements aux expéditions. Voici d'autres processus courants et les expressions qui décrivent leur dynamique :

Développement de produit : du concept au prototype

Ventes : du prospect à la prise de commande

Cycle des commandes : de la prise de commande au règlement

Service : de la demande à la solution

De même qu'elles décrivent les liens hiérarchiques par des organigrammes, les entreprises peuvent cartographier leurs processus pour représenter les flux de travail.

La carte des processus aide ainsi à créer un vocabulaire qui facilitera les discussions sur le Reengineering dans l'entreprise.

La figure 7.1 représente la carte des processus de Texas Instruments pour sa branche semi-conducteurs. Quatre caractéristiques méritent d'être notées. La première est la simplicité de cette carte, par comparaison avec l'organigramme de la même société.

La carte révèle que malgré ses 4 milliards de dollars de chiffre d'affaires, cette division ne comprend que six processus. « Voyez-vous, disait un cadre supérieur de TI, avant de dessiner cette carte, nous pensions être beaucoup plus compliqués que nous ne l'étions en réalité. » TI n'est pas une exception à cet égard ; rares sont les sociétés qui comprennent plus d'une dizaine de processus environ.

Les principaux processus de la division sont l'élaboration de la stratégie, le développement des produits, la qualification des demandes clients, l'adaptation des moyens et techniques de pro-

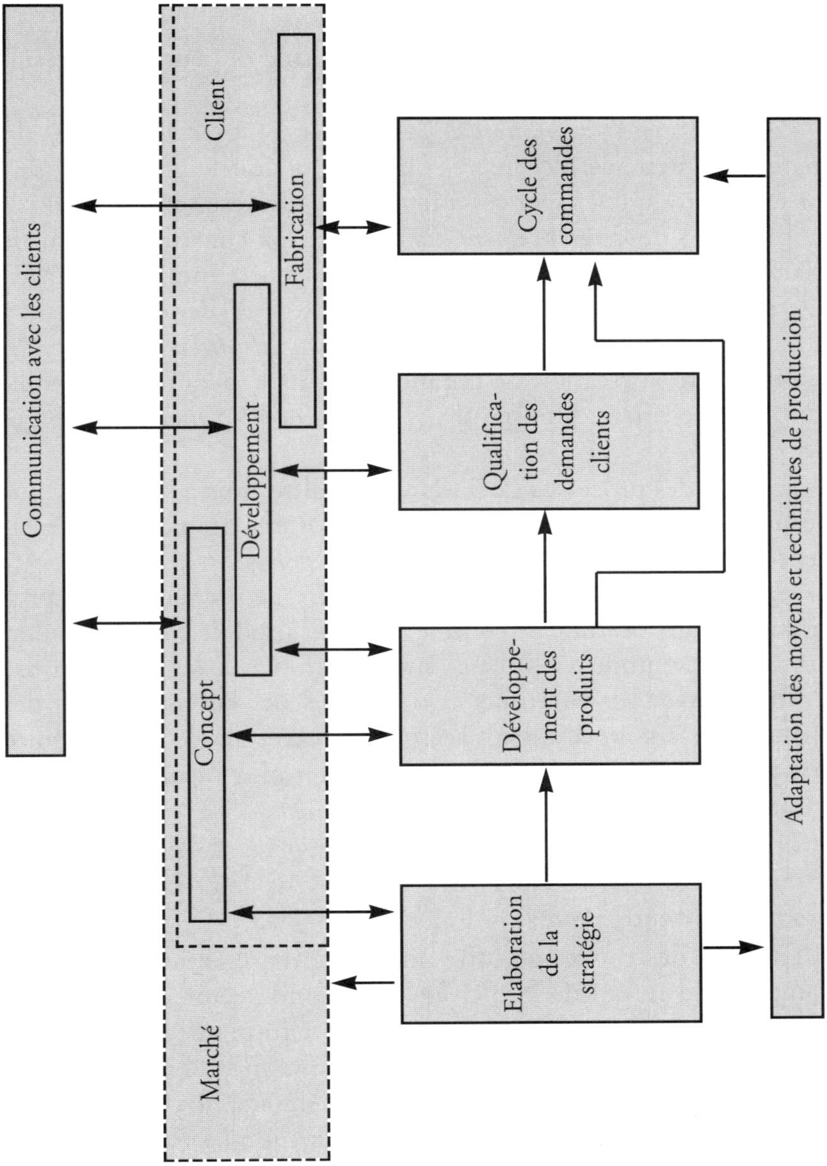

7.1 Carte des processus de TI Semiconductor

Source : Texas Instruments (reproduit avec l'autorisation de la société)

duction, la communication avec les clients et le cycle des commandes. Chacun de ces processus transforme des entrées en résultats – des *inputs* en *outputs.*

Le processus d'*élaboration de la stratégie* convertit les besoins du marché en stratégie d'entreprise, laquelle définit les marchés à servir et les produits et services à leur offrir. Ce résultat sert d'entrée au processus de *développement des produits*, qui construit à partir de là des nouveaux modèles de produits. Dans certaines lignes d'activité de TI, les produits de base doivent être spécialement adaptés à des clients particuliers. Le processus de *qualification des demandes clients* assure la création de ces modèles dits « qualifiés », en utilisant comme entrées les produits standards et les cahiers des charges des clients.

La carte des processus de TI fait apparaître trois autres processus de niveau supérieur. Deux d'entre eux portent des noms qui peuvent paraître inhabituels : *adaptation des moyens et techniques de production* et *communication avec les clients.* Le premier de ces processus exploite la stratégie comme entrée et produit comme résultat des unités de production. La communication avec les clients utilise comme entrée les questions et demandes de renseignements des clients ; elle a pour résultat d'accroître l'intérêt que le marché porte aux produits de TI et de rendre la division plus capable de mettre au point des produits sur mesure.

Le *cycle des commandes* fait vivre l'entreprise. Il transforme une commande, un modèle qualifié et des moyens de production en un produit livré entre les mains d'un client.

La carte des processus offre ainsi une représentation claire et complète du travail de la division semi-conducteurs de Texas Instruments : l'élaboration de la stratégie définit une stratégie ; le développement des produits génère un modèle de produit standard ; le processus de qualification client adapte ce modèle à la demande ; l'adaptation des moyens et techniques de production crée une usine ; la communication avec les clients répond aux questions et demandes de renseignement des clients ; le cycle des commandes aboutit à la livraison que le client attend.

La seconde remarque importante concernant la carte des processus de TI est qu'elle comprend quelque chose qui n'apparaît presque jamais dans les organigrammes : le client. Ce dernier occupe exactement le centre du schéma des processus de TI.

La troisième observation est que la carte des processus de TI tient compte aussi des non-clients. Clients potentiels, ils font partie du « marché » tel qu'il apparaît sur la carte. Ces non-clients constitue une entrée importante du processus d'élaboration de la stratégie.

Quatrièmement, la carte des processus montre que TI considère ses clients comme des entreprises possédant aussi leurs processus. Le client n'y apparaît pas comme un monolithe mais sous forme de trois processus avec lesquels TI interagit : la formulation du concept, le développement des produits et la fabrication. Cette façon de voir montre que TI a conscience des modes de fonctionnement de ses clients et de ce qu'il peut apporter à leurs processus.

Quelques processus, que l'on s'attendrait peut-être à y trouver, ne figurent pas sur la carte. La production, par exemple. Texas Instruments est un fabricant de puces électroniques, mais la production n'apparaît pas sur cette carte comme l'un de ses processus principaux. Elle constitue en fait un simple sous-processus du cycle des commandes – l'un des sous-processus nécessaires pour que le client reçoive son composant. Les « ventes » n'apparaissent pas non plus sur le schéma. Les ventes ne sont pas un processus mais un service – un groupe de personnes. Les vendeurs interviennent néanmoins dans plusieurs processus. Ils participent au cycle des commandes, qui comporte notamment un sous-processus de prise des commandes assuré essentiellement par eux. Les vendeurs jouent également un rôle dans les processus de communication avec les clients et de développement des produits.

Il est donc évident que cette carte ne représente pas tout ce qui se passe chez TI. Elle ne montre que les processus de niveau supérieur. Mais chacun d'eux pourrait être subdivisé en divers sous-processus – dont le nombre ne dépasse habituellement pas la demidouzaine – représentés sur des cartes des sous-processus distinctes. Ensemble, les cartes de processus et sous-processus donnent une image simple mais parlante de ce que fait TI – ou toute autre société.

Dresser une carte des processus ne demande habituellement pas des mois, mais quelques semaines seulement. Ce travail est pourtant un casse-tête, car il oblige à voir au-delà de l'organisation existante. La carte n'est pas une image de l'organisation – ce que l'on a l'habitude de voir et de dessiner – mais une description du travail réalisé. Une fois décrite, elle ne devrait étonner personne. En fait, on pourra se demander pourquoi il a fallu aussi longtemps pour l'établir, tant elle paraît facile à comprendre, évidente même. « Mais c'est bien sûr ! dira-t-on, voilà exactement ce que nous faisons ici. »

LE CHOIX DES PROCESSUS À RECONFIGURER

Une fois les processus identifiés et cartographiés, il faut choisir les candidats au Reengineering et l'ordre dans lequel on les traitera ; cette partie du travail n'est en rien anodine. Aucune entreprise ne peut reconfigurer simultanément tous ses processus majeurs. D'ordinaire, les entreprises fondent leur sélection sur trois critères. Le premier est le dysfonctionnement : Quels sont les processus qui posent le plus de problèmes ? Le second est l'importance : Quels sont les processus qui ont le plus d'impact sur les clients de la société ? Le troisième est la faisabilité : Parmi les processus de l'entreprise, lesquels sont aujourd'hui les plus susceptibles de subir un Reengineering avec succès ?

Des processus brisés : Les processus qui méritent le plus évidemment l'attention sont ceux dont les dirigeants de l'entreprise savent déjà qu'ils posent problème. En général, les gens savent pertinemment quels processus appellent un Reengineering. Il suffit de regarder autour de soi : généralement, cela saute aux yeux.

Si par exemple le processus de développement des produits n'a pas accouché d'une seule nouveauté depuis cinq ans, on peut dire à coup sûr qu'il est cassé. Lorsque des salariés perdent leur temps à saisir sur un terminal informatique des données copiées sur un listing ou sur un autre terminal, le processus auquel ils participent, quel qu'il soit, est probablement brisé. Lorsque les murs des bureaux et les écrans d'ordinateurs sont couverts de Post-it rappelant à leurs titulaires de faire ceci ou de vérifier cela, les processus auxquels ils contribuent sont probablement brisés eux aussi.

Allons au-delà des symptômes de dysfonctionnement pour examiner les maladies qui les déclenchent.

Symptôme : Circulation intensive d'informations, données redondantes et doubles saisies

Maladie : Fragmentation arbitraire d'un processus naturel

Quand des salariés saisissent sur un ordinateur des données provenant d'un autre ordinateur, on voit se manifester le symptôme de ce que nous appelons « la maladie du terminal ». Le manager soucieux d'efficacité y réagit d'habitude en recherchant un moyen de saisir plus vite les informations ou bien, s'il a la fibre technologique, de connecter les terminaux pour que les informations circulent électroniquement de l'un à l'autre. Ces deux solutions s'attaquent aux symptômes et non au mal.

Quand ces mêmes informations voyagent de ci, de là, parmi les différents groupes qui forment l'organisation – qu'elles soient saisies à nouveau chaque fois ou bien transmises électroniquement – on peut soupçonner qu'une activité naturelle a été fragmentée. Dans une organisation bien conçue, les unités devraient s'adresser les unes aux autres des produits finis. La communication intensive est un moyen de remédier à des frontières artificielles. Pour régler le problème, il faut recoller les morceaux de cette activité ou de ce processus, ce qui peut aussi s'appeler intégration transfonctionnelle. Cela permet aux organisations de saisir des données une bonne fois pour toutes puis de les partager, au lieu de chercher à les expédier plus vite dans tous les sens.

La maladie du terminal n'affecte pas que les données informatisées. S'il y a prolifération de coups de téléphone ou d'échanges de mémos et de messages électroniques entre les collaborateurs de l'organisation, c'est probablement qu'un processus naturel a été morcelé à mauvais escient. On s'efforce classiquement de soigner cette forme de la maladie du terminal en affectant à ses victimes davantage de moyens de communication – une seconde ligne téléphonique, un télécopieur dernier cri, etc. Encore une fois, c'est traiter le symptôme au lieu de la maladie. Dans bien des cas d'ailleurs, les nouveaux attirails ne guérissent même pas les symptômes. Nous proposons ici une nouvelle version de la loi de Parkinson : « Le travail se développe de lui-même jusqu'à occuper tous les *équipements* disponibles pour le traiter ». Donnez aux gens plus de moyens de communication et ils communiqueront davantage, tout en ayant l'impression que ce n'est pas encore suffisant.

En fait, et même si leur collaboration peut être nécessaire pour certains processus, ces employés ne devraient pas se parler davantage les uns aux autres ; ils devraient au contraire se parler *moins.* Pour traiter la maladie, il faut savoir pourquoi deux personnes ont besoin de s'appeler si souvent. Si ce qu'elles font est tellement lié, peut-être devrait-on le confier à un responsable unique, un chargé de cas, ou à une équipe de cas.

Les bonnes frontières organisationnelles devraient être relativement opaques. Autrement dit, ce qui se passe à l'intérieur d'une unité d'organisation devrait être invisible et relativement indifférent pour les gens de l'extérieur. Les organisations ne devraient être reliées au reste du monde que par de minces conduits. Lorsque les frontières entre deux organisations doivent être transparentes dans les deux sens, sans doute convient-il de ne pas séparer ces dernières.

Symptôme : Stocks tampons et autres accumulations d'actifs
Maladie : Système lâche, pour pallier l'incertitude

Nombre d'entreprises s'orientent vers le JAT (gestion des stocks juste-à-temps), mais dans la plupart des cas leur réalité actuelle n'est autre que le JACO (juste-au-cas-où), les stocks de précaution. Les entreprises, et les organisations qui les composent, savent qu'elles devront fournir un résultat, un *output,* à des clients internes ou externes. D'ordinaire, elles ne savent pas trop quand la demande se manifestera, ni quel sera son volume. Aussi, elles prévoient toujours une petite marge de sécurité (quand ce n'est pas une grande). Cela ne concerne d'ailleurs pas seulement leurs actifs corporels. On se ménage aussi de petites réserves occultes de travail, d'information, de trésorerie et même de main-d'oeuvre, pour le cas où la demande serait plus importante que prévu.

La riposte habituelle consiste à créer de meilleurs outils de gestion des stocks. Ce que devrait viser l'entreprise en réalité, c'est l'élimination des stocks. Ils ne servent qu'à compenser le jeu introduit dans le système par l'incertitude. Otez l'incertitude, et il n'y a plus de jeu à craindre, donc les stocks deviennent inutiles.

L'un des moyens pour délivrer l'organisation de l'incertitude est de structurer les processus de telle sorte que fournisseurs et clients planifient et organisent ensemble leur travail respectif.

Symptôme : Pourcentage de vérifications et contrôles par rapport à la valeur ajoutée
Maladie : Fragmentation

Des organisations qui n'ajoutent pas de valeur au produit ou au service de l'entreprise absorbent beaucoup de travail. Il existe un test simple pour savoir si un travail est ou non créateur de valeur ajoutée. Mettez-vous à la place du client et demandez-vous : « Est-ce que cela a de l'importance pour moi ? » Si la réponse est « non », le travail ne crée pas de valeur ajoutée. Le client se soucie-t-il des contrôles internes, des audits, du management, du reporting de l'entreprise ? Aucunement. Ce genre de travail de vérification et de surveillance n'a pas d'intérêt pour le client mais seulement pour l'entreprise. Il ne contribue pas à donner de la valeur à son produit ou à son service.

Aussi longtemps que les entreprises seront faites d'hommes, un certain degré de vérification et surveillance demeurera inévitable. La question n'est pas de savoir si une organisation exige du travail non créateur de valeur ajoutée mais si ce dernier représente une proportion excessive de son travail total.

Le travail de vérification et de surveillance est bien sûr un symptôme et non un mal. Sa racine – la raison pour laquelle cadres et dirigeants croient devoir faire ce travail – est l'incompétence et la méfiance. L'objectif du Reengineering n'est pas de rendre les vérifications et la surveillance plus efficaces mais d'éliminer leurs causes premières.

Symptômes : Reprises et itérations
Maladie : Mauvaise circulation de l'information en retour

Les reprises et itérations consistent à refaire un travail qui a déjà été fait – repeindre une pièce détachée dont la couleur n'est pas la bonne ou réécrire un document à plusieurs reprises. Elles sont le plus souvent la conséquence d'une remontée insuffisante de l'information au sein d'un processus de travail long. On n'appréhende pas les problèmes là où ils se produisent mais bien plus loin dans le processus, ce qui oblige à en parcourir à nouveau plusieurs étapes.

L'objectif du Reengineering n'est pas de faire les retouches avec plus d'efficacité mais de les éliminer entièrement en se débarrassant des erreurs et confusions qui les rendent nécessaires.

Symptômes : Complexité, exceptions et cas spéciaux
Maladie : Sédimentation à partir d'une base simple

Au début de leur vie, les processus sont généralement très simples. Avec le temps, ils se compliquent, car chaque fois qu'apparaît un embarras ou un imprévu nouveau, quelqu'un modifie le processus en lui ajoutant un cas particulier ou une règle ad hoc. Bientôt, le processus simple disparaît sous les exceptions et les cas d'espèce. On aura beau se battre alors pour le simplifier à nouveau, on n'y parviendra pas.

Avec le Reengineering, on dégage et l'on restaure le processus d'origine, le processus pur, puis on crée d'autres processus pour les autres situations. Cela signifie qu'on se retrouve avec au moins deux processus au lieu d'un seul. Les organisations se sont habituées à standardiser, c'est-à-dire à essayer de parer à toutes les éventualités au moyen d'un unique processus. Elles définissent un processus standard – et compliqué – doté de points de décision sur toute sa longueur. On sait maintenant que lors de la définition du processus il vaut mieux installer dès l'entrée un point de décision à partir duquel le travail peut être expédié vers différents processus simples.

Nos exemples décrivent une série de symptômes ou de dysfonctionnements fréquemment rencontrés dans les entreprises ainsi que les maladies, ou les processus brisés, auxquelles ils correspondent d'ordinaire. Mais, répétons-le, le Reengineering est un art autant qu'une science, et les symptômes n'orientent pas toujours les médecins des organisations vers le bon diagnostic. Ils sont parfois trompeurs. Dans l'une des organisations avec lesquelles nous avons travaillé, le cycle des commandes étaient gravement défectueux, mais les clients de la société ne s'en rendaient pas compte ; ils trouvaient qu'il fonctionnait à merveille, car ils obtenaient exactement ce qu'ils voulaient quand ils le voulaient. En surface, le processus paraissait sain. Où était le problème ? On s'aperçut que le chiffre d'affaires fléchissait. Le processus de vente était-il brisé ? Nullement. Mais le cycle des commandes était tellement altéré que, pour que les clients soient livrés en temps voulu, les vendeurs devaient se rendre dans les entrepôts, préparer les commandes et les transporter eux-mêmes. Les clients étaient ravis, mais les commerciaux jouaient les livreurs au lieu de vendre.

Dans de telles situations, nous dirons que la baisse des ventes est un signe secondaire de dysfonctionnement ; un processus est brisé quelque part, mais les symptômes se manifestent ailleurs. Souvent, la preuve qu'un processus fonctionne mal est patente mais apparaît là où on ne s'y attend pas. Aussi, même si l'observation révèle que *quelque chose* est brisé, elle peut ne pas indiquer exactement *quel* processus fonctionne mal.

Des processus importants : L'importance du processus, ou son impact sur le client extérieur, est le second critère à considérer pour choisir les processus à reconfigurer dans une entreprise et l'ordre dans lequel on avancera. Les processus dont les résultats sont destinés à des clients internes à l'entreprise peuvent eux-mêmes avoir une importance et une valeur majeures pour les clients externes. Cependant, il ne suffit pas de demander directement à ces derniers quels sont les processus les plus importants pour eux, car, même si le terme leur est familier, ils n'ont aucune raison de connaître en détail les processus de leurs fournisseurs.

Les clients sont néanmoins une bonne source d'information sur l'importance respective des différents processus. Les entreprises peuvent déterminer les questions qui sensibilisent le plus leurs clients : le coût des produits, les délais de livraisons, les caractéristiques des produits, etc. Il suffit ensuite de les rapprocher des processus qui ont le plus d'incidence sur elles pour établir une liste de celles à traiter en priorité.

Des processus abordables : Le troisième critère, la faisabilité, dépend d'une série de facteurs qui déterminent la probabilité de réussite d'une entreprise de Reengineering, et notamment son envergure. Généralement, plus un processus est vaste – plus il implique d'unités dans l'organisation – plus son envergure est grande. Le Reengineering d'un processus de grande envergure est source de bénéfices plus grands, mais la probabilité de réussir sera inférieure, car il faudra concilier plus de baronnies, modifier plus d'organisations et mobiliser plus de managers aux priorités différentes.

De la même façon, la faisabilité est moindre dès lors que les coûts sont élevés. Une tentative de Reengineering qui exige un gros investissement, par exemple en systèmes d'information, rencontrera plus de difficultés qu'une autre.

Le calibre de l'équipe de Reengineering et la motivation du responsable du processus sont aussi des facteurs à considérer.

Soulignons qu'il n'y a pas de méthode certaine pour choisir entre plusieurs possibilités de Reengineering. Les trois critères que nous avons dégagés – dysfonctionnement, impact et faisabilité – sont à utiliser avec discernement, comme une aide à la réflexion.

L'équipe de direction peut aussi se demander si tel ou tel processus exerce un effet significatif sur l'orientation stratégique de l'entreprise. A-t-il beaucoup d'incidence sur la satisfaction du client ? L'entreprise fait-elle dans ce domaine beaucoup moins bien que les meilleurs de la profession ? Pourrait-on en tirer plus sans Reengineering ? Ce processus est-il désuet ? Plus les réponses seront affirmatives, plus il y aura de raisons de reconfigurer le processus en cause. Toutes les entreprises n'accorderont pas le même poids à ces questions. Les dirigeants doivent néanmoins se les poser lorsqu'ils recherchent des opportunités de Reengineering.

COMPRENDRE LES PROCESSUS

Une fois choisi un processus à reconfigurer, désigné un responsable du processus et réuni une équipe, peut-on commencer le remodelage ? Pas encore, car il reste à « comprendre » le processus actuel.

Avant de pouvoir commencer son travail de remodelage, l'équipe de Reengineering doit savoir un certain nombre de choses sur le processus existant : ce qu'il fait, s'il marche bien ou mal et ce qui contribue le plus à déterminer sa performance. Elle n'a pas pour objectif d'améliorer le processus existant ; elle n'a donc pas besoin de l'analyser et de le détailler dans tous ses détails. Il lui faut plutôt acquérir une vision d'ensemble suffisante pour avoir l'intuition et la compréhension nécessaires à la création d'un modèle bien supérieur, totalement neuf.

L'une des erreurs les plus fréquentes à ce stade en matière de Reengineering est de tenter d'analyser le processus dans ses moindres détails, au lieu d'essayer de le comprendre. On est enclin à analyser parce que c'est une activité familière. On sait le faire. Et c'est gratifiant, car analyser donne l'illusion de progresser. On vient au bureau chaque matin et l'on a des coups de téléphone à donner, des entretiens à assurer, des chiffres à présenter. On produit quantité de papiers, et l'on trouve tout cela rassurant et satisfaisant. Mais l'analyse ne rapproche pas nécessairement de la connaissance véritable.

Certes, l'analyse détaillée d'un processus dans sa forme traditionnelle peut contribuer à persuader les autres membres de l'organisation qu'un Reengineering est nécessaire ou souhaitable, mais cette tâche relève de la gestion du changement. Ce que recherche l'équipe, c'est connaître et comprendre. Dans la mesure où elle n'a pas à collecter et à analyser des masses de données quantitatives, il est moins compliqué et plus rapide de comprendre un processus que de l'analyser. Ce n'est pourtant pas moins difficile. D'une certaine façon, il est plus dur de comprendre que d'analyser.

L'analyse de processus traditionnelle considère comme imposés les entrées (*inputs*) et les produits ou résultats (*outputs*) du processus et scrute uniquement l'*intérieur* de celui-ci pour mesurer et examiner ce qui s'y passe. Pour *comprendre* un processus, au contraire, on ne doit rien tenir pour acquis. Une équipe de Reengineering qui s'efforce de comprendre un processus ne considère pas son résultat actuel comme indispensable. Notamment, on ne peut comprendre un processus sans comprendre ce que son client fait avec son produit.

Aussi, pour comprendre un processus, l'équipe de Reengineering commencera de préférence par se mettre à la place des clients. Quelles sont leurs exigences réelles ? Que disent-ils vouloir et de quoi ont-ils vraiment besoin, si ce n'est pas la même chose ? Quels sont leurs problèmes ? Quels processus accomplissent-ils à l'aide du produit ? Comme la refonte d'un processus vise finalement à en créer un autre qui réponde mieux aux besoins des clients, il est capital que l'équipe comprenne vraiment ces besoins. Ce qui ne signifie pas demander aux clients de quoi ils ont besoin, car ils parleraient uniquement de ce dont ils *pensent* avoir besoin.

Par exemple, dans le cas de Wal-Mart et de Procter & Gamble décrit ci-dessus, le second aurait pu se contenter de demander au premier : « Comment voulez-vous que nous présentions nos factures ? » Ou bien : « Désirez-vous recevoir plus vite les marchandises ? » Mais les choses se sont passées autrement.

P&G et Wal-Mart ont pris un peu de recul et se sont demandé ensemble : « Quel est l'enjeu véritable pour Wal-Mart ? » Réponse : Réaliser un profit aussi élevé que possible en vendant des couches. « Comment pouvons-nous vous aider à vendre des couches en faisant plus de bénéfices ? Quels problèmes rencontrez-vous ? De quoi avez-vous besoin ? » a alors demandé Procter & Gamble. Ce qui n'est pas du tout la même chose que : « Comment pouvons-nous vous aider à améliorer nos relations avec nous ? » Comprendre signifie considérer les objectifs et problèmes du client et non seulement la mécanique du processus qui relie les deux organisations.

Pour y parvenir, il ne suffit pas de demander aux clients ce qu'ils veulent, car ils auront tendance à répondre en fonction de leur propre façon de voir, sans prendre de recul. Quoi qu'on leur fournisse, ils diront qu'ils veulent l'avoir un peu plus vite, un peu mieux, un peu moins cher. Les clients, si on les interroge, ne proposeront que des idées peu originales visant à apporter des améliorations additionnelles au processus existant. Ce n'est pas ce que vise une équipe de Reengineering.

Cette dernière doit plutôt s'efforcer de connaître les clients mieux qu'ils ne se connaissent eux-même. A cet effet, l'équipe, ou certains de ses membres, peut se déplacer pour observer le travail chez les clients eux-mêmes, voire y participer. Par là aussi, comprendre n'est pas la même chose qu'analyser. Dans l'analyse traditionnelle, les gens collectent des informations au cours d'entretiens, lesquels se déroulent dans des bureaux ou des salles de conférence. On évite les interviews sur le lieu du travail, considéré comme trop bruyant ou peu propice à la concentration. Les analystes sortent donc les gens de leur environnement de travail, les installent dans un fauteuil et leur demandent d'expliquer ce qu'ils font. Toutefois, ce que les gens disent aux analystes, c'est ce qu'ils *croient* devoir faire, ce qu'ils parviennent à se rappeler ou ce qu'on leur a dit de répondre ; ils ne disent pas ce qu'ils font réellement. Ce que les gens font n'est presque jamais la même chose que ce qu'ils disent faire.

Pour se renseigner sur ce que font les clients il vaut mieux les *regarder* le faire ou, mieux encore, le faire soi-même. Cela ne suffira pas à transformer les membres de l'équipe en experts au bout de quelques jours ou de quelques semaines, mais nul entretien ne pourrait, mieux que cette expérience, leur donner une idée de ce qui est ou non important.

Constater ce qui se passe, et pas seulement en entendre parler, peut aider les membres de l'équipe à voir sans les oeillères ou les biais des clients. Il ne s'agit pas d'apprendre à faire le travail de ces derniers mais de comprendre leur activité – et d'amasser des idées.

Lorsque les membres de l'équipe auront vu et compris comment le client utilise le résultat de leur processus, les idées jailliront. Par exemple, si le client doit partiellement désassembler le résultat avant de l'utiliser, peut-être conviendrait-il de prévoir des expéditions semi-montées. L'équipe recherche des idées sur la façon dont le processus pourrait mieux servir le client.

Une fois que l'équipe a compris ce dont le client du processus pourrait avoir besoin, l'étape suivante consiste à se représenter ce que le processus fournit actuellement – à comprendre le processus actuel lui-même.

L'objectif n'est pas de comprendre le comment mais le quoi et le pourquoi du processus : pour le remodeler, l'équipe doit moins s'intéresser à la façon dont il fonctionne aujourd'hui qu'à ce que devra faire le nouveau processus. Une fois connus le quoi et le pourquoi, l'équipe peut commencer un remodelage à partir de zéro. Pour apprendre le quoi et le pourquoi, l'équipe de Reengineering peut transposer au processus lui-même la quasi-totalité de ce que nous venons de dire sur l'observation du travail du client et la participation à ce travail : la meilleure façon de pénétrer un processus est de l'observer et d'y participer. L'équipe doit cependant faire attention à ne pas se perdre en analyses. L'objectif doit être de passer rapidement au remodelage.

Avant de conclure, nous voudrions évoquer un autre outil à la disposition des équipes de Reengineering, le *benchmarking*. Il consiste essentiellement à rechercher les entreprises qui font le mieux quelque chose et à apprendre comment elles le font pour les imiter.

Le problème du benchmarking est qu'il risque d'enfermer la réflexion de l'équipe de Reengineering dans les limites de ce qui se fait à l'intérieur d'une industrie. En cherchant seulement à égaler le meilleur de son secteur, l'équipe fixe un plafond à ses propres ambitions. Utilisé de la sorte, le benchmarking est un outil pour rester à niveau, non pour faire un bond en avant.

Il peut cependant faire jaillir des idées dans l'équipe, surtout si elle prend comme références des entreprises d'autres secteurs. Par exemple, l'idée autour de laquelle Hewlett-Packard a reconfiguré son processus d'achat de matières a été proposée par un cadre supérieur issu de l'industrie automobile. Il avait apporté avec lui un état d'esprit complètement différent et un nouveau modèle d'achat.

Si une équipe décide de pratiquer un benchmarking, qu'elle le fasse à partir des meilleurs au monde et non des meilleurs de son secteur. Pour celui qui fabrique des produits de grande consommation, la question n'est pas de savoir qui invente les meilleurs produits de grande consommation mais qui invente les meilleurs produits – un point c'est tout. C'est là que l'équipe pourra trouver des idées de génie.

On raconte qu'ayant décidé d'améliorer son cycle des commandes, Xerox ne s'est pas comparé aux autres fabricants de copieurs mais au vendeur de vêtements par correspondance L.L. Bean.

Pourtant, l'utilisation du benchmarking comme source d'idées nouvelles comporte aussi un risque. Que se passe-t-il si l'on ne produit pas d'idée nouvelle ? Il se peut que personne, dans aucune autre entreprise, n'ait encore eu l'idée géniale applicable au processus qu'on cherche à reconfigurer. Ce n'est pas une raison pour baisser les bras. Les membres de l'équipe doivent plutôt y voir un défi : à *eux* de créer la nouvelle référence universelle.

Gardez à l'esprit qu'en diagnostiquant les processus actuels de la société, l'équipe de Reengineering apprend beaucoup de choses à leur sujet, mais pas au point de pouvoir les remettre d'aplomb. Rafistoler les vieux processus réclame tant d'efforts avant de parvenir au moindre résultat que cela n'en vaut pas la peine. D'ailleurs, l'équipe de Reengineering ne recherche pas un moindre résultat mais un gain majeur. Il ne suffit pas d'améliorer l'existant.

L'équipe essaiera plutôt d'étudier les processus existants afin de pouvoir apprendre et comprendre ce qu'il y a de capital dans leur résultat. Plus ses membres maîtriseront sur les véritables objectifs du processus, mieux ils réussiront son remodelage.

8

COMMENT REMODELER LES PROCESSUS

Il n'est rien de plus excitant ni de plus terrifiant pour un auteur qu'une feuille de papier blanche ou un écran d'ordinateur vide. Une équipe de Reengineering vit la même chose lors de sa première réunion. Tout ce qu'elle a à faire alors est de commencer à reconsidérer l'entreprise et à inventer une nouvelle façon d'exécuter son travail.

Dans toute la démarche du Reengineering, le remodelage (ou *redesign*) est la partie qui suppose le plus de créativité à l'état pur. Plus que jamais, il y faut de l'imagination, du raisonnement par induction et une touche de folie. En remodelant les processus, l'équipe de Reengineering renonce au familier pour aller au devant du scandale. Un remodelage réclame de certains membres de l'équipe, surtout des initiés, qu'ils mettent entre parenthèses les règles, procédures et valeurs qu'ils ont respectées durant toute leur vie professionnelle. Le remodelage a cela de déconcertant que l'équipe peut faire exactement ce qu'elle veut.

Malheureusement, le remodelage d'un processus de travail n'est pas quelque chose d'algorithmique et de routinier. Il n'existe pas de procédures qui produiraient mécaniquement, en deux temps trois mouvements, un processus radicalement nouveau.

En revanche, même si un peu de créativité peut être indispensable, on n'est pas obligé de partir du zéro absolu. Les entreprises qui ont pratiqué un Reengineering sont à présent assez nombreuses pour qu'on puisse discerner certains traits récurrents dans les processus auxquels elles l'ont appliqué. Les techniques qui ont prouvé leur efficacité pour certaines entreprises seront en tout ou partie utilisables par d'autres. Aussi, même s'il n'existe pas encore de règles simples et impérieuses pour remodeler un processus, les principes applicables sont connus et l'on dispose désormais de quelques précédents.

La quasi-totalité de ceux qui sont passés par une école de management ou qui ont exercé des responsabilités dans une entreprise sont capables de concevoir un processus traditionnel, car il suffit de suivre quelques règles bien établies. Par exemple, on sait presque intuitivement que le travail doit être divisé en tâches simples ; on connaît les limites de ce qu'un manager est capable de maîtriser ; on comprend ce que signifient les économies d'échelle, la nécessité du contrôle, les responsabilités, les budgets. Quelle que soit l'activité en cause – régler les fournisseurs à raison des marchandises reçues, par exemple – pratiquement tous ceux qui ont quelque expérience seraient capables de définir un processus traditionnel.

Il s'avère que les processus non traditionnels présentent aussi des caractéristiques et thèmes récurrents. Encore peu connus, ils reflètent les principes du Reengineering tels que nous les avons présentés tout au long de ce livre.

Sans doute les caractéristiques des processus reconfigurés nous paraîtront-elles un jour aussi évidentes et aussi largement admises que celles des processus traditionnels aujourd'hui. Si ces caractéristiques et thèmes non traditionnels ne s'imposent pas intuitivement à la plupart des gens, c'est à cause de leur nouveauté. Il ne font pas encore partie de la sagesse collective.

Comment une équipe de Reengineering aborde-t-elle son travail de remodelage ? Nous voici au premier matin de la première phase. Les membres de l'équipe sont installés dans une salle de réunion autour d'une cafetière fumante et d'un tableau noir encore immaculé. Par où commencer ?

Le remodelage d'un processus doit avoir quelque chose de stupéfiant quant à ses effets potentiels sur l'entreprise, mais il n'est pas nécessairement intimidant. Nous avons mis au point des techniques pour aider les équipes à démarrer, et nous avons quelques idées sur les moyens de stimuler la créativité des participants tout au long de leur travail.

Dans ce chapitre, nous traiterons le remodelage de deux façons. D'abord, nous proposerons une petite saynète afin de montrer comment pourrait se dérouler la première journée d'une session. Notre objectif est ici de faire toucher du doigt la démarche en montrant qu'elle n'est pas forcément mystérieuse ni angoissante. Puis nous montrerons comment certains dispositifs et techniques peuvent aider les équipes de Reengineering au cours de leur travail sur les processus.

LA SESSION DE REMODELAGE

Le décor : Une réunion de l'équipe de Reengineering chez Imperial Insurance, une compagnie d'assurance automobile aussi imaginaire que représentative. L'équipe a pour mission de remodeler le processus de traitement des déclarations d'accident, sachant que la compagnie enregistre depuis quelques années une forte augmentation des indemnisations versées. C'est la première réunion de cette équipe dont vous faites partie en tant que néophyte. Vos connaissances sur le métier d'assureur sont celles de M. Tout-le-monde, plus quelques choses que le leader de l'équipe vous explique avant de commencer la séance.

D'abord, dit-il, Imperial a le sentiment de payer plus qu'elle ne devrait lors des règlements des accidents de la circulation. Les sinistres donnent lieu habituellement à deux types d'indemnisations, les unes au titre des blessures causées aux personnes, les autres couvrant les dommages subis par les véhicules. Pour ces deux types de sinistres, les sommes versées augmentent très vite.

Il n'est pas étonnant que le coût des frais médicaux augmente puisque les dépenses de santé dans leur ensemble s'alourdissent, remarque le leader, mais l'augmentation des dommages aux véhicules a en revanche quelque chose de paradoxal. Voici quelques années, les consommateurs se sont mis à souscrire des polices comportant des franchises plus importantes en cas de collision, et l'ensemble des compagnies ont cru que le coût des sinistres irait en diminuant. Cela n'a pas été le cas : il a augmenté. Les clients, semble-t-il, souscrivent des polices avec des franchises aussi élevées que possible pour réduire le coût de leurs primes, mais en cas d'accident ils essaient tout de même d'obtenir une prise en charge intégrale des réparations par la compagnie. Ils persuadent leur carrossier d'établir un devis suffisamment élevé pour couvrir le coût effectif des réparations plus tout ou partie de la franchise.

En second lieu, dit le capitaine, Imperial a aussi des problèmes de coûts de fonctionnement. Pour 7 dollars d'indemnisation réglés, la compagnie en dépense 1 en frais de traitement. De plus, il lui faut en moyenne quarante jours pour clore un dossier, et à condition encore que l'assuré ne choisisse pas d'aller devant les tribunaux.

Puis il décrit en bref le processus de traitement des demandes d'indemnisation chez Imperial. L'assuré qui vient d'avoir un accident commence par appeler son agent, lequel avertit la compagnie. Recevoir la déclaration par téléphone, par courrier ou de vive voix, l'enregistrer dans l'ordinateur, désigner un rédacteur chargé de traiter l'affaire, demande au total quelque chose comme trois jours.

Une fois qu'un rédacteur est chargé du dossier, il commence par vérifier que la police du demandeur était valide à la date de l'accident. Si elle avait été résiliée, le processus s'arrête là. Dans le cas contraire, il se poursuit.

La série de tâches suivante vise à répondre à deux questions essentielles : Quel assureur va devoir payer et combien va coûter le règlement de ce sinistre ?

Pour déterminer les montants à payer, le rédacteur discute des blessures et des soins avec les médecins et les blessés, puis il établit une estimation du coût de la réparation des véhicules. L'ensemble suppose beaucoup d'entretiens téléphoniques.

Pour déterminer les torts, le rédacteur rencontrera l'assuré, les autres parties, les témoins et la police ; cela l'obligera sans doute à se déplacer à de multiples reprises chez les uns et les autres ou sur le lieu de l'accident.

Le coût des réparations et les frais médicaux dépendent de nombreuses variables : Quelle est l'ampleur des réparations réellement nécessaires ? Doit-on utiliser des pièces détachées d'origine ou peut-on utiliser des pièces d'autres sources ? Jusqu'où doit aller le traitement médical ?

Aucune de ces questions n'a de réponse facile, si bien qu'il faut au rédacteur environ trente-cinq jours à partir de la date de l'accident pour réunir assez d'informations pour déterminer s'il convient d'offrir aux plaignants un règlement amiable, et quel sera le montant qu'on leur proposera.

Si tout le monde accepte le règlement amiable, le processus est achevé. Il s'est étalé en moyenne sur plus de quarante jours. Mais que l'un des demandeurs décide d'aller devant les tribunaux et l'affaire risque de s'éterniser. Il n'est pas exceptionnel que le procès dure cinq ans.

Le montant moyen des indemnités s'élève à 3 500 dollars, indique encore le capitaine de l'équipe. Les frais internes pour aboutir au règlement représentent en moyenne 500 dollars.

Voilà à peu près tout ce que vous et l'équipe connaissez du processus de traitement des sinistres chez Imperial (très classique dans son secteur). L'équipe de Reengineering est chargée de remodeler ce processus de telle sorte que la branche assurances automobiles de la compagnie devienne rentable. Les membres de l'équipe, perplexes, se regardent les uns les autres. Par où commencer ?

« Séparons les sinistres avec des dommages corporels et les autres, suggère un membres de l'équipe. Les sinistres les plus lourds sont ceux où il y a des blessés.

– Pourquoi ne pas faire un tri selon l'importance du sinistre ? demande votre voisin. Les petits risques, les grands risques. Parfois, il n'y a pas de blessés mais les dommages matériels peuvent être énormes.

– Supposons qu'on fasse un tri selon l'importance des risques, dit le capitaine de l'équipe. Qu'est-ce qu'un petit risque ? Disons : pas de blessé et des dommages minimes. Tout le reste serait classé parmi les grands risques. Et après ? En quoi allons-nous traiter différemment les deux sortes de sinistres ?

– Aujourd'hui, dit une dame, une heure de travail nous coûte le même prix, que nous travaillions sur un gros sinistre ou sur un petit. Je pense donc que nous devrions essayer d'aboutir à un règlement rapide des petits dossiers. Ce n'est pas la peine d'y passer beaucoup de temps.

– Et si nous renoncions totalement à les traiter ? demande un monsieur au bout de la table. Si nous nous contentions de payer, quelle que soit leur nature, pour autant qu'ils ne dépassent pas un certain montant ?

– Je ne sais pas, dit le capitaine. Que se passerait-il dans ce cas ?

– Laissons l'initiative à l'agent, répond le monsieur. Si le sinistre ne dépasse pas un certain montant, chargeons-le de s'en occuper. A lui d'effectuer le règlement. Comme cela, les choses vont vite, l'agent fidélise son client et cela ne nous coûte absolument rien en temps. »

Pendant que le capitaine prend des notes sur le tableau noir, votre voisin de gauche susurre : « Laissons les carrossiers s'en charger ».

Tout le monde se tourne vers lui. Traditionnellement, carrossiers et assureurs ne sont pas en bons termes.

« C'est intéressant, répond enfin le capitaine après un instant de stupeur. Laissons les carrossiers s'en charger.

– Oui, dit l'autre. De toute façon, le prix des réparations dépend d'eux. Il y aurait peut-être moyen qu'ils travaillent pour nous, au lieu de s'entendre sur notre dos avec les clients. »

Idée folle ? Peut-être pas. Actuellement, en cas de dommages aux carrosseries, Imperial envoie un expert qui examine la voiture et fixe le coût des réparations. De son côté, le client a sa propre estimation, et la compagnie se retrouve souvent en désaccord avec lui. Qui a satisfaction en définitive ? D'ordinaire ni l'un ni l'autre.

Un participant, venu des services commerciaux de l'entreprise, déclare que l'idée ne lui paraît pas insensée. « Que donnons nous au client actuellement ? demande-t-il. Un chèque. Mais que veut-il en réalité ? Une voiture réparée. Que se passerait-il si nous pouvions faire le tri des sinistres et, quand il n'y a ni blessé ni gros dégât, dire au client d'aller directement chez tel carrossier qui se chargera de sa voiture – ou, mieux, lui donner une liste de carrossiers agréés où il pourra choisir celui qui lui conviendra ? »

Quelqu'un demande naturellement comment on éviterait les fraudes – le gonflement des factures par les carrossiers ou les fausses déclarations des assurés – ce qui entraîne un long débat. Dont il ressort en substance que la compagnie pourrait commencer par désigner des carrossiers de référence, qui évalueraient les dégâts tout en cherchant à obtenir le travail. Ils aideraient Imperial à surveiller statistiquement leurs prix et la qualité de leurs réparations.

Quant aux clients malhonnêtes, Imperial pourrait tenir compte de la fréquence des sinistres dans son processus de tri des dossiers.

« Ainsi, résume le capitaine, voilà une idée qui pourrait marcher à notre avis. Nous instaurons un système de tri. Arrive une déclaration d'accident ; il n'y a pas de blessé et les dégâts sont limités. Elle provient d'un client qui n'a pas déclaré de sinistre depuis dix ans. Nous pouvons donc supposer qu'il n'y a pas fraude. Le risque n'est pas grand. Et nous pouvons être sûrs que le carrossier ne va pas gonfler ses factures parce que nous effectuerons une surveillance statistique. Nous adresserons donc au client une liste de carrossiers agréés et nous paierons la facture à réception. C'est tout à fait simple, cela nous évite beaucoup de frais administratifs et nous pouvons aboutir à un règlement en bien moins de temps. »

Après avoir jeté quelques notes sur le tableau noir, il demande si quelqu'un aurait encore quelque chose à proposer autour de cette idée – l'accélération des règlements.

Dans leur processus traditionnel de traitement des sinistres, les assureurs ne se sont jamais préoccupés des délais. Leurs services spécialisés avaient tendance à penser que plus *lentement* ils payaient, mieux c'était, puisque la compagnie disposait plus longtemps d'une trésorerie génératrice de produits financiers.

« Pourquoi voudrions-nous accélérer les choses ? » demande le capitaine en jetant au groupe un regard circulaire. « Pour éviter que les clients aillent s'adresser aux avocats spécialisés dans les procédures civiles » répond quelqu'un. Les statistiques du secteur des assurances montrent que lorsque un avocat intervient, le client obtient des sommes considérablement plus élevées.

« A quel moment y a-t-il le plus de risques que les clients fassent appel à un avocat ? poursuit l'homme. Au tout début. Vous avez un accident. Vous appelez votre agent d'assurance. Vous êtes stressé, furieux, mal à l'aise. L'agent vous pose un tas de questions, et que se passe-t-il ? Rien, absolument rien. Nous passons au moins une semaine à faire circuler des papiers, mais personne ne fait rien pour l'assuré lui-même. Il ne faut pas s'étonner s'il téléphone à son avocat.

– Ce qui se passe en fait pendant ces tout premiers jours, rappelle le capitaine à l'adresse de l'équipe, c'est que le dossier patiente dans la corbeille du courrier à traiter. Il faut trouver le rédacteur concerné, qui peut être en vacances ou en déplacement à cause d'un autre dossier. Il se passe quelque chose, mais le client n'en sait rien, et cela finit par nous coûter plus cher. Que faire alors si nous voulons accélérer ce processus ? »

Quelqu'un propose un numéro vert, largement diffusé, à la disposition des clients. Un second suggère de créer au siège une équipe d'enquête sur les accidents, disponible au moindre appel, vingt-quatre heures sur vingt-quatre. Un troisième imagine de doter les clients de téléphones cellulaires pour qu'ils puissent appeler de leurs voitures. Un quatrième parle de coupler les airbags à des alarmes qui appelleraient automatiquement la compagnie en cas d'accident. Un cinquième se demande si l'on pourrait être relié au système de communication de la police pour être tenu au courant des accidents.

« Bien, bien, bien, dit le capitaine qui ne cesse de prendre des notes. On cherche à être rapidement informé du dommage. On vérifie l'information, on recueille des données de base sur ce qui s'est passé et l'on fait un tri. Un cas sans problème ? Laissons l'agent effectuer le règlement ou adressons le véhicule à l'un de nos carrossiers agréés qui s'en chargera. Mais que faire des autres cas, ceux dont nous ne pouvons nous débarrasser rapidement ? Y a-t-il des règles à briser de ce côté. Est-ce que quelqu'un a une idée ?

– Je ne connais pas grand chose sur les assurances, dites-vous (vous étiez jusqu'alors resté silencieux), mais d'après ce que j'ai entendu ici, il semble qu'il y ait une règle qui à mon avis devrait être brisée. C'est celle qui dit que la compagnie n'a pas à faire grand chose pour le déclarant avant de savoir qui est en tort. Du point de vue du client, je pense qu'il conviendrait de faire les réparations d'abord et de déterminer les responsabilités ensuite.

– Remarque judicieuse, répond le capitaine. Que se passera-t-il si nous éliminons tout simplement cette règle ? Peut-être n'y a-t-il pas besoin d'une règle pour dire ce qui est à faire en premier. Nous avançons dans les deux directions – les réparations et la détermination des responsabilités. Nous payons sans attendre d'avoir déterminé les torts.

– Pas si vite », proteste un autre membre de l'équipe de Reengineering à l'idée que la compagnie pourrait payer des sommes dont elle ne serait pas redevable. Un long débat s'ensuit de nouveau. La compagnie risquerait fort de payer des sommes indues, admet le groupe mais elle les récupérerait dans la plupart des cas auprès de la compagnie adverse. En outre, le montant total des indemnisations serait moindre, se dit-on, dans la mesure où une action prompte diminuerait le nombre de procès intentés à la compagnie.

« Que devons-nous faire encore à ce sujet ? demande le capitaine. Quel est le problème du point de vue de l'assuré ? La question est posée.

– L'absence de contact », répond quelqu'un.

– Ce qui veut dire... ?

– Nous faisons peut-être quelque chose, mais le demandeur a l'impression qu'il ne se passe rien.

– Mettez-vous à la place de l'assuré, propose le capitaine. Vous êtes à l'hôpital. Vous souffrez du dos. Vous ne savez pas ce qui est arrivé à votre voiture. Comment vous sentez-vous ? Très mal. Que devrions-nous faire ?

– Envoyer quelqu'un lui remonter le moral », répond un membre de l'équipe.

– C'est vrai, dit un autre. D'une façon plus générale, nous devons nous débarrasser de l'idée que notre seul rôle est de faire un chèque. Notre but doit changer. Plutôt que de faire des chèques, ce devrait être de satisfaire les assurés.

– Comment faire ? demande le capitaine.

– Résolvons leur problème, répond l'autre.

– Mais comment ? »

Et ce sont des palabres sur la nature des problèmes de l'assuré et la façon de les résoudre. Ainsi, la compagnie autorise les clients à louer un véhicule de remplacement le temps de faire réparer leur voiture. Mais, se dit le groupe, ce n'est pas là résoudre le problème du client. On laisse le client résoudre son problème et l'on se contente de payer ensuite. Or cela coûte cher malgré tout. L'assuré paie sa voiture de location au tarif ordinaire. On pourrait obtenir de meilleures conditions auprès des loueurs.

A ce stade, l'équipe décide de donner des noms aux accidentés pour faciliter la discussion. Jean est assuré chez Imperial et sa voiture est endommagée. Julie, la conductrice adverse, est assurée par une autre compagnie. Non seulement sa voiture est hors d'usage mais elle-même se trouve hospitalisée avec des blessures au dos et au cou.

« Voilà ce que nous allons faire, dit un membre de l'équipe. Jean nous appelle et nous dit que sa voiture est morte. Ah ! nous sommes désolés, répondons-nous, un véhicule de remplacement sera devant chez vous dans une heure. Jean est-il content ? Il exulte. Et nous faisons des économies, parce que nous allons lui donner une voiture de catégorie moyenne au lieu de la berline de luxe qu'il aurait pu louer ; nous ne paierons que 10 dollars par jour, alors que cela lui aurait coûté peut-être 30 dollars. »

L'équipe n'oublie pas non plus Julie. Imperial n'est pas son assureur, mais à ce moment on ne sait pas encore qui va devoir payer. Qu'est-ce que la compagnie désire représenter aux yeux de Julie pour l'instant ? De la sympathie, répond le groupe, une amie. Elle a besoin de voir dans sa chambre d'hôpital une personne chaleureuse et sympathique. Le message officiel sera : Nous sommes là pour vous aider. Et le message officieux : Ne nous faites pas de procès. Et puis, si elle est contente de notre service, elle viendra s'assurer chez nous. Ainsi, le traitement des litiges se transforme en opportunité commerciale.

Une chose que les clients apprécient, dit l'un, c'est de ne pas avoir affaire à plusieurs interlocuteurs sur un même dossier. « Et si nous pouvions faire en sorte qu'ils n'aient affaire qu'à une personne ? » « D'accord, comment fait-on ? » répond le capitaine. L'équipe discute de la création de quelque chose qui pourrait s'appeler responsable de cas. Julie est à l'hôpital et elle s'inquiète pour sa voiture. Le responsable de cas s'en occupera pour elle.

Julie est entourée d'une foule de médecins, mais aucun d'eux ne résoudra ses problèmes non médicaux. Ce sera le rôle du responsable de cas. Et comme il dominera la situation, souligne le capitaine de l'équipe, il pourra s'assurer que la blessée bénéficiera de tous les soins médicaux nécessaires, mais pas davantage, ce qui signifie, là encore, que la compagnie fera des économies.

Voilà ce à quoi aboutit l'équipe de Reengineering lors de sa première séance de remodelage. Ses membres sont encore loin d'en avoir fini. Il leur reste une foule de chiffres à analyser et de détails à vérifier, mais le travail est en bonne voie. Ils ont passé la première grande épreuve : émettre de grandes idées. Ils sont sortis du bourbier des vieilles habitudes. Ils ont réussi à colorier en dehors des lignes, à penser en dehors de la boîte. Et le capitaine a su les inciter à jouer avec des idées qui auraient pu paraître absurdes à première vue – l'idée par exemple de laisser les carrossiers régler les petits dégâts matériels pour le compte des clients sans enquête ni estimation de la compagnie. « C'est intéressant », se contentait-il de dire en invitant les autres membres de l'équipe à pousser l'idée plus loin encore.

Les membres de l'équipe ont fait appel en l'occurrence à une technique qui nous paraît souvent utile. Ils ont poussé à l'extrême, juste pour voir où il menait, un principe de Reengineering – principe selon lequel il vaut mieux organiser le travail en fonction de son résultat plutôt qu'en fonction des tâches. Ils en ont tiré une bonne idée, celle à propos des carrossiers.

Voyons à présent comment l'équipe aurait pu guider son travail en appliquant un autre principe de Reengineering. Car l'idée dont on vient de voir une application n'est pas la seule utilisable, et nous nous attachons sans cesse à découvrir et à définir les principes qui régissent les processus reconfigurés. Ceux qui suivent montreront néanmoins comment l'application de principes neufs peut donner naissance à de puissantes idées.

Principe : Le nombre de personnes qui contribuent au fonctionnement d'un processus doit être aussi faible que possible.

Les processus reconfigurés ne sont pas toujours confiés à un travailleur unique, mais il n'est pas mauvais de poursuivre un tel objectif. Imaginez qu'une seule personne soit disponible pour traiter une demande d'indemnisation. Si l'équipe de Reengineering d'Imperial Insurance avait retenu cette hypothèse du travailleur unique, elle aurait pu faire jaillir l'idée du chargé de cas. Plus généralement, imaginez qu'une seule personne soit disponible pour accomplir toutes les tâches concourant à la fabrication d'un produit. A votre avis, comment ferait-elle ? De quelle aide ce travailleur unique aurait-il besoin ? Que pourrait lui apporter la technologie ? Voilà le genre de question qui donnera naissance à de grandes idées.

S'interroger sur les applications de ce principe, pour voir où cela la mènera, est pour l'équipe de Reengineering un moyen de faire avancer son travail. Ces interrogations n'ont pas vocation à obtenir des réponses définitives mais à stimuler la créativité du groupe.

Un autre moyen auquel nous avons souvent recours est d'inciter les membres de l'équipe de Reengineering à détecter leurs idées reçues et à s'en débarrasser.

Ces idées reçues sont des croyances profondes qui imprègnent et orientent pratiquement tous les processus de l'entreprise. Si par exemple les commerciaux de terrain n'ont pas le droit de fixer les conditions des contrats, cela tient à une idée reçue selon laquelle ils feraient passer leur intérêt financier avant celui de l'entreprise afin de toucher des commissions. L'habitude de ne payer les fournisseurs qu'après réception de leurs factures est fondée sur l'idée qu'on ne peut rapprocher directement les biens reçus des bons de commande. Si une entreprise possède des centres de distribution régionaux, c'est probablement parce qu'elle *pense* que les centres régionaux assurent un meilleur service qu'une distribution centralisée.

Une équipe de Reengineering peut essayer de renverser ces idées reçues ou de s'en défaire totalement pour voir ce qu'il advient alors du processus qu'elle est en train de reconfigurer.

L'équipe d'Imperial Insurance a implicitement remis en question l'idée reçue selon laquelle tous les carrossiers gonflent leurs factures, cherchant à voir quelles étapes ou tâches du processus elle pourrait ainsi éliminer. Elle a aussi déterminé ce qu'il faudrait faire pour invalider cette hypothèse (en l'occurrence, instaurer une surveillance périodique des travaux réalisés par les carrossiers).

L'équipe d'Imperial a aussi remis en question l'idée selon laquelle il faut avoir déterminé les torts avant d'indemniser quiconque. Il en est sorti un processus plus simple et plus rapide.

« Contestez l'autorité », lisait-on sur les T-shirts des années 60. Les maîtres des processus devraient faire endosser à leurs équipe la version des années 90 : « Contestez les idées reçues ».

La troisième technique à la disposition des équipes de Reengineering pour stimuler leur propre créativité est de faire appel au pouvoir perturbateur des technologies de l'information.

Comme nous l'avons montré au chapitre 5, les structures traditionnelles des processus opérationnels reflètent les limites des technologies de l'ère pré-informatique. Ces limites – du nombre de copies qu'une dactylo peut produire avec du papier carbone au volume d'information susceptible de circuler par courrier ou par téléphone entre le siège et les établissements décentralisés – imprègnent les processus existants. Si l'on tente d'améliorer ceux-ci, on reste trop souvent bridé par les mêmes limites.

Pour briser cette entrave, les équipes de Reengineering n'ont qu'à raisonner en partant du potentiel des technologies de l'information modernes. Voyez ce qu'elles vous permettent de faire, puis déterminez si cela vous aide à repenser les processus.

Par exemple, des bases de données accessibles en temps réel permettraient à Imperial de vérifier l'historique des sinistres déclarés par un assuré ainsi que la nature et le prix des réparations réglées par la compagnie à différents garagistes. Compte tenu de cette possibilité sans précédent, l'équipe de Reengineering d'Imperial pourrait refondre le processus d'expertise des dommages, qui était long, coûteux et désastreux pour les relations entre la compagnie et ses clients victimes de sinistres.

Nous avons évoqué trois sortes de techniques dont les équipes de Reengineering peuvent s'aider pour faire jaillir des idées : un, appliquer avec audace un ou plusieurs principes de Reengineering ; deux, rechercher et détruire les idées reçues ; trois, s'efforcer d'utiliser les technologies dans un esprit créatif. Dans le courant de leurs travaux, les équipes pourront à nouveau faire appel à ces techniques pour approfondir leurs réflexions ou pour franchir un obstacle.

Imperial Insurance n'existe pas, mais toutes les idées introduites dans ce cas sont plausibles. Tout ce qu'a imaginé notre équipe de Reengineering est actuellement envisagé ou déjà en application dans une compagnie d'assurance réelle.

Au-delà des techniques précises mentionnées ci-dessus, le cas Imperial comporte d'autres leçons importantes sur le Reengineering. Dans nos séminaires, nous demandons souvent à des participants de se mettre à la place des équipes de Reengineering d'Imperial. Après quoi nous leur demandons de décrire ce qui s'est passé et de nous dire ce que, en dehors de ces trois techniques, ils ont appris sur la pratique du *redesign.* Il est étonnant de constater que huit réponses reviennent sans cesse. Voici ce que nos acteurs amateurs disent avoir découvert :

1. Il n'est pas nécessaire d'être un expert pour remodeler un processus.
2. Etre un néophyte est un atout.
3. Il faut se défaire des idées reçues.
4. Il est important de voir les choses du point de vue des clients.
5. Le Reengineering est de préférence un travail d'équipe.
6. Il n'est pas nécessaire d'en savoir beaucoup sur les processus actuels.
7. Il n'est pas difficile d'avoir de grandes idées.
8. Le Reengineering n'est pas forcément quelque chose de pénible.

Le Reengineering a ses côtés agréables, mais vient tout de même le moment moins gai où l'équipe doit expliquer son action au reste de l'entreprise – c'est-à-dire aux gens qui devront s'adapter aux processus remodelés par elle et en faire leur ordinaire. Après avoir dégagé des idées, l'équipe doit veiller à leur mise en oeuvre. Cette partie du processus de Reengineering peut être moins drôle.

9

EN ROUTE POUR LE REENGINEERING

Nous n'avons pas encore évoqué un aspect crucial du Reengineering – un aspect qui doit pourtant être pris en compte au tout début des travaux mais dont nos lecteurs, qui appréhendent bien à présent la puissance et l'ampleur de l'outil de réinvention des entreprises que constitue le Reengineering, auraient pu ne pas saisir toute l'importance au début de l'ouvrage. Nous voulons parler de l'énorme défi qui consiste à persuader les gens travaillant dans une organisation d'accepter – ou du moins de ne pas combattre – la perspective d'un changement capital.

Faire accepter aux salariés l'idée que leur vie professionnelle – leur emploi – va connaître un changement radical n'est pas un combat gagné d'avance. C'est une campagne d'éducation et de communication qui dure du début à la fin du Reengineering. C'est un travail de vendeur qui commence dès qu'on réalise qu'un Reengineering est nécessaire et qui ne prend fin que bien après que les processus remodelés ont été mis en place.

D'après notre expérience, les entreprises qui parviennent le mieux à faire accepter le changement à leurs salariés sont celles qui expliquent le plus clairement la nécessité d'une réorganisation. Ce sont celles dont les cadres supérieurs réussissent le mieux à formuler et à exprimer les deux messages clés à faire passer auprès de leurs collaborateurs. Le premier de ces messages est le suivant : Voilà où en est aujourd'hui notre entreprise et pourquoi elle ne peut en rester là. Le second dit ceci : Voilà ce qu'il nous faut devenir en tant qu'entreprise.

Le premier message doit être un argumentaire irrésistible en faveur du changement. Il proclamera puissamment que le Reengineering est indispensable à la survie de l'entreprise. C'est là une nécessité cruciale, car les salariés qui ne sont pas convaincus de la nécessité du changement seront peu enclins à le tolérer et risquent même d'y faire obstruction. La mise au point de cet argumentaire a en outre l'avantage d'obliger l'encadrement à considérer honnêtement l'entreprise et ses résultats dans le contexte d'un environnement concurrentiel élargi.

Le second message, ce que l'entreprise doit devenir, donne aux salariés un but tangible. Sa définition oblige l'encadrement à réfléchir clairement aux objectifs et à l'ampleur du changement à effectuer grâce au Reengineering.

Pour exprimer et faire connaître ces messages essentiels, les entreprises utilisent deux documents. Nous appelons le premier « appel à l'action » (*case for action*) et le second « définition de la vision » (*vision statement*). Leur nom importe peu d'ailleurs, et certaines entreprises leur en donnent d'autres ; ce qui compte, c'est leur contenu.

L'appel à l'action dit *pourquoi* l'entreprise exige un Reengineering. Il doit être concis, compréhensible et impérieux. Les dirigeants ne peuvent se contenter de crier « Au loup ! » Ce doit être un *appel* à l'action – un argumentaire doté d'une force persuasive, étayé par l'observation, qui montre ce qu'il en coûterait de se contenter de demi-mesures. Si une entreprise est en train de perdre son avantage concurrentiel dans une de ses lignes d'activités, l'appel à l'action doit le faire savoir. Si elle assiste à une érosion constante de sa marge bénéficiaire, l'appel à l'action doit le montrer. Si l'entreprise va à la faillite, l'appel à l'action doit aussi le prouver – pour autant que ce soit vrai. Le document doit être un puissant plaidoyer, mais l'exagération en est bannie. Il doit être tellement persuasif que personne au sein de l'organisation ne pensera plus qu'il y ait d'autre choix que le Reengineering. Sans doute l'appel à l'action ne contiendra-t-il pas de grandes révélations, mais en formalisant les faits constatés dans un document unique, il oblige les gens à se rendre compte que l'entreprise est réellement malade.

L'appel à l'action doit être bref – cinq à dix pages tout au plus – et sans détour. Celui qui va suivre nous paraît remarquable. Il a été préparé par les dirigeants d'un grand laboratoire pharmaceutique pour convaincre leurs salariés de la nécessité d'une transformation totale du processus de recherche et développement. Cet appel à l'action contient tous les éléments importants à notre avis, et il les présente avec une grande économie de moyens.

APPEL À L'ACTION
LABORATOIRE PHARMACEUTIQUE

- Nous sommes déçus par le temps nécessaire pour développer et déposer les brevets de nouveaux médicaments aux Etats-Unis et sur les grands marchés internationaux.

- Nos principaux concurrents ont des cycles de développement nettement plus courts, car ils ont mis en place des organisations de R&D à grande échelle, très souples et intégrées au plan mondial, qui utilisent des méthodes de travail et des systèmes d'information uniformisés.

- Les tendances du marché sont défavorables aux petites organisations de R&D indépendantes telles que la nôtre, implantées au sein de plusieurs sociétés opérationnelles décentralisées dans le monde entier.

- La situation concurrentielle et économique nous pousse fortement à aller aussi vite que possible vers un fonctionnement mondialement intégré : chaque semaine gagnée sur le processus de développement et de dépôt allonge la durée de vie commerciale de nos brevets et représente, au minimum, 1 million de dollars supplémentaire de bénéfice annuel avant impôts pour chacun des médicaments de notre portefeuille.

Le plaidoyer ci-dessus comporte cinq éléments principaux, présents dans la plupart des appels à l'action efficaces.

Le *contexte professionnel* résume et décrit ce qui se passe, ce qui change et ce qui a récemment pris de l'importance dans l'environnement de l'entreprise. Nos principaux concurrents, dit l'appel à l'action de cette société, mettent en place des cycles de développement beaucoup plus courts.

Le *problème opérationnel* est la source des préoccupations de l'organisation. Notre société, admet franchement ce document, met trop de temps à développer et à breveter ses nouveaux médicaments.

L'appel à l'action énonce aussi les *demandes du marché* – c'est-à-dire comment la conjoncture ambiante a suscité de nouvelles exigences auxquelles la société ne peut faire face. L'évolution de la concurrence est défavorable à nos méthodes de recherche et développement, lit-on ici.

Le *diagnostic* explique pourquoi la société est incapable de produire les résultats désormais requis et pourquoi les recettes habituelles visant à apporter des améliorations nouvelles ne suffiront pas. En l'espèce, le laboratoire pharmaceutique perd pied face à des entreprises qui ont intégré l'organisation de leur R&D au plan mondial.

Enfin, pour que nul doute ne demeure sur la nécessité d'un Reengineering, l'appel à l'action s'achève par un avertissement sur les conséquences qu'aurait l'absence de Reengineering, le *prix de l'inaction.* Nous allons perdre 1 million de dollars de bénéfice annuel sur chaque produit pour chaque semaine de retard dans le développement et le dépôt de brevet, indique cette partie.

Inutile d'attendre que l'entreprise soit au bord du dépôt de bilan pour lancer un impérieux appel au Reengineering. Une société bien portante peut parfaitement appeler son personnel à l'action. Elle peut démontrer qu'elle *va avoir* des problèmes si elle ne se reconfigure pas, si elle n'atteint pas le niveau que le marché *va réclamer* d'elle ou si elle n'est pas aussi bonne qu'elle a choisi de *vouloir* être. De telles exhortations sont plus délicates, ce qui veut seulement dire que l'appel à l'action n'en doit être que plus impérieux.

Voici un appel à l'action utilisé par une entreprise qui fabrique des produits de grande consommation et qui est encore bénéficiaire. La déclaration brosse un sombre tableau de l'avenir de l'entreprise dans l'hypothèse où elle ne se reconfigurerait pas. Cet appel à l'action est plus long que celui de notre laboratoire pharmaceutique, mais il est également efficace. Il commence par un survol du secteur d'activité de l'entreprise.

APPEL À L'ACTION
FABRICANT DE PRODUITS DE GRANDE CONSOMMATION

• Dans nos canaux de distribution, nos marchés changent tellement vite que, pour assurer à nos distributeurs une croissance rentable, nous devons réagir rapidement avec des programmes parfaitement adaptés.

• Pour pouvoir se battre et réussir sur son marché, chacun de nos canaux de distribution a des besoins particuliers en matière de produits innovants, de services, de promotion, de systèmes de merchandising, de formation. Nous devons développer au sein de notre société des processus flexibles capables d'exploiter les opportunités propres aux différents canaux.

• Les besoins et désirs des consommateurs évoluent constamment sous l'effet du renouvellement des présentations au détail, du rôle des médias, du lancement de produits nouveaux ou de substitution, du changement des styles de vie et de la segmentation du marché. Nous ne pouvons développer un concept de produit ou une solution de distribution au détail qui satisfasse tout le monde ; les produits qui réussissent bien auprès d'un segment de marché seront rejetés par un autre.

Puis viennent, analysés en termes de concurrence, les facteurs qui militent en faveur du changement.

• Il s'écoule aujourd'hui au moins deux ans, voire trois, entre le moment où nous détectons un besoin du marché et celui où un nouveau programme aboutit à des livraisons au détail. De plus, le processus est largement séquentiel. Chaque étape – interprétation des données de vente et des résultats de recherches, élaboration des plans, mobilisation des moyens, obtention des accords sur les produits, le merchandising, la promotion, la publicité, les systèmes de distribution, la formation et les plans de lancement sur le terrain – se situe à cheval entre plusieurs divisions et exige des réunions et des accords à n'en plus finir.

• Dans un marché dynamique, un cycle prévisionnel de trois ans est inacceptable. Même si un produit ou un programme paraît innovant aux premiers stades de sa planification, il ne l'est plus quand il parvient au consommateur vingt-quatre ou trente-six mois plus tard. Les informations remontant des commerçants parviennent trop tard pour affecter les produits de remplacement, alors que les produits qui se vendent mal restent trop longtemps sur le marché.

- Notre processus de planification et de décision s'avère fréquemment trop restrictif. Il omet de prendre en compte la multiplicité des canaux ou la spécificité de certains détaillants. Quand il ne les laisse pas de côté, il les intègre trop tard dans le processus, à un stade où nous n'avons plus beaucoup de choix.
- Souvent, au stade du détail, les commandes arrivent en retard, certains produits ou marchandises manquent et le détaillant ou les vendeurs ne sont pas suffisamment formés pour les vendre ou les mettre en place efficacement.

L'argumentaire de ce fabricant de produits de grande consommation souligne ensuite les conséquences qu'aurait une absence de Reengineering :

- Le processus actuel est incapable de faire face à notre besoin croissant de rapidité et de précision. Au contraire, il est source de stress et de surcharge de travail pour le personnel, de bousculades de dernière minute, de traitements en exception de plus en plus fréquents et de grincements dans nos systèmes. Notre processus actuel coûte à l'entreprise des millions de dollars en heures supplémentaires, en frais inutiles, en livraisons hors délais et en dégradation de nos relations avec les détaillants.
- Nous nous focalisons souvent sur notre rendement et non sur les besoins du marché et nos performances commerciales. Nous avons utilisé les technologies pour améliorer ce que nous faisons, mais les résultats ont été maigres. Nous avons mesuré notre réussite d'après nos performances internes et non d'après les critères de nos détaillants.
- Il ne nous suffira pas de travailler plus vite et plus efficacement dans le cadre de nos processus existants pour atteindre l'objectif consistant à améliorer de façon spectaculaire notre performance au niveau du détail.

- Nous demeurons très rentables aujourd'hui, mais si nous tardons à entreprendre une action corrective de grande ampleur, notre réussite se trouvera menacée. Sans un changement majeur, nous sommes voués à l'échec.

L'appel à l'action de cette société, précisons-le, a débouché sur un effort de Reengineering vaste et efficace.

Le message global que les dirigeants doivent faire passer dans l'organisation pour mettre en train un Reengineering contient, avons-nous dit, deux composantes. La première est la partie « il faut changer » – l'appel à l'action ; la seconde est la partie « où va-t-on » – la vision.

L'appel à l'action dépeint dans ses grandes lignes le problème opérationnel de l'entreprise. « Il faut faire quelque chose pour changer », dit-il. Quant à la vision, elle dit : « Voilà ce que nous voulons devenir » ; elle montre à quoi aboutira l'effort de Reengineering.

Le définition de la vision, qu'on lui donne ce nom-là ou un autre, est le moyen par lequel les dirigeants d'une entreprise donnent une idée de ce vers quoi il faut tendre. Elle décrit la façon dont l'entreprise va fonctionner et esquisse le type de résultat à atteindre. C'est une déclaration qualitative et quantitative que l'entreprise peut utiliser à de nombreuses reprises avant et pendant le Reengineering, comme un rappel des objectifs de ce dernier, comme un étalon de mesure des progrès réalisés et comme un aiguillon pour soutenir l'action en cours.

Créer la vision d'une organisation reconfigurée demande un certain talent, car c'est une image sans beaucoup de détails. Quand une société fait ses premiers pas vers le Reengineering, personne ne sait exactement où elle va ; personne ne sait vraiment ce qu'elle deviendra au juste ; personne ne sait même vraiment quels aspects de l'entreprise actuelle vont changer, sans même parler de savoir comment. La vision est ce à quoi l'entreprise croit qu'elle veut parvenir en définitive, et une vision bien dessinée soutiendra sa résolution face aux difficultés du processus de Reengineering.

La vision peut faire office de drapeau auquel on ralliera les troupes si leur moral commence à faiblir. « N'oubliez pas comme ce sera bien quand nous y arriverons » leur dit le drapeau. La vision assure aussi une focalisation permanente. Il rappelle constamment aux gens ce que l'entreprise s'efforce de changer. A défaut, les gens auraient vite fait de se disperser et de penser à autre chose. Dans toute entreprise, il y a en permanence d'innombrables procédures et détails d'organisation qui *pourraient* être modifiés. La vision rappelle à l'organisation quels processus doivent effectivement être travaillés.

Enfin, la vision offre un étalon de mesure pour évaluer l'avancement du Reengineering. Ce dernier ressemble-t-il dès à présent à sa vision ? S'il s'en rapproche, c'est qu'il progresse. Sinon, quelle que soit l'importance du travail consacré au Reengineering, il n'a pas permis d'accomplir le progrès sur lequel compte l'entreprise. Brandissant la vision, le leader peut dire : « Voilà ce que nous avons choisi de devenir d'un commun accord. Regardez autour de vous. Est-ce que nous y sommes arrivés ? Est-ce que nous en sommes proches ? » La vision est un utile aiguillon. Lorsqu'elle est vraiment puissante, elle joue un rôle moteur.

Lors de nos travaux avec des entreprises qui ont reconfiguré leurs processus, nous avons établi des projets d'entreprise en utilisant des moyens efficaces quoique sans grande originalité. Par exemple, la PAO permet facilement d'imiter l'article qu'un grand journal économique pourrait publier sur l'entreprise dans cinq ans. Il dira par exemple qu'elle a réalisé des bénéfices records, qu'elle s'est propulsée au premier rang de son secteur en raccourcissant de façon spectaculaire le cycle de développement de ses produits. Il décrira l'ambiance qui règne dans l'entreprise et rapportera l'opinion des clients et des salariés sur les changements intervenus. Ce genre de truc parle à l'imagination des salariés. « Oui, se disent-il, ça nous plairait. » Eh ! bien, pourra dire le leader, puisque nous en rêvons, voici ce qu'il faut faire pour y arriver.

Utilisés simultanément, l'appel à l'action et la vision agissent comme un coin et un aimant. Pour amener les gens à évoluer dans le sens voulu, deux actions sont nécessaires. D'abord, il faut les faire bouger, et pour cela enfoncer un coin – l'appel à l'action. Ensuite, il faut les attirer vers une autre façon de voir. C'est le rôle de l'aimant – la vision.

La définition de la vision n'a pas besoin d'être longue, mais elle doit être forte. Trop de projets ont tendance à être vides et simplistes, ils ne donnent aucune indication sur ce que la société doit faire pour les accomplir. « Nous voulons occuper la première place dans notre secteur », « Nous voulons devenir le premier fabricant de gadgets » ou « Nous voulons être le fournisseur privilégié de nos clients », ce sont là des souhaits estimables, mais ce ne sont pas des visions utiles. Des proclamations de ce genre sont souvent le produit de quelque séminaire résidentiel – de ces occasions où les dirigeants d'une entreprise font retraite, proclament qu'ils vont réexaminer leurs orientations et rédigent ce qu'ils appellent une définition de la vision. Si bien intentionnés soient-elles, de telles proclamations sont dépourvues de signification véritable. Elles n'esquissent pas concrètement comment la société veut fonctionner, elles n'ont pas d'utilité vraie et tombent très vite aux oubliettes.

Une vision forte contient trois éléments qui manquent généralement aux projets issus d'un séminaire résidentiel. Premièrement, elle se concentre sur le métier de l'entreprise ; deuxièmement, elle comprend des objectifs mesurables et des instruments de mesure ; troisièmement, elle est vraiment puissante, elle transforme les bases de la concurrence dans le secteur.

L'une des meilleures et des plus simples visions que nous puissions donner en exemple est celle exprimée par Federal Express à ses origines : « Nous livrerons les colis le lendemain avant 10 h 30 ». Une telle déclaration parle du métier (nous livrerons les colis), elle comprend des objectifs mesurables (avant 10 h 30) et elle a transformé les bases de la concurrence dans son secteur (les délais de livraison longs et imprévisibles ont cédé la place à la livraison garantie sous 24 heures). La définition de la vision de Federal Express disait aux salariés de la société qu'il leur fallait aménager leur travail de façon à atteindre cet objectif.

Les projets d'entreprise peuvent être beaucoup plus longs sans perdre de leur force pour autant, comme le montrent les exemples ci-dessous : ils vont droit à l'essentiel, ils évitent les platitudes et ils comprennent les trois éléments précités. Pour commencer, voici la vision choisie par un laboratoire pharmaceutique pour son processus de développement dans sa forme résultant du Reengineering.

VISION
LABORATOIRE PHARMACEUTIQUE

- Nous sommes l'un des leaders mondiaux dans le développement de médicaments.
  - Nous avons réduit de six mois en moyenne le délai nécessaire pour mettre au point et faire breveter un nouveau médicament.
  - Nous sommes un leader reconnu pour la qualité de nos demandes d'autorisation de mise sur le marché.
  - Nous avons tiré de notre portefeuille de développement tout son potentiel bénéficiaire .

- Nous avons créé parmi nos unités opérationnelles une organisation mondiale de recherche et développement dotée de structures et de systèmes de gestion qui nous permettent de mobiliser nos moyens de développement collectifs avec rapidité et souplesse.
  - Nous avons instauré pour le développement de nos produits, sur tous nos sites, des processus uniformes et plus disciplinés de planification, de prise de décision et de mise en oeuvre.
  - Nos méthodes de travail et de gestion à tous les niveaux et sur tous les sites de R&D s'appuient sur des outils innovants, exploitant une technologie avancée.
  - Nous avons mis au point et instauré au plan mondial une architecture informatique commune.

Le fabricant de produits de grande consommation dont nous avons examiné plus haut l'appel à l'action a aussi rédigé un projet décrivant son état futur.

VISION
FABRICANT DE PRODUITS DE GRANDE CONSOMMATION

- Travaillant au contact du marché, nous insufflons une vie nouvelle à tout notre processus de développement de produit. Quand nous établissons des plans, quand nous prenons des décisions, quand nous fabriquons des produits, quand nous lançons des programmes, nous le faisons avec un sentiment d'instantanéité. Nos salariés aiment à voir dans les magasins des produits sur lesquels ils travaillaient quelques semaines ou quelques mois plus tôt, et non des années auparavant.

- Nous sommes plus attentifs au marché, grâce à nos programmes totalement intégrés qui ne prévoient jamais de délais de mise sur le marché supérieurs à un an. Nous nous laissons guider par les besoins de notre marché, et nous mesurons notre réussite à notre performance auprès de la distribution – chiffre d'affaires au détail, rentabilité au détail, service au détail, exécution au détail.

- Des équipes inter-divisions travaillant ensemble accélèrent le processus de planification du développement. Toutes les divisions ont les mêmes priorités, car nous concentrons nos efforts sur les programmes qui font avancer les choses. Nous fixons des objectifs clairs et les études de marché nous disent immédiatement dans quelle mesure nous les avons atteints.

- La jeunesse de notre catalogue et la cohérence de nos actions de présentation et de mise en place assurent à nos détaillants un avantage sur la concurrence. Notre organisation de terrain et nos représentants maîtrisent parfaitement les stratégies et processus de mise en oeuvre de nos programmes, si bien qu'ils peuvent vendre à leurs clients en toute connaissance de cause et avec enthousiasme.

- Nos détaillants sont conscients du caractère novateur et ambitieux de nos programmes, et ils voient ce qu'ils leur apportent. Ils constatent tout de suite un effet sur leur chiffre d'affaires et leur bénéfice. Nos produits leur parviennent en bon état, dans les délais et sous un emballage facilitant leur enregistrement et leur exposition en linéaire. Les animateurs de vente disposent de la formation et des outils nécessaires. Nous entretenons avec les détaillants des liens étroits de partenariat : nous poursuivons les mêmes objectifs et mesurons notre réussite de la même façon.

Nous avons dit que le premier pas vers le Reengineering était de rédiger et de diffuser l'appel à l'action. Définir et faire connaître ces messages clés relève de la responsabilité personnelle du leader. Seule une personnalité possédant le niveau et l'influence du leader est en mesure de définir et de diffuser ces arguments critiques.

L'équipe de direction – les pairs du leader ou ses subordonnés directs – forment le premier auditoire de ces messages. Et ils ne sont pas faciles à entendre pour ces personnes, puisqu'on leur déclare que l'organisation qu'ils dirigent doit changer profondément. Seul un dirigeant haut placé est assez crédible et assez influent pour formuler ce genre de proposition. Un agent extérieur – un consultant – peut lui venir en aide à ce stade : dépourvu de biais et d'intérêt particulier, il peut faire figure de tiers objectif. Dire à des cadres supérieurs que leur entreprise est en mauvais état revient pratiquement à leur dire qu'ils sont eux-mêmes en mauvais état, aussi faut-il faire preuve de diplomatie et de crédibilité pour leur présenter l'appel à l'action.

Une fois ces messages assimilés par les cadres supérieurs, le reste de l'organisation doit être informé à son tour. L'appel à l'action et la définition de la vision sont les premières salves d'une offensive de communication destinée à mobiliser toute l'organisation dans une campagne pour le Reengineering.

Dans les quatre prochains chapitres, nous verrons comment quatre sociétés très différentes ont réussi à lancer et à soutenir de fructueux efforts de Reengineering.

10

LE TÉMOIGNAGE D'UNE ENTREPRISE – HALLMARK

Toute entreprise est unique. On n'en trouvera donc pas deux pour aborder le Reengineering de la même manière. Nous sommes toujours étonnés d'observer l'ingéniosité et l'imagination déployées dans leurs travaux de Reengineering par des personnes d'entreprises différentes. Un seul élément est absolument essentiel dans tous les cas : le Reengineering doit s'attaquer à un processus et non à une fonction. Si ce commandement est respecté, pratiquement tout le reste se réduira à de la technique – façon de dire que vous jugerez *bon* ce qui marchera pour vous et *mauvais* ce qui ne marchera pas.

Il nous semble donc que la meilleure façon de conclure ce livre est de faire partager au lecteur l'expérience de quelques pionniers du Reengineering, qui ont mené à bien un programme ou qui en vivent actuellement les affres dans leur entreprise. Ces quatre cas, présentés dans les propres termes de leurs acteurs, contiennent un message susceptible de vous encourager et peut-être de vous inspirer, même si le contexte de votre entreprise est différent. Ils montrent que des individus en chair et en os, dans des entreprises réelles, peuvent produire des résultats extraordinaires en appliquant les principes énoncés plus haut. Ces récits sont la transcription d'entretiens que nous avons eus avec les personnes à qui nous donnons la parole. A peine avons-nous modifié certains de leurs propos pour plus de concision ou de clarté.

Commençons par l'expérience de Robert L. Stark, de Hallmark Cards, Inc., qui est en un sens la plus frappante. De nos quatre entreprises, Hallmark était la seule bien portante quand elle décida de se reconfigurer – non pas pour faire face à une menace qui aurait pesé sur son existence mais dans un effort délibéré pour s'en prémunir durablement. Le Reengineering de Hallmark visait à assurer sa prééminence sur la concurrence.

Hallmark Cards, Inc. domine l'industrie américaine des cartes de voeux et la concurrence étrangère la menace peu. Pourtant, cette société de Kansas City, fondée voici quatre-vingt-trois ans, est en train de reconfigurer son fonctionnement dans presque tous ses aspects, avec pour objectif une réduction spectaculaire du temps qui sépare la détection d'un nouveau besoin du marché et l'arrivée de la carte correspondante sur les présentoirs des détaillants. L'une des principales difficultés que dut relever Bob Stark, président du Personal Communication Group (PCG) de la société, fut de décider Hallmark à se reconfigurer en dehors de toute crise. « Il est bien plus facile de rallier vos troupes face à un danger présent et manifeste », relève-t-il. Ce qui ne l'a pourtant pas empêché de convaincre les cadres de Hallmark de l'intérêt du Reengineering.

Stark n'a rien d'un excité. Entré chez Hallmark en 1958, il a progressé peu à peu dans la hiérarchie. En 1984, il a été nommé à la tête de l'activité principale de la société, aujourd'hui désignée par le sigle PCG, qui couvre les marques Hallmark et Ambassador ainsi que Binney & Smith, la filiale de Hallmark qui fabrique les pastels Crayola. Il est devenu président en 1988. Dès cette époque, le marché des cartes de voeux connaissait une évolution rapide. Voici son récit.

Nos marchés et nos canaux de distribution ont pendant longtemps été raisonnablement homogènes. Mais, dans les années 80, les consommateurs ont commencé à se fragmenter en de multiples groupes ; simultanément, nos canaux de distribution se développaient. Nos onze mille et quelques détaillants spécialisés durent faire face à une élévation de leurs loyers, en centre ville comme dans les galeries commerciales, ce qui veut dire qu'ils durent faire tourner plus vite davantage de produits. Les grands détaillants comme Wal-Mart et K Mart demandaient aussi à notre division Ambassador des produits sur mesure et des programmes de marketing pour chacun de leurs magasins, qui se comptaient par milliers.

Dès 1989, nous avons constaté une énorme prolifération des produits de notre gamme – due au fait que nous nous attachions à occuper des créneaux de plus en plus étroits. Le nombre de nos références augmentait bien plus vite que notre chiffre d'affaires. Nos tirages moyens diminuaient, ce qui a transformé l'économie de notre métier.

Une grande presse à imprimer, à emporter ou à gaufrer nécessite beaucoup de temps de « calage » – pour préparer la machine, installer les matrices, etc. Autrefois, un ratio de huit heures de préparatifs pour vingt à vingt-quatre heures de tirage était considéré comme normal. Avec des tirages qui ne duraient plus que huit heures, alors que le calage demandait toujours le même temps, notre situation se déséquilibrait gravement, avec toutes sortes de conséquences sur nos prix de revient et nos financements.

Imaginez que vos capacités de production deviennent tout à coup insuffisantes. Pour un même nombre total d'unités produites, il vous faut davantage de machines. Une grande presse peut coûter près d'un million de dollars ; si vous devez en avoir d'un seul coup vingt ou trente de plus, vos immobilisations augmentent sensiblement. Très tôt, nous nous sommes dit que nous ne pourrions supporter un tel rapport entre le temps de calage et le temps de tirage.

Nous savions en outre que le problème ne ferait qu'empirer. Pour préserver notre rythme de croissance, nous devions éditer des gammes de cartes et autres produits de plus en plus variées, destinées à des segments de marchés de plus en plus nombreux, avec des programmes de marketing et de promotion adaptés à nos différents canaux. De plus, quand les segments de marchés sont moins homogènes, votre vitesse de réaction doit augmenter, ce qui signifie que vous avez moins de temps pour déterminer la rentabilité des produits. Mais si votre offre de produits s'élargit à ce point, les données antérieures, d'après lesquelles vous établissez vos prévisions de vente, perdent de leur validité. Aussi nous fallait-il de nouveaux outils de prévision pour de nouveaux segments, et une remontée d'information plus rapide de la part des détaillants.

En février 1989, j'ai réuni quarante cadres supérieurs pour examiner la question. La réunion ne devait pas être un simple échange de vues. Nous savions que nous devrions parler de nos *processus* opérationnels – de ce que nous faisions bien et de ce que nous faisions moins bien. Là où nous pensions ne pas être bons, nous voulions imaginer l'avenir à la lumière de nos préoccupations sur la prolifération des stocks, les mouvements au niveau de la distribution, etc.

Il était clair pour nous qu'il y avait un grand écart entre le fonctionnement de la société et l'objectif à atteindre. Entre la naissance d'une idée et le lancement d'une nouvelle gamme de cartes de voeux, il nous fallait deux ou trois ans. Les quelque cinquante mille modifications de nos stocks de motifs, de caractères ou d'imprimés dénombrées chaque année nous coûtaient cher. Une fois les produits en présentoirs, les chiffres des ventes nous parvenaient trop tard – au bout de plusieurs mois quelquefois – pour que nous puissions faire un retirage des modèles qui se vendaient bien, éliminer ceux qui se vendaient mal et préparer de nouvelles gammes. Dans notre métier, la fenêtre d'opportunité est souvent très étroite. Pour de grands événements comme la saint-Valentin, par exemple, la période de pointe ne dure que quelques jours.

Nous nous sommes dit aussi qu'il ne suffirait pas de faire un peu mieux chaque année. Depuis un certain temps, nous nous efforcions d'améliorer notre société, qui gardait une orientation fonctionnelle. Mais pour parvenir à de réelles avancées et changer à la base notre façon de travailler, il fallait transformer toutes les fonctions. Cela supposait un niveau de concertation et de coopération supérieur à celui que nous connaissions jusque-là.

Ma conviction et celle des membres de notre comité opérationnel était que l'avenir ne ressemblerait pas au passé, que les solutions d'antan allaient devenir inopérantes. Il ne suffirait plus d'introduire des perfectionnements progressifs en s'attaquant successivement aux différentes tâches des départements. Seul un changement radical dans notre façon de travailler pourrait résoudre nos problèmes.

Il nous fallait définir clairement ce que nous devions réaliser et fixer nos priorités opérationnelles. Il nous fallait aussi faire comprendre nos intentions afin de rallier tout le monde. Au début, les gens ont du mal à appréhender l'idée du Reengineering. Une fois qu'ils y sont parvenus et qu'ils voient quelque chose de tangible, ils manifestent un réel enthousiasme. Mais telles que vont les choses, vous avez l'impression que vous ne pourrez jamais obtenir que tous voient les problèmes de la même manière.

Il était évident dès le départ que l'effort devrait concerner toute l'entreprise, car il supposait un travail d'équipe trans-divisionnel d'une ampleur jusqu'alors inconnue chez nous. Personnellement, il me fallut un peu de temps pour comprendre pleinement la portée d'un Reengineering général de nos processus opérationnels de base. Il ne suffit pas de prononcer cette expression pour comprendre ce qu'elle signifie.

Nous voulions apporter des transformations profondes au fonctionnement de Hallmark : au travail en commun de nos artistes, éditeurs et autres personnels de création pour imaginer de nouveaux produits ; à la collecte des données et leur utilisation pour améliorer les campagnes de réassortiment, de marketing et de promotion ; à la gestion de la production graphique et des frais d'impression face à la prolifération de nos produits ; aux réponses apportées aux besoins toujours renouvelés des grands distributeurs. Pour souligner l'ampleur des changements, la transformation de la société que nous nous apprêtions à entreprendre fut dénommée « Le Voyage ».

Le comité opérationnel et moi-même avons passé beaucoup de temps à tenter de comprendre les questions que nous devions traiter. Puis nous avons dû relever le défi de la communication pour faire comprendre nos intentions à des milliers de gens. Il nous fallait commencer par définir les termes, établir un vocabulaire et prendre le temps de définir très clairement les problèmes.

Nous nous sommes aperçus qu'il nous fallait codifier et coucher sur le papier nos convictions, nos valeurs et nos buts stratégiques ainsi que leurs rapports avec nos priorités opérationnelles. Ce que nous faisions était en fait directement lié à l'amélioration de notre performance sur le marché. C'était un défi formidable que de relier tous ces éléments les uns aux autres pour les rendre compréhensibles par tous. Ce fut vraiment une épreuve importante.

Puis, avant de pouvoir changer quoi que ce soit au flux des tâches et à l'organigramme, il nous a fallu définir et faire connaître ce qui *ne changerait pas* : nos valeurs et nos convictions essentielles. Hallmark est connu à Kansas City pour ses oeuvres de bienfaisance et sa stabilité. Nous sommes considérés comme un pilier de la vie économique locale. Nos salariés s'inquiétaient à l'idée que le Reengineering allait transformer le socle sur lequel reposait l'activité, et ils risquaient de penser que nous abandonnions notre patrimoine si nous renoncions aux fondements que représentaient ces convictions et ces valeurs.

Nous nous sommes dit que la seule personne capable de bien faire passer nos valeurs et nos convictions était Donald J. Hall, président du conseil d'administration de la société et fils du fondateur. Don formula donc cinq convictions et quatre valeurs directrices. Il fallut plusieurs mois pour les présenter à la totalité des 22 000 salariés de Hallmark, lors de rencontres individuelles ou à l'aide de réunions, d'articles dans le journal interne de la société et de vidéos mettant en scène Don Hall, le directeur général Irvine Hockaday et d'autres cadres supérieurs. Après avoir assimilé ce message, tous savaient que la transformation de notre capacité à atteindre le marché ne modifierait pas nos convictions et nos valeurs. Cela fut pour nous un premier pas capital vers le déclenchement d'une démarche de changement centrée sur les résultats.

Au début, nous avons également eu un peu de mal à comprendre la différence entre amélioration progressive et Reengineering. Certains utilisaient les deux termes indifféremment. Nous nous sommes vite aperçus de ce problème en voyant l'air perplexe d'une partie de nos auditoires. Mener à bien un Reengineering suppose des qualités différentes de celles que la plupart d'entre nous déployaient jusqu'alors. Nous devions obtenir des cadres supérieurs du groupe qu'ils acceptent de consacrer du temps au Reengineering. Nous nous sommes vite rendu compte que cela n'était pas l'affaire de quinze ou vingt minutes par jour. Ce n'est pas quelque chose qu'on peut accomplir par à-coups ou en assistant à une réunion deux fois par mois.

Le comité opérationnel a admis l'importance des moyens humains et des efforts nécessaires, ce dont je suis assez fier et satisfait. Nous sommes tombés d'accord sur le fait que le Reengineering avait assez d'importance pour que nous y consacrions – nous et nos équipes – tout le temps et l'énergie voulus. Nous devions formuler nos priorités, nous mettre d'accord sur elles et agir en conséquence.

Mais ce n'est rien de le dire. Les choses sérieuses commencent quand vous devez désigner ceux qui participeront aux opérations. Je dois dire que les responsables déléguèrent certains de nos éléments les meilleurs et les plus brillants. Cela démontra clairement à l'entreprise que nous prenions l'opération au sérieux.

Dès avril 1990, l'entreprise a défini ses priorités. Nous avons choisi une série d'objectifs clairs. Nous voulions lancer nos nouveaux produits sur le marché en moins d'un an, offrir des produits et des programmes promotionnels qui plairaient régulièrement aux détaillants comme aux acheteurs, et réduire les prix de revient tout en améliorant sans cesse la qualité. Tout cela a conduit à une amélioration spectaculaire des ventes au détail pour les magasins spécialisés, grands magasins, chaînes de supermarchés et autres points de vente des produits Hallmark et Ambassador.

La définition des priorités de l'entreprise fit beaucoup d'effet. La partie la plus forte du « Voyage » montre explicitement comment les processus doivent changer et comment le changement est mû par un but commun d'amélioration des performances au niveau du détail. Ainsi, tout le monde peut participer.

Cela ne veut pas dire qu'il n'y a pas eu d'obstacles à surmonter pour faire changer notre organisation : la nature humaine est ainsi faite qu'on est d'accord pour le changement tant que ce sont les autres qui le subissent. Mais parler du changement dans l'abstrait et changer sensiblement sa propre façon de faire son travail sont deux choses différentes. Nous avions besoin de démontrer la viabilité de certaines de nos idées et d'obtenir des succès significatifs. Il fallait pour cela choisir soigneusement nos projets pilotes. Ils devaient être crédibles et reproductibles dans d'autres domaines de l'entreprise. L'amélioration devait être de grande ampleur – de celles qu'on ne peut obtenir par des améliorations progressives.

Voilà l'une des choses que vous devez surmonter dès le début – l'idée qu'il s'agit simplement d'un programme d'amélioration de la productivité, que « tout ce qu'on veut en fait c'est me faire travailler plus ». Vous devez bien faire savoir que votre objectif est que chacun travaille mieux, et non davantage. Une fois nos priorités expliquées, nos salariés ont accepté les raisons et l'orientation des changements nécessaires.

Après cette étape, nous avons regroupé une centaine de personnes en neuf équipes chargées de traiter une série de « points de levier » – parties essentielles de l'entreprise que nous devions transformer. Plusieurs mois plus tard, les équipes ont présenté aux cinq personnes du comité opérationnel de Hallmark une centaine de recommandations pour le Reengineering des processus opérationnels. Le comité a donné son accord pour un premier groupe d'une douzaine de concepts, à valider dans la phase initiale des projets pilotes.

Dès le début, nous pensions tous que les technologies de l'information seraient un ingrédient essentiel de notre initiative. Mais c'était un acte de foi. Nous ne saisissions pas ce qu'elles pouvaient apporter à nos processus de fonctionnement. Comme la plupart des Occidentaux, nous tenions pour acquis qu'il vaut mieux plus d'information que moins. Mais au début nous n'avions guère d'idées précises sur ce que l'informatique signifiait pour l'entreprise ni sur les domaines où elle pourrait produire le plus d'effet.

Les choses sont devenues plus précises quand on nous a recommandé d'améliorer la remontée des statistiques des ventes depuis les magasins spécialisés Hallmark vers le siège. Deux cent cinquante magasins indépendants sous l'enseigne Hallmark ont alors été équipés de terminaux point de vente capables de saisir des informations sur chaque opération à l'aide de codes-barres. Depuis octobre 1991, nous obtenons des informations presque instantanées sur ce qui se vend.

L'étape suivante visa à rendre compréhensible pour notre encadrement le torrent de données obtenu. Cinq autres groupes composé de gens des services de recherche et de l'informatique furent constitués afin de produire des systèmes d' »aide à la décision » – des programmes informatiques utilisables par les principaux dirigeants pour interpréter à l'aide de graphiques les tendances des ventes en magasin.

Nous pressentons tous que ces informations commerciales seront la nouvelle sève de Hallmark. Savoir exactement ce qui s'est vendu hier, où les ventes ont eu lieu, ce qui a été vendu avec, à quelle heure les ventes ont eu lieu et de quel étalage elles provenaient, cela entraînera des modifications spectaculaires et excitantes de notre métier.

Bien que nous commencions seulement à exploiter les données provenant des magasins, il nous semble qu'elles ont déjà eu un effet sensible en confirmant de façon éclatante certaines de nos intuitions sur le fonctionnement des points de vente. Nous nous sommes par exemple aperçus que pendant la période de Noël ils devraient offrir une gamme encore plus étendue de cadeaux. Nous avons aussi mesuré les effets sur les ventes de la juxtaposition de certains produits.

Dans le passé, nous n'aurions que très prudemment proposé à nos détaillants des changements importants de produits et de présentation. Nous aurions pu attendre peut-être vingt-quatre mois avant de dire quoi que ce soit. Mais, à présent, quand nous disons aux commerçants ce qui marche et ce qui ne marche pas, nous le faisons à partir d'informations sur les ventes au détail et non sur les ventes en gros.

La possibilité de déterminer plus rapidement et plus précisément les effets de l'aménagement d'un magasin ou ceux d'une campagne de publicité transformera notre marketing et notre merchandising. Si une ligne de produits peut se vendre sans présentoirs somptueux, l'argent économisé pourra aller à quelque chose de plus efficace.

Un autre point que nous avons dû faire connaître pendant le « Voyage » est que le temps c'est vraiment de l'argent et que gagner du temps est dans doute la meilleure façon d'économiser de l'argent. Cela a réellement été un progrès considérable pour nous ; nous ignorions à quel point les temps morts nuisaient à l'efficacité de notre système. On ne s'en était jamais inquiété jusque-là. Il faut toujours du temps pour refaire les choses si on ne les fait pas correctement du premier coup.

Par exemple, la longueur de notre cycle de développement de produit ne tenait pas aux délais d'impression et de production. Les deux tiers du cycle étaient en fait consacrés à la mise au point du plan et du concept ainsi qu'aux travaux de création.

Notre société possède l'équipe de création la plus nombreuse du monde – sept cents artistes et rédacteurs qui créent plus de vingt-trois mille modèles de produits chaque année. Le processus allant de la détection d'un besoin du marché au lancement d'une nouvelle ligne de produits était largement séquentiel. Il exigeait de nombreuses réunions, quantité de modifications des textes et dessins ainsi que des approbations et des allers et retours innombrables, le tout visant à assurer la perfection du produit. Une étude a montré qu'entre le moment où un concept parvenait à l'équipe de création et celui où il arrivait à l'imprimerie, il y avait vingt-cinq passages de témoin. Et pendant 90 % du temps, le travail attendait dans la corbeille du courrier de l'un ou l'autre.

A l'été 1991, nous avons développé une nouvelle ligne de cartes d'une façon entièrement différente. Nous avons regroupé des gens que tout séparait jusqu'alors – disciplines, départements, étages, bâtiments même – pour réduire les temps d'attente, stimuler la créativité et rompre le cycle du « passe-à-ton-voisin-c'est-lui-que-ça-regarde ».

Ces expériences d'équipes intégrées ont tellement bien fonctionné que la moitié de la gamme est arrivée dans les magasins dès le mois de septembre, avec huit mois d'avance sur le programme. L'autre moitié est passée en marché test au printemps. Ces réussites initiales des nouvelles modalités de développement nous ont encouragés au point que nous avons décidé de travailler sur nos produits saisonniers (environ 40 % de notre activité) en réduisant à moins d'un an le cycle de développement.

Nous pensons que si les équipes ont bien fonctionné c'est parce que leur existence motive les gens et instaure des liens de communication directs. De plus, voir son travail parvenir plus vite à sa forme finale est sans doute ce qu'il y a de plus gratifiant pour un artiste ou un rédacteur. La récompense est immédiate.

Nous avons aussi modifié le processus de révision. Dans la vieille routine, un comité de direction examinait périodiquement le travail des artistes et des éditeurs. Aujourd'hui, les équipes intégrées vérifient elles-mêmes leur travail. Connaissant dès le début les orientations de la direction et sachant que celle-ci verra leur travail à la fin, elles n'ont pas besoin de vérifications intermédiaires. Il s'ensuit que le processus va bien plus vite et que notre produit est meilleur.

La poursuite du « Voyage » nous réserve encore bien des difficultés à surmonter. Notamment celle de son acceptation. Avec l'accélération des processus, nos salariés doivent être bien conscients que nous ne leur demandons pas de baisser la qualité des produits. Nous voulons qu'ils apportent encore plus de valeur au consommateur. Mais cela ne va pas nécessairement de pair avec une augmentation des coûts.

Il y a aussi un défi technologique. Du fait du changement des processus opérationnels, nous aurons besoin de systèmes d'information plus perfectionnés, tels les terminaux point de vente installés dans les magasins Hallmark. Les informations recueillies au stade du détail proviennent aussi de la grande distribution, à laquelle est destinée la marque Ambassador. Pour assurer la prise en charge de ces aspects technologiques, toutes les équipes chargées de programmes pilotes de remodelage des processus comprennent des informaticiens.

Ce qu'il y a de passionnant dans ce processus, c'est qu'il représente une occasion unique dans une vie. Nous bâtissons les moyens organisationnels qui permettront aux salariés de Hallmark de réagir vite et efficacement à un changement continuel et imprévisible.

Nous ne reviendrons pas à nos vieilles méthodes de travail. Surtout, je crois que tous les participants se rendent compte que ce processus est sans fin, que nous avons adopté une nouvelle façon de faire notre métier.

Au début, quand je discutais avec les salariés de tous les changements mis en oeuvre, ils me posaient des questions du genre : « Quand les choses reviendront-elles à la normale ? » Je leur répondais : « Elles sont normales. » Vitesse et changement sont la nouvelle norme. On ne me pose plus de telles questions à présent.

Je voudrais souligner une chose : Nous avons admis assez tôt que la démarche allait de haut en bas, qu'elle ne pourrait atteindre d'elle-même une masse critique ni venir de la base. Cela serait possible pour des améliorations progressives – elles proviennent d'une unité et atteignent une masse critique par leur propre mouvement. Nous savions qu'en raison de sa nature trans-divisionnelle et trans-fonctionnelle, cette initiative devait venir d'en haut.

Quand vous lancez quelque chose à partir du sommet, vous devez expliquer clairement à tout le monde pourquoi il en est ainsi. C'est à cause de cela que nous avons commencé par les convictions et les valeurs de notre organisation, avant d'exposer notre vision et de la relier à nos priorités pour que tout le monde travaille en visant le même objectif.

Il est crucial de faire comprendre aux gens que les objectifs de leur unité fonctionnelle, tout en paraissant valides, ne respectent pas forcément les priorités globales de l'entreprise. Nous avons dû faire preuve de persuasion.

Si vous parvenez à vous mettre d'accord sur les priorités de l'entreprise et à mobiliser autour d'elle les énergies de votre personnel, des choses étonnantes peuvent se produire. Le jour où tous les membres de l'organisation se sentent responsables de son succès et savent en quoi ils y contribuent, vous êtes parvenu à les rendre autonomes.

Voici quelques mois, je me trouvais au Japon où je n'étais pas allé depuis plusieurs années. Une fois sur place, on discerne clairement ce qui donne aux Japonais une telle force face à la concurrence : tout ce pays regarde dans la même direction. Ils savent qu'ils mènent une bataille économique et ils veulent la gagner. Leur société est homogène et marche tout entière sous la même bannière. Tous ceux à qui vous parlez savent où vont leur entreprise et leur pays. Ils tirent tous dans le même sens, et c'est une force énorme.

A cet égard, la culture en vigueur chez Hallmark a été pour nous une grande chance. Nous avions déterminé dès le départ que notre intention était au fond de conférer un libre-arbitre à nos collaborateurs, pour qu'ils fassent de leur mieux, pour offrir un environnement de travail efficace à tous les salariés quel que soit leur rôle. Nous voulions qu'ils aient la satisfaction de voir le résultat de leur travail. Nous voulions mettre à leur disposition les moyens et la motivation nécessaires.

L'une des choses qui me donnent le plus de satisfaction – je n'en ai pas assez souvent l'occasion, hélas – est de visiter nos sites de production. J'aime parler avec les gens qui réalisent. Il suffit d'écouter les salariés des ateliers parler de ce qu'ils font, des équipes auxquelles ils sont attachés, des cellules de travail dont ils font partie. Ils vous disent que le travail est devenu bien plus épanouissant. Vous en revenez satisfait de ce que vous avez vu et entendu.

La mise en œuvre des nouveaux processus se poursuit. L'allocation des ressources n'est pas le plus gros problème. Nous avons déjà annoncé que nous dégagerions les moyens nécessaires. Je soupçonne que pour les tirages le problème sera de tenir le rythme, car nous savons qu'avec le nouveau processus ils n'iront pas sans quelques incidents.

Je suis sûr qu'on s'inquiétera d'éventuels problèmes imprévus. Nous pensons avoir apprécié de notre mieux l'ampleur des risques encourus et les avantages dont nous bénéficions en contrepartie. S'il apparaît dans certains cas que nous avons sous-estimé les difficultés, les gens auront tendance à relâcher leur effort. C'est là que le leadership interviendra.

Nous mesurons tous l'importance des changements à venir, mais nous sommes convaincus que ce voyage vaut la peine. Personne ne reste de côté à se ronger les ongles et à glapir que nous courons au précipice. Et pourtant nous n'avons rien d'une bande d'illuminés qui s'imagineraient pouvoir réaliser l'impossible. Nous sommes parfaitement réalistes et nous avons confiance en ce que nous faisons. Quels que soient les défis, nous croyons pouvoir les relever.

Le récit que fait Bob Stark du Reengineering vécu par Hallmark met en évidence trois choses que les dirigeants négligent ou sous-estiment trop souvent. Il s'agit d'abord du besoin cardinal et constant de communiquer, communiquer encore et communiquer toujours, pour faire comprendre à tout le monde au sein de l'organisation les méthodes et les buts du Reengineering. Reengineering et processus ne sont pas des concepts faciles à appréhender. Les collaborateurs de tous niveaux doivent les avoir compris pour que le Reengineering puisse fonctionner. Cela est spécialement vrai de l'équipe de direction, qui pourrait aisément y faire obstacle quand il commence à mordre sur leur domaine et leurs prérogatives. Il est inutile de parler aux gens s'il n'entendent pas ou s'ils ne *comprennent* pas ce qu'ils entendent : voilà pourquoi le leader d'une initiative de Reengineering doit s'assurer fréquemment que le message qu'il émet et celui qui est reçu sont bien identiques.

En second lieu, le cas de Hallmark montre combien il est important d'obtenir non seulement l'accord des cadres supérieurs mais aussi leur implication et celle de leurs *meilleurs* collaborateurs.

En troisième lieu, Hallmark a fixé des objectifs clairs. M. Stark et les autres initiateurs du Reengineering n'avaient pas dit vouloir obtenir des résultats aussi bons que possible. Ils avaient dit : En moins d'un an, nous voulons faire ceci et cela. Dans le même temps, ils avaient bien réalisé que le Reengineering n'est pas une action complètement planifiée. Au début, Hallmark ne savait pas précisément ce qui allait se passer. On s'attendait à des problèmes imprévus, et il y en eut en effet.

Enfin, le cas montre que les dirigeants de Hallmark ne concevaient pas le Reengineering comme une opération ponctuelle. C'est un voyage sans fin, parce que le monde évolue sans cesse. Les processus qui ont déjà été reconfigurés devront un jour l'être à nouveau. Le Reengineering n'est pas un projet : il doit être un état d'esprit.

11

LE TÉMOIGNAGE D'UNE ENTREPRISE – TACO BELL

Taco Bell, filiale de PepsiCo, allait de plus en plus mal lorsque John E. Martin en fut nommé directeur général en 1983. Le problème de Martin ne fut pas de convaincre les gens qu'un Reengineering était nécessaire pour assurer l'avenir à long terme mais d'accomplir un changement assez radical et assez rapide pour sauver l'entreprise. Martin avait hérité de la direction d'une affaire qui devenait chaque jour moins forte et moins rentable. Voici comment il décrivait récemment les changements entrepris par lui chez Taco Bell.

Pour nous, le processus de Reengineering a été comme un voyage initiatique – un voyage que nous avons commencé voici près de dix ans et dont nous nous apercevons qu'il se poursuivra aussi longtemps que Taco Bell aura pour métier de servir des clients.

Tout au long de cette démarche, ce qui nous a le plus appris a été le constat le plus élémentaire – c'est-à-dire que tout commence avec la simple décision d'écouter notre client.

Quand j'en suis devenu le directeur général en 1983, Taco Bell ressemblait à n'importe quelle autre affaire de restauration rapide. Nous étions une organisation hiérarchisée de type « commande et contrôle » avec de multiples niveaux d'encadrement attachés surtout à surveiller les échelons inférieurs. Nous avions aussi tendance à donner la priorité aux processus, au sens ancien de ce terme, avec des manuels de procédures pour toute action – y compris, je ne plaisante pas, des manuels pour interpréter les autres manuels.

Comme nos concurrents, nous étions coincés dans le processus des procédures : nous nous efforcions de les élargir, de les améliorer et de les complexifier à peu près dans tous les domaines.

Si une chose était simple, nous la rendions compliquée. Si elle était difficile, nous nous arrangions pour la rendre impossible.

Nous agissions ainsi parce qu'avec tous nos échelons d'encadrement il fallait rendre les choses difficiles pour continuer à occuper tout le monde. Plus le système comprenait de commandes et de contrôles, plus il justifiait sa propre existence.

Malheureusement, dans nos efforts toujours plus grands pour microgérer le moindre aspect du fonctionnement d'un restaurant, nous étions à ce point occupés de nous-mêmes que nous avions oublié de nous poser une question essentielle : Qu'en pensent nos clients ?

Que leur importait que les managers adjoints des restaurants soient capables de monter et démonter les yeux bandés les douze pièces d'une friteuse ? Que leur importait qu'un professionnel du secteur rédige un manuel sur la question, sans oublier de décrire le bandeau à se mettre sur les yeux ? Que leur importait en définitive que nous fussions parvenus à faire d'un métier relativement simple comme la restauration rapide une science de haute volée, le tout en présupposant que c'était bon pour eux ?

Avant même de prendre mes fonctions de directeur général, je pressentais que nos clients se souciaient comme d'une guigne de nos systèmes élaborés. Ma nomination me donna la possibilité de le démontrer. Il faut se rappeler qu'à cette époque, au début des années 80, Taco Bell était une chaîne surtout régionale de restaurants mexico-américains qui avait assez bien réussi dans un créneau relativement étroit. En 1982, nous avions moins de 1500 restaurants et nous faisions au total 500 millions de dollars de chiffre d'affaires ; nos principaux concurrents, vendeurs de hamburgers pour la plupart, avaient des années-lumière d'avance.

Le monde du *fast-food* laissait Taco Bell sur place. Entre 1978, date à laquelle PepsiCo avait acquis Taco Bell, et 1982, notre chiffre d'affaires réel avait en fait diminué de 16 %, alors que le secteur dans son ensemble avait progressé de 6 %.

Nous reculions à grands pas.

Le problème était que Taco Bell ne savait pas vraiment ce qu'il voulait faire à l'époque. Notre premier soin fut donc de doter la société d'un projet. Comme nous n'avions pas d'endroit où aller, sinon vers le haut, nous avons choisi d'imaginer l'inimaginable et de présenter Taco Bell comme un géant de la restauration rapide – pas seulement le leader dans la catégorie des restaurants *tex-mex*, mais une force concurrentielle avec laquelle toutes les chaînes de restaurants, toutes catégories confondues, devraient compter.

Beaucoup de professionnels, y compris chez nous, pensèrent que notre nouveau projet faisait un peu plus que voir loin. On nous taxa souvent de vantardise. Mais Taco Bell n'avait pas d'autre choix que d'avancer ou de disparaître. La seule chose certaine, c'était que nous devions changer du tout au tout.

Quand je repense à présent à ce projet initial et aux transformations massives qui ont été nécessaires pour l'accomplir, je songe à ce que disait Robert Kennedy : « Le progrès est un mot qui sonne bien. Mais le progrès implique le changement, et le changement a des adversaires. » Ce qui veut dire qu'on ne peut aller du point A au point B sans rencontrer quelques problèmes.

Pour transformer Taco Bell, chaîne régionale de restaurants mexicains, en un grand nom de la restauration rapide, nous avons dû admettre que nos principaux ennemis étaient les idées pétries de traditions auxquelles beaucoup de nos salariés se cramponnaient.

A l'époque, les traditionalistes croyaient savoir ce que voulaient les clients sans même avoir à le leur demander : une décoration plus soignée, des cuisines plus vastes, des équipements plus complets, un personnel plus nombreux, des menus plus fournis, des espaces de jeu. Autrement dit, sans même interroger nos clients, nous supposions que ce qu'ils voulaient était plus gros, meilleur, plus complexe. Guidés par ces idées traditionnelles, nous proposions un service plus lent et plus coûteux.

Nous avons donc commencé par interroger nos clients ; ce que nous avons découvert était engageant. Il s'avéra qu'ils ne réclamaient aucune de ces choses plus grosses, meilleures ou plus étonnantes que nous voulions leur offrir. Leurs désirs étaient fort simples : ils voulaient de bons repas, servis rapidement et chauds, dans des locaux propres, à un prix abordable.

C'était tout. Tout le reste leur importait peu.

Cette étude de marché initiale devint notre bible. Elle nous aida à voir Taco Bell d'un oeil tout différent et à faire de la valeur apportée au consommateur l'élément clé de notre offre commerciale.

Quand un consommateur pénètre dans un restaurant, une grande partie du prix qu'il paye n'a rien à voir avec ce qu'il reçoit en réalité en échange. Certes, tout ce qui entre dans le prix de revient est important d'un point de vue économique. Mais qu'est-ce qui est important du point de vue du consommateur. Le personnel ou le loyer ont-ils de l'importance ? Non, sauf pour les actionnaires de PepsiCo.

Finalement, les seules catégories importantes pour les consommateurs sont les aliments et le papier, parce que c'est cela qu'ils reçoivent en échange de l'argent qu'ils nous donnent. Pourtant, curieusement, le pourcentage du prix payé qui va aux aliments et au papier – autrement dit le coût des biens vendus – a toujours été la variable que les chaînes se sont efforcées de réduire. Aujourd'hui encore, les restaurateurs se vantent de limiter à 25 ou 26 % le prix de revient des aliments et du papier, et de consacrer les économies réalisées au marketing, qui représente à peu près 8 % de l'addition payée par les consommateurs.

L'un de nos concurrents les plus connus consacre environ 1 milliard de dollars par an à ses dépenses de marketing. C'est le prix de revient de huit milliards de *burritos* aux haricots, soit de quoi distribuer gratuitement à chaque habitant de la planète un burritos et demi chaque année.

Nous avons donc décidé de rogner sur tout, y compris sur les budgets de marketing, à l'exception du coût des biens vendus. En offrant au consommateur quelque chose de mieux, pensions-nous, nous n'aurions peut-être pas besoin de dépenser autant pour les pousser à acheter nos produits.

Avec cette décision, nous avons déclenché un changement de paradigme d'où est parti tout notre processus de Reengineering.

Je ne saurais vous dire à quel point la transformation fut stimulante et libératrice pour notre société. En pensant complètement en dehors de la boîte, en admettant que nos vieilles méthodes étaient des dinosaures, nous avons libéré au sein de l'entreprise une puissance qui nous a valu un énorme succès et qui nous autorise en fait à envisager raisonnablement de devenir dans les dix ans la force dominante du secteur de la restauration rapide. Il y a de bonnes chances pour que notre vision initiale se réalise. Pas mal pour une petite chaîne de restaurants mexicains plutôt assoupie.

Comment cette puissance s'est-elle manifestée dans le processus de Reengineering ?

Elle a pris plusieurs formes – y compris une complète réorganisation de la gestion des ressources humaines et un remodelage spectaculaire de nos systèmes opérationnels visant à les rendre plus innovants et centrés sur le consommateur.

Au regard des normes traditionnelles de la restauration, le Reengineering de nos processus de gestion a été radical. Nous avons éliminé des niveaux entiers d'encadrement, redéfinissant au passage la quasi-totalité des emplois.

Nous avons par exemple éliminé l'échelon des « chefs de district », traditionnellement chargés de superviser la gestion de cinq ou six restaurants. En les éliminant, nous avons sensiblement modifié la description du poste des managers de restaurants, autrefois placés sous leur autorité.

Pour la première fois dans le secteur de la restauration rapide, nous avons chargé les managers des restaurants de faire tourner leur affaire sans l'aide – ni les entraves – d'un autre échelon de supervision. « C'est vous qui commandez à présent, leur avons-nous dit. Les résultats de votre unité en termes de chiffre d'affaires, de rentabilité et de satisfaction de la clientèle sont entre vos mains ; nous évaluerons vos résultats et nous fixerons votre rémunération d'après ces indicateurs très précis ». C'était une initiative sans précédent dans le secteur très hiérarchisé de la restauration rapide.

La réorganisation s'est avérée pénible pour certains managers, surtout pour ceux qui s'imaginaient encore que leurs capacités se mesuraient à leur adresse au montage de la friteuse les yeux bandés. Mais beaucoup de managers se sont adaptés immédiatement et sans difficulté. En fait, ils ont si bien réagi que nous avons fini par leur donner le titre de directeur général de restaurant. Car ils occupaient clairement un poste de direction générale, chacun d'eux étant responsable d'un chiffre d'affaires de 1 à 2 millions de dollars par an.

Au cours des années suivantes, nous avons assisté à un exode des managers traditionalistes. La plupart sont en fait allés occuper des postes d'encadrement chez nos concurrents, où la supervision d'une demi-douzaine de restaurants par un chef de secteur reste en général la norme.

Chez Taco Bell en revanche, la réorganisation a entraîné la création d'une catégorie de postes de superviseur entièrement nouvelle, celle des « chefs de marché ». Ce poste n'existe nulle part ailleurs dans la restauration.

En 1988, Taco Bell avait à peu près 350 chefs de secteur qui contrôlaient environ 1800 restaurants. A présent, nous avons seulement un peu plus de cent chefs de marché pour les quelque 2300 restaurants détenus par la société. Chaque chef de marché en supervise au moins vingt, et jusqu'à quarante parfois, ce qui représente, les habitués du secteur le savent, une responsabilité énorme.

Les meilleurs chefs de marché de Taco Bell nouvelle formule gèrent par exception, ce qui veut dire qu'ils ne doivent travailler que pour régler des problèmes et non pour en susciter. Ils doivent aussi rejeter totalement l'ancien style hiérarchisé au profit d'un modèle favorisant la flexibilité, appuyé sur les systèmes d'information les plus perfectionnés de la profession, qui encourage l'innovation et confère à leurs collaborateurs une grande autonomie dans leur travail.

A l'instar du changement précédent, la création du poste de chef de marché a déclenché un bouleversement.

Certains des anciens chefs de secteur relevèrent ce nouveau défi, d'autres passèrent directeurs généraux de restaurants et devinrent très productifs, mais une partie d'entre eux quittèrent Taco Bell pour les parages plus paisibles de nos concurrents.

Plusieurs de ceux qui partaient me prirent à part pour me reprocher de prendre trop de risques. « Ce nouveau Taco Bell ne marchera jamais, assuraient-ils. Il y a trop de changements. »

Chaque fois, j'écoutais, je souriais, je leur serrais la main et je les remerciais d'avoir contribué à la réussite du Taco Bell d'*autrefois*.

Après chacun de ces entretiens, je me sentais plus résolu que jamais à faire avancer le processus de Reengineering. Car chez Taco Bell, nous nous étions dit que même si le changement risquait d'être pénible, c'était aussi un sous-produit inévitable de la croissance et de la réussite. C'est quand on cessera de me dire : « John, ces changements ne marcheront jamais » que je commencerai à m'inquiéter, parce que cela voudra dire que Taco Bell commence à stagner.

« C'est la nature de l'homme, quand il devient vieux, de protester contre le changement, surtout le changement vers quelque chose de mieux », écrivait John Steinbeck. Rien n'est plus vrai ; il suffit pour s'en convaincre de considérer l'industrie électronique américaine, les compagnies ferroviaires, qui ont eu leurs grandes heures, la sidérurgie ou la construction automobile et leurs difficultés. Toutes ont vieilli confortablement, ont cherché à s'affranchir du changement et en payent maintenant les conséquences. Voilà exactement pourquoi je dis que le Reengineering chez Taco Bell est un processus sans fin de changement et de renouveau.

Le changement engendre le changement : en même temps que nous réorganisions nos moyens de gestion, nous avons dû repenser tout le reste. Pendant tout notre effort de Reengineering, nous avons respecté une règle simple : privilégier ce qui apporte une valeur ajoutée au consommateur et changer ou éliminer ce qui n'en apporte pas.

Nous devons admettre que nous n'exerçons plus le même métier que pendant les années 60 et 70. Les anciennes pratiques n'ont plus cours et nous devons changer en conséquence tous les aspects de notre activité.

Prenez par exemple les bâtiments où sont implantés nos restaurants à l'enseigne Taco Bell. Pour améliorer la valeur offerte à nos clients et pour éliminer ce dont nous n'avions pas besoin, nous avons dû les reconfigurer totalement. Avant 1983, la cuisine occupait en général 70 % de leur volume et les espaces destinés à la clientèle 30 %. Comme tous nos confrères, nous avions compliqué notre fonctionnement au point que nos besoins internes repoussaient le client vers l'extérieur. Aujourd'hui, après huit années de Reengineering, nous avons inversé la situation. Nos nouveaux restaurants sont occupés à 30 % par la cuisine et à 70 % par les espaces destinés aux clients. Dans un volume identique à celui de nos anciens bâtiments, nous avons réussi à doubler le nombre de couverts.

Les unités de nos concurrents, quant à elles, sont devenues de plus en plus grandes, alors que la taille des nôtres n'a pas changé. Un nouveau restaurant Taco Bell de taille normale tiendrait, mobilier compris, dans la cuisine de certains de nos concurrents de la restauration rapide traditionnelle.

De plus, la réduction de la taille des cuisines n'a absolument pas affecté la production. C'est même tout le contraire. Au début des années 80, alors que nos cuisines occupaient 70 % de l'espace, nous considérions que la capacité maximale d'une bonne unité était d'environ 400 dollars par heure. Aujourd'hui, nos meilleurs restaurants ont une capacité de 1500 dollars aux heures de pointe. Et cela alors que l'addition moyenne est aujourd'hui inférieure de près de 25 % à ce qu'elle était il y a neuf ans.

Avec le Reengineering, nous avons réussi à instaurer une synergie de tous nos processus. Au fur et à mesure que notre stratégie de marketing fondée sur la valeur offerte au client fait progresser le chiffre d'affaires et le nombre de couverts, nos efforts de Reengineering rendent ce chiffre d'affaires plus profitable tout en améliorant le taux de satisfaction de la clientèle, que nous surveillons en permanence.

Le Reengineering nous a permis d'autres réussites, notamment un système que nous appelons K-Minus, un programme dit TACO (*Total Automation of Company Operations*) et plus récemment certaines idées originales sur les nouveaux points de distribution et les technologies appliquées. Permettez-moi de m'expliquer.

K-Minus, qui veut dire pour nous restaurant sans cuisine, découle d'une conviction : nous sommes une société de service orientée sur ses consommateurs et non une société de production. Nous croyons que nos restaurants doivent vendre des repas et non les fabriquer. Aujourd'hui, notre viande et nos haricots sont cuits en dehors des restaurants dans des cuisines centrales ; il nous suffit d'un peu d'eau chaude pour réchauffer les ingrédients avant de les servir. Il en va de même pour la préparation des galettes de maïs, du fromage, etc.

Jusqu'ici, K-Minus a obtenu des résultats remarquables. Nous avons déjà diminué de quinze heures par jour le travail des restaurants, ce qui représente pour l'ensemble de nos implantations près de onze millions d'heures par an.

Grâce à K-Minus, Taco Bell a économisé quelque 7 millions de dollars l'an dernier. Nous avons aussi bénéficié d'un meilleur contrôle de qualité, d'une amélioration de la motivation du personnel (car nous avons en grande partie éliminé les aspects fastidieux de la préparation des plats), d'une diminution des accidents du travail, d'une baisse des consommations d'eau et d'électricité et, bien entendu, d'une augmentation du temps disponible pour nous occuper du client.

Le système TACO assure à chaque restaurant un niveau d'informatisation sans équivalent dans l'industrie de la restauration rapide. Ce système met entre les mains de nos salariés la puissance des ordinateurs, les incite à l'auto-suffisance et élimine des milliers d'heures de paperasseries et de travail administratif, mieux utilisées à servir directement nos clients.

Des programmes comme K-Minus et TACO ont aussi l'avantage d'agir comme agents de changement pour préparer des idées plus avancées comme les nouveaux points de distribution et la nouvelle technologie. Je m'explique :

Quand les gens regardent un restaurant Taco Bell classique, créé de toutes pièces, ils voient quelque chose qui pourrait aussi bien être un McDonald's, un Burger King ou n'importe lequel de nos concurrents. C'est un bâtiment fait de briques et de ciment, de verre et de mobilier de restaurant ; pendant les trente ou quarante dernières années, il a tout à la fois défini et limité notre nature.

Défini et limité, parce qu'à l'intérieur de ces quatre murs, notre cible est formée des gens qui fréquentent ce genre de restaurants. Or, à l'extérieur, notre cible est formée des gens qui mangent. A l'intérieur des murs, notre marché total est de 78 milliards de dollars. A l'extérieur, le marché total, la somme de tout ce qui se mange, est d'environ 600 milliards de dollars rien qu'aux Etats-Unis.

Quand nous avons commencé à nous redéfinir nous-mêmes en fonction de ce que j'appelle notre part des estomacs, nous avons commencé à considérer nos restaurants en dur comme un simple point de distribution dans un univers aux points de vente multiple.

Nous avons en outre cessé de borner notre objectif à devenir le leader de la valeur dans le secteur de la restauration rapide et nous avons tourné notre regard vers un nouveau but : devenir le leader de la valeur pour tous types d'aliments, quelle que soit l'occasion de leur consommation.

Nous abattons donc ces murs traditionnels pour amener nos plats vers les endroits où des gens se trouvent réunis. Cela inclut dès à présent les restaurants d'entreprise ou inter-entreprise, les écoles et les universités, les aéroports et les stades. Je suis heureux de vous dire que tous ces nouveaux points de distribution marchent très bien, mais ils ne sont à mon avis qu'un commencement.

Les véritables promesses viennent des points de distribution que nous n'avons pas encore découverts. Le Reengineering entraîne des changements, les changements font naître des idées neuves et les idées neuves génèrent de la croissance. Taco Bell a connu une croissance sensationnelle. Depuis 1989, notre chiffre d'affaires a augmenté de 22 % par an. Cette progression exceptionnelle de nos ventes provient de l'augmentation du nombre de repas servis, qui est le meilleur indicateur de notre réussite.

En termes de croissance des profits, l'augmentation moyenne des profits de Taco Bell est de 31 % depuis 1989, ce qui paraît incroyable si l'on tient compte des énormes investissements que nous avons consacrés à la technologie, à la transformation de l'organisation et au renforcement de notre entreprise. Cette très forte augmentation de notre bénéfice s'est produite alors que le reste de notre profession a bien du mal à obtenir le moindre progrès de ses résultats.

Et comme nous faisons des efforts constants pour reconfigurer notre fonctionnement et pour penser notre croissance non en termes de restaurants entre quatre murs mais en termes de points de distribution, nous espérons que ces chiffres vont continuer à progresser dans les années à venir. Les distributeurs automatiques, les supermarchés, les écoles, les points de vente au détail, les stands sur les lieux de passage – nous serons partout. En fait, nous estimons que dans une dizaine d'années Taco Bell aura des dizaines de milliers de points de distribution, ce qui représente un long, long chemin depuis nos 3600 restaurants actuels. Nous le ferons parce que sinon quelqu'un d'autre le fera à notre place. Telle est la réalité qui régit notre entreprise et qui nous pousse constamment à réfléchir à des opportunités originales d'améliorer la valeur offerte au client.

Une autre de ces opportunités fait appel à une nouvelle technologie. Le principe qui nous a guidés, ici comme ailleurs, est que toute innovation technologique mise en oeuvre chez nous doit simultanément améliorer le service et réduire les coûts.

Les progrès que nous avons faits dans l'utilisation de la technologie sont si remarquables que CBS News y a consacré un reportage. Considérez par exemple notre machine à faire les tacos. Elle est capable de débiter neuf cents tacos à l'heure, tous parfaitement calibrés, servis exactement à la bonne température, individuellement emballés et prêts à être servis à nos clients. Et elle a un autre avantage : elle ne prend pas de congés ! Notre nouvelle machine à tacos symbolise à proprement parler les progrès que nous avons faits grâce au Reengineering.

Je me souviens parfaitement du jour où l'idée a été mise sur la table, voici seulement deux ans. Bien sûr, certains ont renâclé, bien sûr, certains se sont dit que l'idée n'aboutirait jamais. Mais cela a marché parce que la chose vraiment importante est que le nouveau Taco Bell ne laissera pas l'ancien Taco Bell barrer la route au progrès.

Si nous avions laissé l'état d'esprit traditionnel guider nos actes, cette machine à tacos n'existerait pas aujourd'hui.

En résumé, Taco Bell qui était en 1982 une petite société régionale au chiffre d'affaires de 500 millions de dollars est devenu une société nationale avec 3 milliards de dollars de chiffre d'affaires, cela parce que nous écoutons nos clients et que nous ne craignons pas le changement. Je prédis que d'ici l'an 2000 Taco Bell pèsera 20 milliards de dollars, toujours pour les mêmes raisons. Si quelqu'un me dit – et cela arrive – « John, cette prévision est complètement exagérée », je me contente de garder à l'esprit deux choses : D'abord, quand les traditionalistes vous disent que votre objectif est exagéré, vous êtes probablement en passe de réaliser quelque chose de bien. Ensuite, quand ils ne vous disent plus que c'est exagéré, vous avez probablement déjà perdu la guerre.

L'histoire de John Martin donne à penser. Son effort de Reengineering a été superbement récompensé puisque le chiffre d'affaires de Taco Bell a bondi de 500 millions à 3 milliards de dollars dans un secteur en déclin. Plusieurs points méritent d'être soulignés.

La leçon la plus nette est que Martin a considéré le client comme le point de départ de tout le Reengineering. Dans leur remise en question des processus de l'entreprise, lui-même et ses collaborateurs ont toujours commencé par les besoins du consommateur, puis ils ont procédé en remontant à partir de là. Cette façon de voir contraste avec celle du manager traditionnel, qui place en tête de liste l'aptitude à réparer les friteuses. Si important que soit l'entretien des équipements, ce n'est pas ce que recherchent les clients quand ils poussent la porte de Taco Bell. Dans une entreprise à la structure administrative classique, les gens proportionnent leur importance au nombre de leurs subordonnés directs ou à la valeur des actifs qu'ils contrôlent. Voilà l'une des valeurs que le Reengineering doit modifier, car elle conduit à bâtir des infrastructures – des cuisines plus grandes et plus compliquées – qui ne répondent pas aux véritables besoins des clients. Le Reengineering de Taco Bell était explicitement axé sur le consommateur en ce sens que tout changement était soumis à cette question décisive : Est-ce que cela apporte plus de valeur ajoutée au consommateur ?

Une autre leçon se dégage de l'expérience de John Martin : Il faut s'attendre à rencontrer des résistances et être prêt à les surmonter. Les gens pour qui l'ordre existant présente un intérêt intrinsèque n'apprécieront pas qu'on le modifie. Si certains se fâchent, c'est sans doute que vous êtes en train de faire quelque chose de tangible.

Le cas de Taco Bell illustre aussi l'onde de choc dont nous avons parlé. Changez un processus et ce changement se propage à d'autres aspects de l'organisation. Taco Bell a changé le processus de préparation des aliments, ce qui a entraîné un changement de la structure de gestion et donc du système de rémunération. La transformation des processus entraîne un changement global de l'organisation.

Enfin, Taco Bell a explicité son projet d'entreprise avec cette phrase lumineuse : « Nous voulons être les numéros un par notre part des estomacs ». Celui qui lit ou entend cette phrase comprend tout de suite que les opportunités de l'entreprise vont bien au-delà de la vente de plats mexicains dans des restaurants rapides traditionnels. Toute société qui entreprend un Reengineering doit rechercher une devise aussi claire, aussi éloquente et aussi révélatrice que celle-là.

12

LE TÉMOIGNAGE D'UNE ENTREPRISE – LE DIRECT RESPONSE GROUP DE CAPITAL HOLDING

Imaginez que vous venez de passer des années à mettre au point la montre-bracelet idéale – bon marché et d'une fiabilité absolue. Or, le jour où vous y parvenez enfin, le monde adopte la journée de 23 heures. Votre montre demeure un bijou de la technologie et elle marque l'heure parfaitement, mais elle mesure vingt-quatre heures dans un monde qui n'en compte plus que vingt-trois. Voilà à peu de choses près ce qui est arrivé au Direct Response Group (DRG) de Capital Holding Corporation, qui vend des assurances vie, santé, habitation et risques divers par marketing direct, via la télévision, le téléphone et le publipostage.

DRG faisait appel à des porte-parole célèbres pour promouvoir ses produits à la télévision aux heures de moindre écoute. Ses machines de publipostage à haute capacité, capables de traiter des millions d'adresses, étaient un équipement efficace pour un marketing de masse, une méthode de vente d'assurances « à taille unique ».

Mais pendant que le DRG croissait sans relâche, le monde se transformait. Au milieu des années 80, la mécanique lourde de la commercialisation de masse, qui avait bien fonctionné pendant des années, expédiait la publicité du DRG vers des boîtes aux lettres déjà pleines à craquer, d'où ils avaient de plus en plus de chances de passer directement à la poubelle.

La prolifération du courrier publicitaire n'était pourtant pas le plus gros problème du DRG. Sa stratégie de marketing des moyennes était en train de se heurter à la décennie des consommateurs. Le gros ours sympathique qu'était le marché de masse pour DRG se transformait en une hydre monstrueuse dont les multiples têtes n'étaient pas sur la même longueur d'onde. En outre, les médias de masse qui touchaient si efficacement le consommateur moyen avaient volé en éclats. L'Américain moyen avait disparu et les gens avaient à leur disposition bien d'autres moyens de distraction que les trois grandes chaînes de télévision.

Voilà donc où en était le DRG, roi du marketing de masse à une époque où le marché de masse disparaissait. Les nouvelles souscriptions ne compensaient pas les résiliations et la courbe de croissance fléchissait. Les taux de réponse diminuaient, le coût unitaire des ventes augmentait en conséquence et les marges commençaient à se dégrader, ce qui se ressentait sur le résultat.

Ici commence le récit de Pamela Godwin, senior vice-président de DRG.

En 1988, le président de DRG, Norm Phelps, et d'autres cadres supérieurs se sont rendu compte que l'époque du marketing de masse était terminée pour notre compagnie. Ils ont compris que pour améliorer la valeur de la compagnie aux yeux du consommateur, pour améliorer les taux de réponse et pour mieux fidéliser la clientèle, il nous fallait renforcer les relations entre DRG et ses clients et cibler notre marketing sur des clients potentiels dont le profil correspondrait à des stratégies particulières de la compagnie.

Autrement dit, pour continuer à vendre des assurances en VPC, le DRG devrait offrir à ses clients des services et non seulement des produits. Quant à ses produits, ils devraient s'adresser à des catégories particulières et bien définies de consommateurs. Dans ce but, Phelps instaura une nouvelle vision. Il se dit que la compagnie devait se placer sur un terrain où on ne l'attendait pas : devenir une compagnie d'assurance qui fait attention à ses clients et veut leur en donner un maximum pour le prix de leur police.

La définition de la vision, intégralement reproduite ci-dessous, est directe, sans ambiguïté et si concise qu'elle tient facilement en une seule page.

VEILLER, ÉCOUTER, SATISFAIRE... UN À UN

Chacun de nous se consacre à répondre aux préoccupations financières de tous les membres de la famille que forment nos clients :

• en apportant une attention et un soin extrêmes aux préoccupations financières particulières à chacun,

• en offrant des produits et services représentant une valeur car adaptés aux préoccupations financières de chacun,

• en apportant à chacun l'information claire, l'attention personnelle et le respect auxquels il a droit,

• en entretenant avec chacun une relation durable qui le fidélisera et le transformera en prescripteur.

Pour accomplir notre vision nous devons :

• trouver et servir des clients éprouvant un fort sentiment d'appartenance, que nous atteindrons par l'intermédiaire de groupes auxquels ils viennent d'adhérer ou dont ils font déjà partie,

• leur offrir une large gamme de produits d'assurance et d'épargne,

• communiquer personnellement avec chaque membre par les moyens du marketing direct, en privilégiant le téléphone et toute technologie capable de tisser des relations étroites.

Notre inégalable dévouement à la satisfaction de nos membres nous distingue. Telle est la promesse sur laquelle comptent les membres actuels, qui attire de nouveaux membres et que nous nous attachons tous à tenir.

Traduire en actes cette vision ambitieuse fut une entreprise de grande envergure. En 1988, on m'a demandé de diriger une équipe transfonctionnelle de cadres confirmés ou expérimentés chargés de considérer isolément les processus de vente, de service et de marketing alors en vigueur dans l'entreprise pour les réorganiser en un nouvel ensemble. Nous voulions trouver un modèle où le client jouerait un rôle directeur et qui répondrait à deux préoccupations. Il devrait nous permettre premièrement de vendre et de servir les clients actuels mieux que n'importe quel concurrent, et deuxièmement de recueillir autant d'informations que possible sur nos clients actuels et d'exploiter ces informations pour nos actions commerciales.

Cette équipe imagina une nouvelle configuration en forme de chiffre 8. La boucle du bas représentait ce que nous avons appelé la gestion des clients et la boucle du haut ce que nous avons appelé la gestion du marché.

La boucle du bas devait assurer les services personnalisés, réactifs, que nous voulions offrir. On cesserait de renvoyer les clients de service en service à la recherche d'interlocuteurs habilités à traiter seulement une partie de leur problème : cette boucle de notre modèle reposerait sur des équipes opérationnelles capables de traiter toutes les demandes des clients à l'aide de systèmes d'information complets, interactifs et conviviaux. Ces mêmes équipes seraient capables de vendre de nouveaux produits aux clients actuels tout en saisissant les moindres occasions de collecter des informations utiles.

La boucle supérieure de notre chiffre 8, ce que nous avons appelé la gestion du marché, utiliserait l'une des plus grandes bases de données privées du pays, comprenant des informations détaillées sur plus de quinze millions de consommateurs, clients actifs, anciens clients et personnes ayant demandé des renseignements sur nos produits ; les informations de cette base de données proviennent de plusieurs sources. Certaines remontent de la moitié inférieure de notre 8, l'interaction avec les clients du DRG. D'autres sont fournies par des loueurs de fichiers professionnels. Notre base de données serait aussi reliée à de grands organismes de sondage qui nous aideraient à la segmenter et à déterminer rapidement quels produits sont susceptibles d'intéresser tel ou tel groupe restreint. La boucle supérieure du 8 exploite ces renseignements pour créer et vendre des produits d'assurance tout en fournissant à la boucle inférieure des prospects et de nouveaux clients.

Voilà donc le modèle opérationnel stratégique que nous voulions créer. A présent, quatre ans plus tard, le Reengineering de notre compagnie est bien engagé. Nous savions néanmoins dès cette époque que, pour la transformer comme nous l'entendions, il ne suffirait pas de renforcer et de modifier nos anciens systèmes. Il nous fallait bâtir de nouveaux processus à partir de zéro. Nous devions transformer notre métier non pas comme nous l'entendions mais comme le consommateur l'entendait. Et nous devions le faire vite, tout en préservant notre rentabilité afin de continuer à rémunérer les actionnaires de Capital Holding. Il nous fallait bâtir une stratégie de changement progressif. Nous devions reconfigurer non pas un seul processus mais tout ce que faisait la compagnie. Je jouais le rôle de leader. J'étais chargée d'aider les dirigeants à créer un nouveau modèle de fonctionnement puis à investir les équipes – une douzaine – qui reconfigureraient chacun des processus inhérents à ce nouveau modèle.

Nous savions depuis la définition de la vision ce que nous voulions faire de la compagnie, mais comment pouvions-nous par exemple « apporter à chaque membre l'information claire, l'attention personnelle et le respect auxquels il a droit », comme la vision l'exigeait, tant que nous souffrions des maux d'un découpage en services fonctionnels? L'un des processus que le DRG devait transformer était par exemple le traitement des formulaires de souscription. Les employés les faisaient circuler d'étape en étape jusqu'au jour où quelqu'un reprenait contact avec le client. Le seul moment où quiconque était responsable d'une souscription, c'était quand elle atterrissait sur son bureau. Pour conformer nos actes à notre vision, il fallait faire autrement. Aussi, parmi bien d'autres choses, nous avons créé un nouveau processus où les chargés de dossier sont responsables du client depuis le formulaire de souscription jusqu'à la décision d'admission.

On nous avait dit – et nous savons à présent que c'était vrai – qu'avant de pouvoir accomplir le moindre changement significatif il fallait comprendre la culture de l'entreprise. Les gens se comportent logiquement dans le contexte où ils vivent ; si vous voulez que les salariés modifient leur comportement, vous devez donc créer un environnement adapté à votre stratégie. Avant d'entreprendre le Reengineering du traitement des formulaires de souscription, nous avons réalisé un audit de la culture d'entreprise qui nous a permis de découvrir et de comprendre les attitudes de nos salariés.

Ce fut pour nous un pas important, même si beaucoup d'entreprises s'en passent. Nous savons désormais qu'il aurait été impossible de reconfigurer nos systèmes et nos processus sans connaître les barrières culturelles et les problèmes humains que nous rencontrerions sur notre chemin.

Notre audit culturel s'est déroulé en trois temps. D'abord, nous avons demandé à une firme extérieure de mener une enquête classique sur les attitudes des salariés et de nous en présenter les résultats. Nous avons décortiqué son rapport et étudié de près ses constats.

Dans un second temps, nous avons constitué ce qu'on pourrait appeler une équipe de transformation culturelle transfonctionnelle et transhiérarchique. Elle comprenait vingt-cinq salariés, de la secrétaire au vice-président, issus de toutes les composantes de l'organisation d'alors. Elle avait pour mission de dresser l'autocritique de notre compagnie en interrogeant des employés du rang. Nous voulions découvrir les règles non écrites de notre organisation. Les questions posées étaient du genre : « Si votre jeune frère ou votre jeune sœur venait travailler ici, que lui conseilleriez-vous de faire pour avoir de l'avancement ? » Ce que nous avons appris au cours de cette partie de l'audit était à vrai dire un peu déprimant. Nous pensions avoir déjà une mentalité commerciale, mais sur plus d'une centaine d'entretiens avec des salariés, nous n'avons entendu que deux fois le mot « client ». Dans l'esprit de nos salariés, satisfaire les clients n'avait pas grand chose à voir avec l'avancement dans la société.

Dans un troisième temps, nous avons chargé un cabinet extérieur d'organiser des groupes de convergence, ou *focus groups,* auxquels participèrent plus de 150 salariés de toute l'entreprise. Ils posèrent souvent les mêmes questions que l'équipe de transformation culturelle, mais d'un point de vue extérieur et objectif.

Puis nous avons regroupé les informations recueillies au cours de ces trois phases, ce qui nous a permis de découvrir les véritables règles du jeu en vigueur dans notre organisation. Nous avons pu discerner aussi les idées reçues sur lesquelles ces règles se fondaient. Nous avons par exemple appris que, dans la culture en vigueur, l'information représentait du pouvoir et que les salariés qui voulaient avoir de l'avancement devenaient experts en rétention de l'information. Ce qui les rendait importants pour l'organisation était ce qu'eux seuls savaient. Bien entendu, cela signifiait qu'il y avait là une règle à changer, puisque l'une de nos stratégies clés était la mise en commun des informations dans toute l'organisation.

Nous avons aussi appris qu'il n'était pas possible de planifier entièrement ce genre de projet, car ce qu'on découvre en chemin modifie les plans. Chaque changement prévu est un brouillon évolutif et non un processus achevé. Le Reengineering est une démarche itérative. Les problèmes que vous rencontrez contribuent eux-mêmes à améliorer les solutions, et c'est pourquoi il est essentiel d'entreprendre le changement en le fractionnant en étapes dont on puisse garder la maîtrise. Nous nous sommes également aperçus que le Reengineering concerne à la fois la dimension humaine et la dimension technique de l'entreprise, et pas seulement l'une ou l'autre, et que tout ne peut se faire en une seule fois.

A tout instant, on aura plusieurs projets en cours, à des stades d'avancement différents. Pour bâtir notre nouveau modèle opérationnel, par exemple, nous avons mené pendant l'été 1991 ce que nous avons appelé un test en environnement contrôlé. Nous avons mené quelques campagnes commerciales et quelques travaux de prototypage du service clients pour mieux savoir comment notre modèle fonctionnait en pratique.

Puis, à l'automne, nous avons lancé un programme pilote. Nous avons pris quarante mille clients existants et nous les avons confiés à une petite unité pilote fonctionnant encore en temps différé. Nous avons mis au point un logiciel sur micro-ordinateur destiné à l'équipe de gestion commerciale chargée de ces clients. Elle comprend dix délégués commerciaux, un responsable marketing, un expert connaissant bien le fonctionnement de la compagnie et un responsable informatique. Ensemble, ils ont pour mission de servir ces quarante mille clients.

Il existe encore à un certain degré une division des tâches au sein de l'équipe, en ce sens qu'elle comprend des gens qui sont experts dans le service plus que dans la vente, mais il s'avère que les membres de l'équipe considèrent le marketing et le service comme une seule et même chose. les gens du service font du commercial et les commerciaux répondent au téléphone pour servir les clients.

Telle est la vertu de cette méthode pilote. Elle nous permet de tester nos idées sur de vrais clients, avec de vrais salariés, sans être obligés de jouer notre va-tout en espérant que tout se passera exactement comme prévu.

Nous avons aussi une équipe pilote de gestion du marché qui teste les nouvelles méthodes de marketing que nous avons mises au point. Cette équipe mène des campagnes, bâtit des alliances stratégiques avec des fournisseurs et, surtout, vérifie les interactions entre les moitiés supérieure et inférieure de notre 8.

Nous sommes aussi attaqués à plusieurs secteurs de notre ancienne exploitation. Nous avons élaboré un processus de souscription reconfiguré et nous allons l'utiliser pour un essai, en utilisant là encore des micro-ordinateurs. Nous avons un prototype de demande d'indemnisation pour le secteur vie/santé presque prêt à passer en phase d'essai et un prototype pour le secteur habitation/IARD déjà bien avancé lui aussi.

Notre audit culturel a largement influencé certains grands changements en cours dans la gestion des ressources humaines, par exemple pour le remodelage de notre système d'avancement et de rémunération.

Notre nouvelle philosophie est que la rémunération dépendra des résultats et l'avancement des aptitudes. Dans l'ancien système, on était promu quand on avait fait du bon travail. C'est absurde. Ceux qui ont fait du bon travail doivent être récompensés. Nous les paierons en conséquence. En revanche, la promotion doit dépendre de l'aptitude des gens à occuper le poste auquel ils sont promus et n'a pas grand chose à voir avec leurs résultats dans les emplois qu'ils occupent déjà. Nous remodelons en conséquence le programme de développement des performances. Nous avons séparé l'évaluation des résultats et celle du développement des performances. Nous donnons aux gens l'évaluation de leurs résultats et nous adaptons leur rémunération. Puis, plusieurs mois après, nous faisons une évaluation du développement des performances. Nous séparons les deux évaluations pour pouvoir reconnaître et récompenser les résultats tout en restant honnêtes sur les besoins de développement supplémentaire. Une promotion n'est pas une récompense, et en évitant de la traiter comme telle dans notre compagnie nous espérons que le principe y tombera en désuétude. La propension d'un salarié à apprendre, à s'améliorer et à travailler en équipe interviendra dans le calcul de son salaire. Nous sommes en train de remplacer notre système d'évaluation des postes fondé sur l'accomplissement d'une tâche unique par un système qui évalue l'efficacité avec laquelle le salarié déploie le vaste ensemble de compétences plus évoluées rendues nécessaires par notre modèle opérationnel. Cela me paraît tout à fait important. Nous allons payer les gens en partie pour le travail qu'ils font – pour leurs résultats, donc – et en partie pour se préparer à faire le travail que nous leur demanderons de faire dans l'avenir – pour apprendre.

En 1992, nous avons aussi lancé un programme de partage des objectifs qui est quelque chose de différent. Les augmentations au mérite ont toujours été octroyées en fonction du résultat individuel. Cette année, nous les partageons en deux, la seconde moitié étant liée aux résultats des équipes et de la société à tous les niveaux, et pas seulement pour les cadres. En 1993, toutes les augmentations au mérite normales auront été basées sur les résultats collectifs, avec un programme de gratifications spéciales pour les individus exceptionnels. D'une façon générale, nous voulons que la prospérité du salarié corresponde à celle de son équipe et de l'entreprise entière.

Comme nous sommes en train de revoir notre programme de formation et de développement personnel, et comme nous avons désormais donné la priorité à un partage large et sincère de l'information, nous espérons que l'instauration de ce que j'appelle une « culture pensante » sera bien avancée d'ici deux ans. Par culture pensante, j'entends un environnement de travail où les salariés, notamment les plus proches du client, seront libres de prendre des décisions et disposeront de la formation et des informations nécessaires pour prendre les bonnes.

Une dizaine de projets de Reengineering distincts sont actuellement en cours chez nous ; avec les gens qui s'en occupent, ils constituent ce que j'appelle la Compagnie B, la nouvelle compagnie telle que nous sommes en train de la remodeler et de la bâtir. La Compagnie A est la compagnie existante. Il est intéressant de voir que les gens de la Compagnie A ne se contentent pas d'attendre leur tour de passer du côté de la nouveauté. Ils demandent à fonctionner autant que possible comme nos nouveaux prototypes, dans la limite des anciens systèmes qu'ils doivent utiliser. Le changement alimente le changement, et nous nous apercevons que les gens piaffent d'impatience, parce qu'ils considèrent ce qui se passe dans la Compagnie B comme la voie de l'avenir.

Rien de tout cela – la construction des nouveaux modèles opérationnels, le fonctionnement des processus reconfigurés, l'autonomie conférée aux salariés – n'a pu être réalisé sans les nouvelles technologies de l'information, mais il nous reste du chemin à faire dans ce domaine. Avec le travail à la chaîne d'autrefois, nous n'avions guère besoin de systèmes en temps réel permettant un partage de l'information ; nos investissements informatiques étaient donc modestes.

Notre stratégie visant à remédier à l'insuffisance d'information tourne autour d'un plan à trois ans qui lie la mise en place de notre infrastructure technologique à celle de nos modèles opérationnels. Nous travaillons en partenariat avec notre service informatique en associant leurs compétences à notre démarche au lieu de leur demander des solutions une fois le processus établi.

Nous allons créer ensemble un canal d'information sur la clientèle qui sera au centre de notre nouveau modèle de fonctionnement. Ce canal devra offrir des stations de travail simples d'emploi capables de fournir des informations sous une forme adaptée aux besoins du client et de faciliter la prise de décision. Ce libre accès aux informations sur les clients, les produits et le marketing permettra aux salariés de travailler en équipe et en liaison avec d'autres branches de l'organisation. Nous pensons que nous ne disposerons pas du système souhaité avant cinq ans, mais c'est une priorité clé. Les technologies de l'information sont le levier de notre modèle opérationnel car elles donnent accès à l'information nécessaire à son fonctionnement.

Le Reengineering, nous avait-on dit, n'est pas quelque chose qui se fait du jour au lendemain ; nous craignions donc, s'il nous fallait quatre ou cinq ans pour bâtir l'entreprise décrite dans notre vision, que les gens s'impatientent ou cessent d'y croire. Au début, nous nous sommes dit aussi que, s'il nous fallait cinq ans pour la bâtir, la nouvelle entreprise risquait d'être dépassée avant même d'être achevée. Nous savons à présent qu'aucune de ces craintes ne se réalisera.

Si vous attaquez le Reengineering d'une entreprise entière par pans raisonnables, les gens voient les résultats, et les changements constatés en entraînent d'autres. Quand nous obtenons des résultats rapides, nous le faisons savoir dans toute l'entreprise, histoire de dire : « Voilà à quoi ressemble le changement ». Si nous ne les mettions pas en valeur, les petits changements risqueraient de passer inaperçus. Quand vous êtes chez vous en permanence, vous ne voyez pas vos enfants changer, mais absentez-vous pendant quinze jours et à votre retour vous serez étonné de voir combien ils ont grandi. Au cours du Reengineering, vous devez accomplir le changement par tranches et bien montrer aux gens à quoi il ressemble, car c'est là un aliment psychologique, c'est le carburant dont les gens ont besoin pour continuer à accomplir des changements.

Quant à la seconde préoccupation, savoir si notre système ne se trouverait pas obsolète et inadapté dès son achèvement, nous nous sommes vite aperçus que nous n'étions pas en train de bâtir un monolithe mais un système flexible et modulaire. Si un jour un module se révélait inadapté, nous n'aurions qu'à l'éliminer. Si l'on ne parvient pas à instaurer un système capable d'évoluer en permanence, c'est qu'on a fait fausse route dès l'énoncé de la vision.

Le point le plus éloquemment illustré par le cas du DRG est la puissance de la vision – aider les gens à *voir* ce que vous voulez dire. Le DRG a fait appel au chiffre 8. On apprend grâce à des histoires et à des images ; cette représentation simple de la compagnie future et de son mode de fonctionnement a donc été un puissant outil de communication au sein du DRG.

Le DRG aurait pu tenter un Reengineering sans entreprendre un bilan intégral de sa culture, mais l'effort a été très largement rentabilisé. Ce que la compagnie a ainsi appris sur elle-même a joué un rôle crucial dans la définition de sa stratégie de Reengineering.

L'expérience du DRG montre aussi clairement que le Reengineering doit être un processus itératif. Il est très rare qu'il se produise régulièrement, étape après étape. Une entreprise ne se reconfigure pas de façon nette et ordonnée. Elle part d'une vision d'ensemble, puis elle la précise et la modifie au fur et à mesure qu'elle se dirige vers elle.

Le DRG a fait bon usage des projets pilotes et des essais du concept afin de limiter les risques. N'importe quel manager sensé désire être sûr de la pertinence de ses propositions avant de miser sur elles toute son entreprise... ou toute sa carrière. De plus, les projets pilotes sont pleins d'enseignements. Leurs leçons peuvent amener l'équipe de Reengineering à effectuer quelques correctifs avant de mettre un changement en œuvre à travers toute l'entreprise.

Enfin l'expérience du DRG montre combien il importe de soigner deux éléments qui, si l'on n'y prenait garde, pourraient faire tourner court l'opération de Reengineering. Le premier est l'infrastructure humaine et organisationnelle. Le second est la technologie de l'information. Tous deux sont des leviers essentiels pour le changement. Ni l'un ni l'autre n'est l'essence du Reengineering, mais ce dernier ne peut réussir sans eux.

13

LE TÉMOIGNAGE D'UNE ENTREPRISE – BELL ATLANTIC

Bell Atlantic Corp., est une société de Philadelphie qui fait un chiffre d'affaires de 12 milliards de dollars dans les Etats américains de la côte Est. Habituée à fonctionner en situation de monopole, sans concurrence, elle répondait aux demandes de ses clients à son propre rythme et sans souci excessif de la qualité du service offert. Puis l'univers de Bell Atlantic se tranforma, et il lui fallut en faire autant à marche forcée.

L'une des activités principales de Bell Atlantic, qui représente 20 % de son chiffre d'affaires et près de la moitié de ses résultats consolidés, consiste à assurer des *carrier access services* (CAS), c'est-à-dire des raccordements entre ses clients privés ou professionnels et les opérateurs de téléphone à longue distance tels qu'AT&T, Sprint ou MCI. Chacune des sept sociétés opérationnelles régionales de Bell Atlantic avait ses propres procédures de traitement des demandes de raccordement, mais les formalités administratives et le branchement demandaient habituellement une quinzaine de jours – et jusqu'à trente jours pour les utilisateurs à titre professionnel sollicitant un raccordement pour des communications numériques et vidéo à haute vitesse. Peu importaient les délais au fournisseur monopoliste qu'était Bell Atlantic.

Puis un beau jour, la société s'aperçut qu'elle allait devoir se battre. Des nouveaux venus installaient des câbles en fibre optique – technologie qu'elle ne maîtrisait pas encore – dans les zones métropolitaines où elle comptait parmi ses clients de grandes entreprises grosses consommatrices de communications vocales, vidéo et numériques. Non seulement ces nouvelles entreprises étaient capables d'offrir un service de raccordement plus fiable et moins coûteux, mais il leur fallait quatre fois moins de temps pour traiter les demandes. Très vite, les comptes les plus importants et les plus lucratifs de Bell Atlantic commencèrent à passer à la concurrence.

Vers la fin de l'année 1990, Regis Filtz, nouveau responsable des CAS chez Bell Atlantic, constatant l'écart entre les performances de sa société et celles de ses concurrents, s'aperçut aussitôt que des améliorations incrémentales – faire travailler Bell Atlantic un peu mieux et un peu plus vite – ne suffiraient pas à sauver cette activité. Au printemps 1991, Filtz finit par conclure que seul un Reengineering améliorerait le service des CAS suffisamment pour inverser le mouvement. Voici ses propres explications :

> Il nous fallait des améliorations spectaculaires, et il nous les fallait vite. Dès ma nomination à la direction des CAS, j'ai personnellement rencontré les trois grands opérateurs de communications à longue distance pour leur demander directement ce qu'ils attendaient de nous dans l'immédiat et à long terme. Ce contact personnel a été très important, car il m'a fourni des informations que je n'aurais pu obtenir par des études de marketing. J'ai par exemple appris que si les demandes présentées par AT&T portaient officiellement sur un branchement dans les sept jours, ce qu'ils désiraient en réalité était un service au moment où ils le voulaient – autrement dit à la demande. Et ils le voulaient impeccable. MCI nous demandait de réduire notre délai à une journée.
>
> Assistés par des consultants extérieurs, nous avons réalisé ce que j'appelle une analyse macroscopique de nos processus de travail – réception et traitement d'une commande de CAS, connexion au service, essais et branchement du client. Nous nous sommes aperçus notamment qu'entre le début et la fin il se produisait au moins treize passages de témoin entre différents groupes de travail et que quelque vingt-sept systèmes d'information différents étaient concernés. Le processus était non seulement lent mais aussi terriblement coûteux. Une étude complémentaire révéla que s'il s'écoulait quinze jours entre la réception d'une commande et le raccordement du client, notre temps de travail réel n'était que de dix heures environ. Pour un délai de trente jours, nous ne faisions que quinze heures de travail à peu près.

Cette analyse macroscopique montra ainsi que s'offrait à nous une bonne opportunité non seulement de réduire considérablement notre délai de traitement mais aussi d'abaisser nos coûts dans des proportions correspondantes.

Nous n'avions pas de temps à perdre, mais nous ne pouvions mécontenter nos clients ; si nous changions quelque chose, il faudrait le faire bien. Nous ne pouvions nous permettre de nous y reprendre à plusieurs fois pour corriger nos erreurs. Nous avons donc constitué des équipes de Reengineering de deux sortes différentes, l'une pour émettre des idées, l'autre pour les tester et les parfaire dans la pratique. Nous avons dénommé la première « équipe noyau » ou « équipe de dossier ». Nous avons nommé à sa tête une femme qui répondait à toutes les conditions souhaitées par moi. Elle était respectée par ses pairs et elle savait communiquer, former et payer de sa personne. Elle était capable et désireuse d'animer les autres.

Son premier rôle fut de former une équipe d'experts appartenant à toutes les disciplines concernées par le processus fragmenté des CAS, en s'assurant qu'ils étaient compétents dans leur domaine et qu'eux aussi bénéficiaient à la fois du respect de leurs pairs et de dons pour la communication. L'équipe centrale avait pour rôle d'imaginer, de remodeler, de spécifier en détail le nouveau processus. Nous lui avons assigné un objectif : découvrir comment Bell Atlantic pourrait assurer des raccordements dans un délai pratiquement nul.

Trois raisons nous avaient poussés à choisir cet objectif ambitieux. D'abord, c'est ce que nos clients nous avaient dit qu'ils désiraient à terme. Ensuite, on ne pourrait l'atteindre qu'avec une modification substantielle du processus existant et non une simple amélioration. Enfin, nous nous disions qu'un délai nul serait un niveau de performance que nos concurrents ne pourraient jamais dépasser.

A dire vrai, les membres de l'équipe noyau n'en menaient pas large. Au début, la tâche leur paraissait impossible, et il fallut bien des encouragements pour les décider à se lancer. Ils commencèrent à travailler à la mi-juillet 1991 et, en un mois, ils avaient imaginé un nouveau processus qui rassemblait physiquement sous une autorité commune et en seul lieu l'ensemble des fonctions de l'ancien processus, jusqu'alors géographiquement dispersées, gérées séparément et réparties entre divers services.

Dès que le modèle du processus fut défini, la seconde équipe, dite « équipe labo » se mit au travail. Elle avait pour rôle de tester le modèle spécifié par l'équipe noyau en l'utilisant pour traiter des demandes de CAS réelles. Elle devait expérimenter le nouveau processus, le modifier à sa guise puis faire connaître ses résultats à l'équipe noyau. Ainsi, notre processus de Reengineering était en soi itératif. L'équipe labo développa en fait le prototype de « l'équipe de cas » dont notre équipe noyau avait imaginé le concept.

L'équipe labo avait le droit d'apporter aux méthodes et procédures de travail tous les changements nécessaires pour limiter les délais, réduire les coûts et atteindre une qualité irréprochable. Elle était priée d'oublier tous les moyens de mesure ou objectifs de gestion fonctionnels ou départementaux auxquels ses membres avaient été habitués dans leurs départements respectifs. Elle ne se préoccupait que de trouver comment réduire les délais et les coûts tout en améliorant la qualité du résultat.

L'équipe labo prit en charge une mission d'exploitation : assurer le service à la clientèle dans une partie de la Pennsylvanie centrale. Au bout de quelques mois, ses délais ne se mesuraient plus en semaines mais en jours et parfois en heures. La qualité du service s'était, elle aussi, considérablement améliorée. Avant que l'équipe labo ne commence à s'occuper de ce groupe de clients, quatre personnes à plein temps étaient chargées de suivre les demandes de raccordement tant qu'elles n'étaient pas satisfaites. Nous avons éliminé ces postes et économisé pour cette seule zone plus de 1 million de dollars en travaux de reprises.

Nous sommes actuellement en train d'étendre le concept d'équipe de cas à toutes les filiales d'exploitation de Bell Atlantic. Les équipes que nous mettons en place utilisent des processus et des systèmes de gestion des processus identiques à ceux de l'équipe labo. Nous avons aussi détecté les changements culturels, les nouvelles compétences professionnelles et les systèmes d'information dont nous aurons besoin.

Les systèmes de gestion de Bell Atlantic sont également en cours de modification. Nous étions et demeurons une entreprise hiérarchisée : nous encadrons étroitement nos collaborateurs et nous mesurons leurs résultats à l'aide de critères internes. Nous sommes en train d'évoluer vers des équipes de travail autogérées et transfonctionnelles, avec pour motivation interne de satisfaire les demandes des clients et de réduire sans cesse les délais et les coûts tout en améliorant la qualité.

La culture et les valeurs de la société se transforment aussi. Avec l'ancienne hiérarchie, nous pouvions compter sur l'obéissance pour obtenir des résultats. Avec nos processus reconfigurés, nous devons devons compter sur l'engagement. La différence, c'est que sur le mode de l'obéissance je fais ce que je dois faire parce que mon patron me dit de le faire. Dans le cadre de l'engagement, je comprends ce que la société essaie de faire et comment elle va y parvenir, et je fais tout ce qu'il faut pour qu'elle y parvienne, y compris en changeant ma façon de faire mon travail si nécessaire.

Nous avions précédemment des gens qui assumaient des fonctions isolées, sans connaître le moins du monde le système total ou ce à quoi servait leur travail en aval. Nous nous orientons vers une organisation différente où les tâches sont combinées et nous diffusons une connaissance systémique afin que chacun de nous comprenne le processus dans son ensemble et sache en quoi il y contribue et comment il peut interagir plus efficacement avec autrui.

Alors que nous sommes en train de mettre en application le concept de l'équipe de cas, l'équipe noyau, pour sa part, travaille déjà sur la prochaine itération du Reengineering, qui verra le remplacement de l'équipe de cas par un unique chargé de cas s'appuyant sur une technologie nouvelle. En bref, une seule personne sera capable de faire ce que fait aujourd'hui une équipe de gens aux spécialités différentes. Au lieu de faire appel à une équipe pour traiter à la main les caractéristiques de la demande d'un client en fonction de nos différents réseaux, notre technologie permettra à un agent d'enregistrer la demande puis de réaliser électroniquement à partir d'un terminal l'ensemble des connexions nécessaires à la mise en place du service. Une fois ce niveau atteint, nous changerons fondamentalement le déroulement des opérations. Nous commencerons par mettre en place le service , et ensuite seulement nous prendrons le temps de définir le mode de facturation et d'enregistrer les informations dont nous avons besoin.

Mais nous irons plus loin encore. L'étape ultime envisageable à présent est l'auto-suffisance : les clients désirant un service se raccorderont directement à notre réseau. Pour le client, cela fonctionnera exactement comme le système téléphonique actuel, avec des communications vocales ordinaires. Pour nous, il n'y aura plus la moindre opération manuelle, et le délai total tendra vers zéro, conformément à notre objectif.

Avec cette réduction des délais, nos coûts de main-d'oeuvre se réduiront considérablement, de 88 millions de dollars environ à 6 millions de dollars. Et surtout, nous conserverons nos clients et nous en attirerons de nouveaux.

Détail à noter : Nous garantissons dès à présent un délai de trois jours pour l'installation de circuits numériques à haute capacité, alors qu'il en fallait au moins quinze. Ce délai est aujourd'hui le plus court constaté dans notre profession, mais dans moins d'un an nous pensons pouvoir le réduire à quelques minutes dans certains endroits.

Au bout d'un peu plus d'une année, l'objectif qui nous paraissait au départ hors de portée est désormais en vue, bien plus tôt que nous ne l'aurions imaginé.

Les responsables du remodelage des processus de Bell Atlantic ont bien compris le Reengineering. D'abord, ils ont admis que remodeler un processus ne consiste pas seulement à créer un concept abstrait ; le concept doit être rendu tangible. Ensuite, ils ont compris combien il est important d'atteindre rapidement des résultats spectaculaires et ils ont pris des mesures pour y parvenir.

Bell Atlantic a fait appel à une équipe noyau pour créer des concepts de remodelage et à une équipe labo pour les tester sur le terrain. La première avait pour rôle de trouver des idées révolutionnaires. La seconde était chargée de leur donner consistance. Peu importe d'ailleurs qu'on utilise deux unités séparées réunies par une boucle d'information en retour, comme l'a fait Bell Atlantic, plutôt qu'une seule équipe de Reengineering. Le tout est de bien comprendre que le remodelage d'un processus n'est pas une démarche abstraite. Il faut tester les idées, puis adapter au nouveau modèle l'organisation et les hommes. La technique de la double équipe de Bell Atlantic satisfaisait à ces deux objectifs.

Une autre leçon de l'expérience de Bell Atlantic est qu'il est bon de procéder par étapes. L'équipe noyau avait imaginé un objectif final de libre-service avec un délai zéro – c'est à dire que la société offrirait à ses clients la possibilité d'obtenir le service voulu par téléphone, instantanément, à peu près comme n'importe quel abonné au téléphone obtient aujourd'hui une ligne interurbaine à longue distance en composant le 16 sur son cadran. Mais l'équipe de Bell Atlantic s'est aperçue qu'elle ne devait pas tenter d'y parvenir d'un seul coup. Cela aurait demandé trop de temps et trop d'investissements. Elle décida donc de réaliser le changement en trois étapes, en passant d'abord à l'équipe de cas, puis au chargé de cas avant de parvenir au libre-service. Chaque étape apporte une amélioration capitale par rapport à la précédente, et chaque étape prépare la suivante. Autrement dit, Bell Atlantic a réussi à réaliser des améliorations spectaculaires en peu de temps, sans remettre en cause son objectif final.

Il est intéressant aussi de voir comment ces résultats spectaculaires ont été obtenus. La première étape, le passage à l'équipe de cas, n'a exigé que peu ou pas d'investissements. La société a utilisé les outils et mécanismes existants, et même la plupart des gens en place, mais elle a démantelé les frontières organisationnelles pour organiser ses collaborateurs autour du processus. La phase 1 a exigé moins d'investissements et de formation que la phase 2, qui a exigé un nouveau système informatique et la formation des chargés de cas.

Enfin, la seconde phase de Bell Atlantic illustre une intéressante technique de remodelage : la modification de l'ordre dans lequel les tâches sont accomplies. Traditionnellement, la société ne raccordait le client qu'après avoir recueilli toutes les informations nécessaires ou souhaitables pour accomplir les divers travaux correspondants, y compris la facturation. Mais, dans la seconde phase du Reengineering, les chargés de cas mettent le service en place dès qu'ils disposent du minimum d'information indispensable. Les renseignements nécessaires à la facturation, plus longs à réunir, peuvent attendre. En modifiant l'ordre des opérations, comme le montre ce cas, on peut réduire sensiblement l'attente du client.

Les témoignages de ces quatre entreprises reconfigurées ne sont pas nécessairement représentatifs, car il n'y a pas deux entreprises ni deux modes de Reengineering qui soient identiques. Les réussites d'autrui sont sources d'enseignements, mais elles ne sont pas reproductibles. Il n'existe pas de recette de Reengineering infaillible. Cela ne signifie pourtant pas qu'il n'y ait pas de règles à suivre. Elles existent bel et bien ; il s'agit surtout de moyens de ne pas échouer, comme nous le verrons dans le prochain chapitre.

14

RÉUSSIR LE REENGINEERING

Malgré les réussites relatées dans les chapitres précédents, nous devons malheureusement admettre que la plupart des sociétés qui entreprennent un Reengineering échouent. Elles abandonnent leur tentative sans avoir avancé d'un pouce, sans avoir réalisé le moindre changement significatif, sans avoir véritablement amélioré leurs performances, ce qui ne fait que nourrir le scepticisme des salariés (« encore un plan qui n'aboutit à rien »). Nous estimons au jugé que 50 à 70 % des organisations qui entreprennent un Reengineering ne parviennent pas à en tirer les résultats spectaculaires qu'elles en attendaient.

Cependant, malgré ce taux d'échec élevé, le Reengineering ne comporte pas de grands risques. Quoi qu'il y paraisse, cela n'est pas un paradoxe. Songez à la différence entre la roulette et les échecs. La roulette est un jeu à haut risque ; les échecs ne le sont pas, bien qu'un joueur puisse perdre aux échecs aussi souvent qu'à la roulette. La roulette est un pur jeu de hasard. Une fois la mise engagée, les joueurs ne peuvent intervenir sur le résultat ; aux échecs, le hasard ne joue aucun rôle dans le résultat. Le meilleur peut espérer gagner ; si l'on perd, c'est par manque de compétences et de stratégie.

Il en va du Reengineering comme des échecs : la clé du succès réside dans la connaissance et la compétence, non dans la chance. Si vous connaissez les règles et que vous évitez de faire des erreurs, vous avez toutes les chances de réussir. En outre, les erreurs commises au cours du Reengineering sont toujours les mêmes. Connaître ces erreurs habituelles et apprendre à les éviter est donc un premier pas vers un Reengineering réussi.

« Les erreurs sont toutes là, attendant qu'on les fasse », disait un jour le champion d'échecs russe Sergeï Tartakower devant un échiquier préparé pour le jeu. On trouvera ci-dessous un catalogue des causes d'échec du Reengineering les plus habituelles. Evitez-les et vous réussirez presque à coup sûr.

• Tenter d'améliorer un processus au lieu de le changer

Le moyen le plus couru pour rater un Reengineering est de ne pas faire de Reengineering du tout mais de changer les processus en disant que c'est du Reengineering. Le terme « Reengineering » connaît une vogue certaine depuis quelque temps, et on l'a accolé à toutes sortes de programmes, même quand ils n'ont rien à voir avec un remodelage radical des processus. Comme l'assure un vieux dicton, accrocher une pancarte « cheval » sur une vache n'a jamais suffi à en faire un cheval.

Nous avons montré au chapitre 2 comment IBM Credit Corporation a reconfiguré son processus d'octroi des crédits. Nous avons seulement omis de préciser que la société avait à plusieurs reprises tenté de remettre d'aplomb l'ancien processus avant d'admettre qu'il fallait le remodeler radicalement.

La société avait d'abord essayé d'automatiser le processus en vigueur, en améliorant les flux d'informations et l'efficacité des postes de travail à l'aide de l'informatique. L'automatisation consistait à doter les spécialistes de terminaux en ligne pour saisir le fruit de leurs travaux individuels. Ils continuaient à faire leur travail sur les ordinateurs de leurs propres départements, non connectés, chaque dossier étant toujours traité séquentiellement – par type de crédit, puis par type d'activité, puis par type de conditions, etc. Les imprimés de demande de crédit continuaient à voyager de département en département. En fait, le seul avantage de cette automatisation fut d'offrir aux spécialistes qui assuraient l'étape finale (la rédaction de l'offre de crédit) un accès en ligne aux résultats des étapes antérieures du processus. En s'efforçant d'automatiser son fonctionnement, IBM Credit avait seulement réussi à pérenniser un mauvais processus ; transformé en logiciel, il devenait encore plus difficile à modifier.

Insatisfaite de la piètre amélioration des résultats obtenue par la voie de l'automatisation, la société avait ensuite expérimenté toute une armada de techniques d'amélioration. Elle avait tenté d'utiliser la théorie des queues et la programmation linéaire pour limiter les temps d'attente en répartissant le travail entre les différents départements. Les résultats s'étaient avérés insignifiants. Elle avait instauré des normes de performances pour chaque étape du processus ; en mesurant les résultats réels, on avait constaté que les normes étaient pratiquement respectées à 100 % mais que le cycle de traitement s'était encore allongé. Comment expliquer ce résultat aberrant ? On s'était alors aperçu que si les rédacteurs étaient pressés par le temps, ils découvraient opportunément des erreurs dans les demandes de crédit en cours de traitement, ce qui les autorisait à les retourner aux départements précédents pour correction, les éliminant ainsi des mesures de performance.

IBM Credit n'est pas seul dans ce cas. Bien des entreprises se lancent dans de grands frais et d'innombrables difficultés pour éviter le remodelage radical lié au Reengineering. Elles se réorganisent, ce qui veut dire qu'elles ne changent pas les processus de travail mais seulement les boîtes administratives où sont rangés les personnes qui les assurent. Elles pratiquent un *downsizing*, ce qui veut seulement dire qu'elles emploient moins de monde pour faire autant (ou moins) de travail sans changer leur façon de faire. Elles s'essaient aux programmes de motivation, en recourant à des stimulants pour tenter de faire travailler davantage leurs salariés.

Même s'ils sont la cause des problèmes de l'entreprise, les processus existants sont familiers, ils rassurent. L'infrastructure nécessaire existe déjà. Il paraît plus facile et plus « raisonnable » de les améliorer que de les mettre au rancart pour tout recommencer à zéro. Dans la plupart des cas, cette solution est celle qui rencontrera le moins d'oppositions. C'est aussi le plus sûr moyen de rater un Reengineering.

• Ne pas se concentrer sur les processus opérationnels

Récemment, mus par leur esprit progressiste, les dirigeants de la filiale américaine d'une grande société européenne chargèrent plusieurs groupes de travail de se pencher sur les thèmes critiques du moment : délégation, travail d'équipe, innovation, service à la clientèle, etc. Le programme de travail était un catalogue des clichés du management contemporain. Chaque groupe avait 90 jours pour préparer des recommandations visant à accomplir de grands progrès dans les différents domaines étudiés. Les équipes avaient carte blanche ; aucune idée ne serait considérée comme déplacée ou excessive. Au bout de 90 jours de travail intensif, les groupes n'avaient strictement rien produit. Bien sûr, ils présentèrent de gros rapports bourrés de recommandations insipides, mais on comprenait immédiatement en les lisant qu'elles ne menaient à rien et que rien n'en sortirait.

Pourquoi cette tentative, bénéficiant d'un tel soutien de l'encadrement et d'une participation si générale, s'était-elle achevée par un échec ? Parce que les problèmes étaient mal définis. « Travail d'équipe » et « délégation » sont des abstractions, des généralités difficiles à saisir. Ces termes décrivent des attributs ou caractéristiques qu'on peut souhaiter être ceux de l'entreprise, mais qui ne peuvent être obtenus directement. Ce sont des conséquences du mode d'organisation des processus et ils ne sont possibles que dans le contexte de celui-ci. Comment peut-il y avoir délégation de compétences sinon à travers l'architecture même du processus de travail ? L'« innovation » résulte elle aussi de processus efficaces, elle n'est pas une chose en soi. Comme d'autres, la tentative de cette entreprise était viciée parce qu'elle ne considérait pas son activité en termes de processus. De ce fait, tout effort d'amélioration équivalait à changer l'emplacement des chaises longues sur le Titanic.

• S'intéresser uniquement au remodelage des processus

Un Reengineering, comme on l'a vu, déclenche de nombreux changements. Définitions de poste, structures d'organisation, systèmes de gestion – tout ce qui a un rapport avec le processus – doivent être modifiés pour préserver la cohérence du losange de l'entreprise.

Comme on l'a vu au chapitre 2, quand Ford a reconfiguré son processus de règlement des concessionnaires, les effets se sont fait sentir jusqu'aux employés des quais de livraison, soudain investis d'un pouvoir de décision. Au lieu de se borner à donner des coups de tampon horodateur sur des bordereaux de livraison, ils ont dû se mettre à utiliser des terminaux pour vérifier que les chargements à l'arrivée correspondent à des commandes en attente. Dans le cas contraire, il leur incombe de refuser le chargement et de le retourner à l'envoyeur. Des gens jusqu'alors cantonnés dans un rôle d'exécution doivent à présent réfléchir et prendre des décisions.

Chez IBM Credit, des salariés qui autrefois ne savaient que vérifier des notations de crédit ont eu à évaluer des dossiers de financement complets et à en fixer les conditions. Pour cela, ils ont dû non seulement apprendre un nouveau travail mais aussi acquérir une nouvelle attitude envers ce dernier.

Le Direct Response Group (DRG) de Capital Holding a repensé toute son approche du client en reconfigurant de nombreux processus, notamment le traitement des souscriptions. Il lui a fallu remodeler en conséquence ses moyens d'évaluation des postes, sa politique de rémunération, ses profils de carrière, ses programmes de recrutement et de formation, ses politiques de promotion – autrement dit la quasi-totalité de ses systèmes de gestion – pour les mettre en adéquation avec les nouveaux processus.

Il arrive souvent que les managers les plus désireux d'opérer un remodelage radical des processus soient eux-mêmes effrayés par l'ampleur des changements nécessaires. Nous assistons fréquemment au scénario suivant : un cadre supérieur charge une équipe de Reengineering d'améliorer radicalement un processus qui fonctionne mal. Quelque temps plus tard, l'équipe revient vers lui avec une idée novatrice qui, démontre-t-elle, permettrait de réduire les délais de 90 %, les coûts de 95 % et les erreurs de 99 %. Il s'étrangle de joie. Puis l'équipe commence à lui expliquer que le processus reconfiguré supposera un nouveau système d'évaluation des emplois, le regroupement de plusieurs départements, la redéfinition des pouvoirs hiérarchiques et une transformation des relations avec le personnel. Le cadre supérieur s'étrangle à nouveau. « Je vous ai demandé de diminuer les coûts et les erreurs, pas de refaire la société », proteste-t-il. D'habitude, l'équipe est alors dissoute et l'on n'entend plus jamais parler de son concept novateur. Mais refaire l'entreprise, c'est précisément ce que cherche le Reengineering.

• Négliger les valeurs et les convictions des individus

Les gens doivent avoir des raisons de faire de leur mieux dans le cadre des processus reconfigurés. Il ne suffit pas de mettre en place de nouveaux processus ; encore faut-il que les managers motivent les salariés pour les faire adhérer aux valeurs et convictions nouvelles qui les inciteront à se montrer à la hauteur. Autrement dit, l'encadrement doit faire attention à ce qui se passe dans la tête des gens autant qu'à ce qui se passe sur leur bureau.

Quand Ford a reconfiguré sa façon de payer ses fournisseurs, les attitudes et comportements de ses salariés ont dû évoluer aussi. Le personnel des achats devait cesser de considérer les fournisseurs comme des adversaires à réduire à merci pour voir désormais en eux des partenaires de Ford dans un processus mutuel.

Quand le DRG a reconfiguré son processus d'examen des souscriptions, il a dû lui aussi transformer radicalement sa culture. Les superviseurs ne pouvaient plus jouer les petits chefs ; ils devaient agir en fournisseurs de services pour les chargés de cas en s'assurant que ces derniers disposaient des outils et de l'assistance nécessaires.

Les changements qui exigent des transformations des attitudes ne sont pas aisément acceptés. Il ne suffit pas de faire des discours. Les nouveaux systèmes de gestion doivent cultiver les valeurs nécessaires en récompensant les comportements où elles se manifestent. Mais les cadres supérieurs doivent aussi démontrer leur adhésion à ces nouvelles valeurs par leur discours et par leur comportement personnel.

• Accepter un compromis portant sur des résultats mineurs

Pour faire de grandes choses, il faut de grandes ambitions. L'heure de vérité intervient au moment où quelqu'un fait observer qu'un changement modeste améliorerait de 10 % le fonctionnement du processus pour un coût pratiquement nul, alors qu'un Reengineering n'irait pas sans efforts et sans douleurs. La tentation est grande de choisir la voie du moindre effort et de se contenter d'améliorations marginales. Or, à long terme, les améliorations marginales ne sont nullement un progrès mais plutôt un pas en arrière.

En règle générale, les améliorations marginales ne font que compliquer encore plus le processus en vigueur, et donc qu'occulter davantage la façon dont les choses fonctionnent en réalité. Pis encore, elles nécessitent un investissement supplémentaire en temps ou en argent qui ne fera qu'inciter davantage les dirigeants à pérenniser le processus existant. Et tout progrès incrémental a un effet plus pernicieux encore : il renforce la culture « incrémentaliste » en affaiblissant la valeur et le courage de l'entreprise.

• Abandonner trop vite

On ne s'étonnera pas que certaines entreprises abandonnent le Reengineering ou réduisent leurs ambitions au premier signe de difficultés. Leurs nerfs craquent. Mais nous avons aussi vu des entreprises abandonner leurs efforts de Reengineering au premier signe de succès. Dès qu'elles peuvent afficher quelque résultat en contrepartie de leurs efforts et de leurs souffrances, elles s'arrêtent. Les premières réussites deviennent un prétexte pour recommencer à se laisser vivre. Dans l'un et l'autre cas, en renonçant à persévérer, les entreprises renoncent aussi aux bénéfices qui les attendaient.

• Fixer des limites a priori à la définition du problème et à l'envergure du Reengineering

Un Reengineering est voué à l'échec si les dirigeants de l'entreprise commencent par définir étroitement le problème à résoudre ou par limiter son envergure. Car ce sont là des étapes du travail de Reengineering lui-même. Ce dernier débute en effet par la définition des objectifs à atteindre et non de la façon d'atteindre ces objectifs.

Ce point est illustré par l'expérience d'un fabricant d'équipements industriels. Jugeant le cycle des commandes trop coûteux, les dirigeants de l'entreprise avaient demandé à des consultants de réduire les coûts de fonctionnement de ce processus.

Pour explorer le problème, les consultants rencontrèrent des clients de l'entreprise ; ils affirmèrent unanimement détester tout d'elle, hormis les matériels qu'elle fabriquait. S'il était possible de se procurer les mêmes produits auprès d'un autre fournisseur, dirent-ils, ils le feraient sur l'heure.

Le sommet de la hiérarchie, coupé du marché, pensait que le problème était le coût interne du traitement des commandes, mais il tenait en réalité au processus de service à la clientèle dans son entier (traitement des commandes, service après vente, communication). Tout allait de travers dans la relation avec le client. Si les consultants avaient pris leur lettre de mission pour argent comptant, et s'ils s'étaient bornés à examiner le coût du processus, comme aurait pu s'y sentir obligée une équipe de Reengineering désignée par les dirigeants, ils n'auraient pas découvert la véritable nature des difficultés de l'entreprise.

Il n'est pas rare que les hautes sphères des grandes entreprises soient à ce point déconnectées des réalités commerciales ou industrielles qu'elles ne se rendent pas compte à quel point leurs processus sont détraqués. Coupés de ce qui se passe au niveau du processus, les dirigeants ne sont pas en mesure de définir le problème à résoudre ni son envergure.

Souvent aussi, après avoir proclamé que leur cible est un processus opérationnel, certaines entreprises font en sorte de restreindre l'effort de Reengineering à un bref segment du processus, arbitrairement choisi, qui se trouve coller exactement aux frontières existantes de l'organisation. Recette infaillible pour échouer. Le Reengineering doit transgresser des frontières, non les consolider. Le Reengineering doit déranger et non rassurer.

Exiger un Reengineering net et sans bavure, c'est interdire le Reengineering.

• Laisser la culture d'entreprise et les attitudes des dirigeants empêcher le démarrage du Reengineering

La culture en vigueur dans une entreprise est susceptible d'inhiber ou de ruiner un effort de Reengineering avant même qu'il ne commence. Par exemple, si l'entreprise fonctionne par consensus, ses collaborateurs pourront considérer comme un affront le Reengineering, imposé d'en haut par nature. Les entreprises privilégiant le court terme, exclusivement préoccupées par leurs résultats trimestriels, risquent d'avoir du mal à distinguer l'horizon plus lointain qui est celui du Reengineering. Les organisations qui refusent les conflits ne souhaiteront peut-être pas bousculer des règles établies de longue date. Il est de la responsabilité des dirigeants de prévoir et de surmonter de tels obstacles.

• Essayer de déclencher le Reengineering à partir de la base

Le Reengineering ne se produit jamais à partir de la base, c'est un axiome absolu. Les salariés du rang et les cadres moyens sont incapables de lancer et de mettre en oeuvre un Reengineering efficace, si grand qu'en soit le besoin et si prodigieux que soient leurs talents. Il y a à cela deux raisons.

La première est qu'il manque aux gens proches de la base l'ampleur de vues nécessaire au Reengineering. Leurs compétences sont surtout limitées aux fonctions individuelles et aux départements auxquels ils sont affectés. Peut-être voient-ils très clairement – probablement mieux que quiconque – les problèmes précis dont souffrent leurs départements, mais il leur est difficile de distinguer les processus dans leur entier et de s'apercevoir que leur mauvaise organisation d'ensemble est la source de leurs problèmes. Les cadres de terrain sont plus prompts à l'incrémentalisme qu'au Reengineering, car la première solution n'excède pas leur champ de vision.

La seconde raison est que tout processus opérationnel traverse inévitablement des frontières organisationnelles, de sorte qu'aucun cadre moyen n'aura assez d'autorité pour en réclamer la modification. L'envergure du problème dépassera inévitablement son domaine de responsabilité. De plus, certains des cadres moyens concernés craindront à juste titre qu'une transformation importante des processus existants ne diminue leur pouvoir, leur influence ou leur autorité. Ces cadres ont beaucoup investi sur la façon de faire en vigueur, au point que l'avenir de l'entreprise peut être implicitement – voire explicitement – compromis par le souci de leurs propres carrières. Ils craignent le changement, car les nouvelles règles ne sont pas claires. Si un changement radical menace de sourdre depuis la base, ils sont susceptibles d'y faire obstacle et de l'étouffer. Seul un leadership fort, venu d'en haut, amènera ces gens à accepter les transformations entraînées par le Reengineering.

• Désigner pour conduire le Reengineering quelqu'un qui ne le comprend pas

Pour qu'il y ait Reengineering, il faut qu'un cadre supérieur assure un leadership, mais n'importe quel cadre supérieur ne fera pas l'affaire. Le leader doit comprendre le Reengineering et s'y engager à fond. Il doit aussi privilégier l'opérationnel et connaître les liens entre performance opérationnelle et résultats financiers. Seul un cadre supérieur raisonnant en termes de processus, capable d'appréhender dans sa totalité la chaîne de la valeur ajoutée – du concept de produit à la commercialisation et au service après vente

– peut conduire un effort de Reengineering. Le rang et l'autorité ne suffisent pas ; une bonne compréhension et un état d'esprit adapté ont tout autant d'importance.

• Rechigner sur les ressources dévolues au Reengineering

Selon les lois de la thermodynamique, on n'a rien pour rien. Dans le contexte qui nous intéresse, cela veut dire qu'une entreprise ne peut réaliser les avancées décisives promises par le Reengineering sans y consacrer des moyens. Le temps et l'attention des meilleurs collaborateurs de l'entreprise forment le plus gros de l'investissement. Le Reengineering ne peut être confié aux semi-compétents, aux improductifs qui n'ont rien de mieux à faire.

Le Reengineering exige aussi une implication directe et personnelle des cadres supérieurs. De même qu'il ne saurait provenir de la base de l'organisation, il ne peut être délégué vers le bas. Les cadres supérieurs n'ont pas besoin d'accomplir le Reengineering eux-mêmes. Ils peuvent déléguer des assistants et des collaborateurs, mais ils ne peuvent en abdiquer la responsabilité. Le Reengineering doit être le projet personnel du leader, avec tout ce que cela implique. Il ne suffit pas de faire un point chaque trimestre. L'équipe dirigeante doit s'investir constamment dans l'orientation et la surveillance de tous les projets de Reengineering en cours dans l'entreprise.

Le fait de rechigner sur les ressources consacrées au Reengineering montre aussi aux salariés que leurs dirigeants ne le considèrent pas comme très important et les encourage à l'ignorer ou à s'y opposer, convaincus que la tentative va tourner court et qu'on n'en parlera plus.

• Noyer le Reengineering dans un trop-plein d'initiatives

Les entreprises qui se refusent à placer le Reengineering au sommet de leurs préoccupations feraient mieux d'y renoncer totalement. Des dirigeants qui partagent leur vigilance et leur énergie entre une multitude d'autres initiatives ou d'autres programmes ne pourront pas accorder au Reengineering toute l'attention nécessaire. Si la direction s'en désintéresse, les résistances et l'inertie – la tendance des individus et des organisations à continuer à faire grosso modo ce qu'ils ont toujours fait – mettront fin à la tentative.

Pour admettre le caractère inévitable du Reengineering, les gens doivent pouvoir constater que les dirigeants y tiennent, qu'ils s'y consacrent et qu'ils lui accordent une attention étroite et permanente.

• Dissiper l'énergie de l'entreprise sur une multitude de projets de Reengineering

Le Reengineering exige beaucoup d'attention et de discipline, ce qui revient à dire que les entreprises doivent concentrer leurs efforts sur un petit nombre de processus. Une organisation à qui l'on demande d'en faire trop à la fois en est perturbée plus que stimulée. Peut-être les processus de service aux clients, de recherche et développement et de commercialisation méritent-ils tous un remodelage radical, mais il est probable que rien n'aboutira si l'on essaie de les traiter tous à la fois, à moins que les dirigeants de l'entreprise n'aient des capacités exceptionnelles. Le temps et l'attention des dirigeants ont des limites, et le Reengineering n'obtiendra pas le soutien crucial dont il a besoin si les managers sont obligés de se disperser entre plusieurs projets.

• Tenter un Reengineering alors que le PDG est à deux doigts de la retraite

Un PDG ou un patron d'unité opérationnelle trop proche de la retraite risque de jeter sur le Reengineering un regard distant et peu enthousiaste. Ce n'est pas qu'il soit devenu paresseux ou indifférent à l'avenir de l'entreprise. Mais des changements fondamentaux des processus opérationnels auront inévitablement d'importantes répercussions sur l'organigramme et sur différents systèmes de gestion. Celui qui s'apprête à prendre sa retraite peut tout simplement refuser de s'attaquer à des problèmes aussi complexes ou de prendre des engagements qui lieraient son successeur.

Un PDG proche de la retraite s'inquiétera aussi d'un second problème : l'effet que le changement imminent au sommet risque d'exercer sur les autres managers. A l'approche de l'échéance, les prétendants à la succession ont souvent l'impression d'être observés et jugés, spécialement dans les organisations hiérarchiques. Ils risquent alors de viser la performance individuelle plutôt que la participation à un vaste effort collectif de Reengineering. En outre, ils n'auront rien à gagner dans un programme modifiant les règles familières qui leur ont valu leur place dans l'entreprise, et ils préféreront éviter tout risque tant que la succession ne sera pas réglée.

Méfiez-vous des PDG qui, à la veille de la retraite, se disent prêts à prendre les risques inhérents au Reengineering sous prétexte qu'ils n'ont plus rien à perdre. C'est vrai, mais s'ils ont attendu jusque-là pour prendre de la hauteur, ils ne seront pas capable de changer leur comportement dans un temps si court.

• Etre incapable de faire la différence entre le Reengineering et les autres programmes d'amélioration

La pénurie de programmes de changement est un mal dont, hélas, fort peu d'entreprises sont atteintes. Au fur et à mesure que les temps deviennent plus durs, les prétendues panacées prolifèrent. Les revues de gestion regorgent d'idées et de programmes destinés à renforcer les entreprises : amélioration de la qualité, recentrage stratégique, rightsizing, partenariats client-fournisseur, innovation et empowerment, pour n'en citer que quelques uns. D'ordinaire, ces programmes sont éphémères. « Chaque mois, plaisantait un cadre, nos dirigeants assistent à quelque séminaire et en reviennent convertis à une nouvelle religion. Nous nous contentons de retenir notre souffle jusqu'à ce que ça leur passe. » Le risque serait que les salariés ne voient dans le Reengineering qu'un Programme du Mois comme tant d'autres. C'est ce qui arrivera à coup sûr si le Reengineering est délégué à un groupe de fonctionnels privés de moyens. Pour éviter ce risque, il faut confier le Reengineering à des managers opérationnels et non à des spécialistes fonctionnels. De plus, si l'entreprise est sérieusement engagée dans un programme d'amélioration de l'activité (la gestion de la qualité totale, par exemple), il faut veiller à bien positionner le Reengineering par rapport à lui. Sinon, il en résultera une confusion, et une énergie considérable sera gaspillée en querelles stériles sur la supériorité de l'un ou de l'autre.

• S'attacher exclusivement aux concepts

Le Reengineering ne se borne pas au remodelage. Le plus souvent, la différence entre ceux qui réussissent leur Reengineering et ceux qui le ratent ne réside pas dans la qualité de leurs idées respectives mais dans ce qu'ils en font. Pour ceux qui échouent, le Reengineering ne dépasse jamais la phase de l'idée.

• Tenter de réaliser un Reengineering sans déplaire à quiconque

On ne peut faire une omelette sans casser des oeufs : le dicton s'applique tout à fait au Reengineering. Nous aimerions pouvoir dire que tout le monde a quelque chose à y gagner, mais ce serait un mensonge. Le Reengineering n'est pas à l'avantage de tout le monde. L'organisation en vigueur présente un intérêt intrinsèque pour certains salariés, il y a des gens qui perdront leur emploi et d'autres qui ne se sentiront pas à l'aise dans leur poste d'après Reengineering. Essayer de plaire à tout le monde est une ambition irréalisable qui ravalera le Reengineering au niveau d'un programme d'amélioration incrémentale ou qui retardera son application.

• Battre en retraite face aux résistances soulevées par le Reengineering

Personne, et surtout pas ceux qui ont la charge d'un Reengineering, ne s'étonnera que le changement soulève des résistances. Tout changement important soulève inévitablement des réactions. S'attendre aux résistances et ne pas les laisser prendre le dessus est un premier pas pour les surmonter.

Nous avons entendu des managers dire que le Reengineering a échoué chez eux parce que certains se sont opposés au changement. Cela revient à dire que la seconde loi de Newton – un corps en mouvement tend à demeurer en mouvement – est l'une des principales causes d'accidents de la circulation. Ce n'est pas la loi de Newton mais l'incapacité des gens à en tenir compte qui provoque les collisions. De même, les échecs dans le Reengineering tiennent à ce que les dirigeants n'ont pas été capables de se préparer à affronter les résistances inévitables.

• Faire traîner l'effort en longueur

Le Reengineering est source de stress pour toute l'entreprise ; plus il dure, plus le malaise s'accentue. D'après notre expérience, douze mois devraient suffire pour passer de l'appel à l'action à la première application pratique d'un processus reconfiguré. Au-delà, les gens se lasseront, se disperseront, penseront à autre chose. Ils se diront que le Reengineering n'est qu'un nouveau programme postiche et la tentative s'éteindra.

Il existe assurément bien d'autres façons de rater un Reengineering. Les gens déploient une grande imagination pour trouver de nouvelles façons de manquer la balle. Mais une offensive puissante parviendra à surmonter tous les obstacles que nous avons dénombrés. Cette offensive relève des cadres dirigeants. Si le Reengineering échoue, quelle qu'en soit la cause immédiate, ce sera foncièrement parce qu'ils l'auront mal compris ou mal dirigé. Le Reengineering naît toujours dans le bureau d'un dirigeant. Trop souvent, il y meurt aussi.

En dépit des risques d'échec, nous sommes encouragés par le nombre des succès. Les organisations qui abordent le Reengineering sous la houlette de dirigeants compréhensifs, résolus et énergiques ont toutes les chances de réussir. Les bénéfices d'un Reengineering réussi sont spectaculaires, pour l'entreprise, pour ses cadres et pour ses salariés – et pour l'économie dans son ensemble. Il n'est plus temps d'hésiter, agissons à présent.

EPILOGUE

Malgré leurs difficultés notoires, les entreprises occidentales ne sont pas encore une espèce en danger. Celles que nous avons citées dans ce livre font la preuve que les entreprises peuvent se transformer pour faire face à l'évolution de la concurrence mondiale. Elles savent désormais qu'une réputation flatteuse, de bons contrôles financiers ou un bilan sain ne garantissent plus leur pérennité. Dans le monde d'aujourd'hui, la survie exige des dirigeants énergiques, une intense focalisation sur les clients et leurs besoins, ainsi que des processus parfaitement conçus et exécutés. Le Reengineering est l'un des outils qu'elles doivent posséder et savoir utiliser pour parvenir aux chemins de la réussite.

Pendant la dernière décennie, beaucoup de remèdes miracles ont été proposés pour guérir les maux des entreprises occidentales. La plupart d'entre eux n'ont pas eu d'effet visibles sur les patientes.

Le Reengineering, pour sa part, ne prétend pas être un remède miracle. Il n'offre pas de guérison rapide, simple et sans douleur. Au contraire, il suppose un travail difficile et acharné. Il oblige les dirigeants et les salariés des entreprises à changer leurs façons de penser et d'agir. Il exige des entreprises qu'elles remplacent leur vieilles méthodes. Cela n'est pas facile, le Reengineering est un dur labeur, il ne se réalisera pas avec des leçons de motivation et des affiches voyantes.

Nous avons assez longuement exploré le Reengineering, et pourtant nous avons à peine effleuré la surface du problème, comme le découvriront ceux de nos lecteurs qui tenteront un Reengineering dans leur propre entreprise. Par exemple, nous n'avons pas dit grand chose de la façon dont une entreprise peut effectivement pratiquer son Reengineering. La conduite d'une initiative de Reengineering, l'orchestration d'une campagne de changement, la conception des processus reconfigurés et le choix du moment où ils seront mis en place, les tactiques visant à résoudre les problèmes les plus courants, toutes ces questions dépassent le cadre d'un seul livre.

En outre, d'autres questions importantes sur le Reengineering n'ont pas encore de réponse définitive. On ignore par exemple quelle incidence le Reengineering des entreprises d'un pays peut avoir sur son économie. On ignore aussi comment les cadres et les dirigeants habitués à mesurer leur valeur propre d'après leur position dans l'entreprise réagiront à l'aplatissement de la hiérarchie qu'il entraîne.

Les incertitudes du Reengineering ne sauraient pourtant servir d'excuse pour repousser l'inéluctable. Les sociétés leaders de la plupart des secteurs ont déjà commencé leur Reengineering. Au fur et à mesure que davantage d'entreprises porteront leurs processus clés à de plus hauts niveaux de performance, il deviendra une nécessité concurrentielle pour leurs confrères. Le Reengineering d'un acteur clé suffit à créer un nouveau niveau de référence sur lequel tous ses concurrents doivent s'aligner.

Le Reengineering reste une démarche nouvelle ; ses participants sont encore des pionniers. Le monde né de la révolution industrielle cède la place à une économie planétaire, à de puissantes technologies de l'information et à des changements incessants. Le rideau se lève sur l'ère du Reengineering. Ceux qui relèveront le défi écriront les nouvelles lois de l'économie occidentale. Il faut avoir la volonté de réussir et le courage de commencer.

REMERCIEMENTS

Nous tenons à remercier notamment David Barry (Ford), Bob Stark (Hallmark Cards), Norm Phelps et Pam Godwin (Capital Holdings), Woody Noxon et Al Van De Moere (Eastman Kodak), Chuck McCaig (Chubb Insurance), John Martin (Taco Bells), Stephen Israel et Wayne Hoover (IBM Credit), feu Regis Filtz (Bell Atlantic), Ron Compton (Aetna Life & Casualty) et Bruce Marlow (Progressive Insurance). Eux et leurs entreprises ont été les premiers prototypes du Reengineering.

Notre gratitude va aussi à nos confrères et aux professeurs auprès de qui nous avons tant appris depuis des années. Il serait impossible de les citer tous, mais deux méritent une mention particulière : Peter Drucker et Tony Athos, dont les vues pénétrantes sur les organisations éclairent tous nos travaux. Nous tenons aussi à remercier tous les collaborateurs de CSC Index qui nous ont fait partager leur expérience du conseil, ont rassemblé les matériaux nécessaires pour les cas et nous ont aidés à faire éclore ce livre. D'un bout à l'autre, celui-ci s'appuie sur leurs contributions.

Nous désirons particulièrement remercier les personnes grâce auxquelles ce livre est devenu réalité : Donna Sammons Carpenter, Tom Richman et Abby Solomon, dont l'exceptionnel talent rédactionnel nous a aidés à transformer une masse informe en discours cohérent, Helen Rees, notre agent littéraire, qui nous a enseigné le “métier” d'auteur, et Virginia Smith, éditeur chez HarperBusiness, qui a soutenu notre travail du début à la fin.

Enfin, nous voulons faire part de notre estime à tous ceux qui contribuent à faire du Reengineering une réalité dans leur propre entreprise et à faire progresser notre compréhension collective de cette nouvelle ère du monde des affaires.

INDEX

D

E

J

K

L

M

N

Q

R

S

T

V

W

X

L'entreprise change avec Dunod

DIAGNOSTIC ET DÉCISIONS STRATÉGIQUES
Tugrul Atamer, Roland Calori
Prix 1993 Afplane-Les Echos
Un ensemble ordonné de méthodes pour réaliser un diagnostic général et pour formuler la stratégie d'une entreprise, tout en préparant le passage à l'action.
1993 – 736 p.

STRATÉGIE D'ENTREPRISE ET COMUNICATION
Dominique Beau, Sylvain Daudel
Mettant en évidence l'importance de la communication en période de changement, cet ouvrage propose l'élaboration et la mise en œuvre d'un plan de communication adapté.
1992 – 168 p.

CHERS CONSULTANTS
Enjeux et règles des relations entreprises-consultants
Ahmed Bounfour
Cet ouvrage, est à la fois un livre de réflexion et un manuel pour les dirigeants d'entreprise et les consultants.
1994 – 224 p.

LE REENGINEERING
Réinventer l'entreprise pour une amélioration spectaculaire de ses performances
Michael Hammer, James Champy

Le reengineering, c'est une remise en cause fondamentale et une redéfinition radicale des processus opératoires visant à obtenir une amélioration spectaculaire des principales performances en matière de coût, de qualité, de service et de rapidité.
1993 – 272 p.

LA STRATÉGIE DU PROFIT ET DU PLAISIR : LE DESIGN
Christophe Chaptal de Chanteloup
Ce livre de référence donne au mot design deux sens : celui de démarche et d'outil, l'un et l'autre associés dans le double but de répondre durablement au besoin de plaisir du consommateur et de permettre à l'entreprise d'en tirer un profit, durable lui aussi.
1993 – 130 p.

LE PARTENARIAT FINANCIER
Ouvrir son capital et garder le pouvoir
Philippe Delecourt
Cet ouvrage apporte des réponses concrètes aux interrogations des chefs d'entreprise sur le fonctionnement du capital-investissement, le rôle joué par les différentes catégories de partenaires financiers, leurs contraintes, leurs spécificités et leurs performances.
1993 – 266 p.

AU-DELÀ DU CAPITALISME
La métamorphose de cette fin de siècle
Peter Drucker

Cet ouvrage représente la synthèse de toute la pensée de Peter Drucker, le pape du management.
1993 – 240 p.

LE TEMPS DU SERVICE
Relever le défi du temps dans les activités de service
Jean-Luc Fessard avec la collaboration de Paul Meert, illustré par Alain Lascaux
Dans cet ouvrage, l'auteur donne aux

entreprises de service tous les atouts pour relever le défi du temps : il donne les moyens pratiques pour mettre en place de nouvelles relations entre les clients et les collaborateurs de l'entreprise.
1993 – 323 p.

DE L'ANTICIPATION À L'ACTION
Manuel de prospective et de stratégie
Michel Godet

Cet ouvrage didactique décrit la métamorphose des structures et des comportements qui s'impose à tous ceux qui entendent passer du déterminisme à la détermination.
NT 1992 – 320 p.

L'ENTREPRISE EN MOUVEMENT
Conduire et réussir le changement
Benoît Grouard, Francis Meston

Cet ouvrage propose une approche globale et concrète pour conduire et réussir le changement, enrichie d'une multitude d'idées pratiques et d'exemples vécus.
1993 – 288 p.

LES ÉQUIPES HAUTE PERFORMANCE
Imagination et discipline
Jon Katzenbach, Douglas Smith

Basé sur une enquête auprès de plus de trente entreprises, ce livre décrit comment fonctionnent les équipes les plus efficaces.
1994 – 320 p.

GRANDEUR ET DÉCADENCE DE LA PLANIFICATION STRATÉGIQUE
Henry Mintzberg

Les limites de la planification stratégique dans les organisations, décrites par Henry Mintzberg.
1994 – 464 p.

QUEL TRAVAIL POUR DEMAIN ?
Oscar Ortsman

L'auteur analyse les différents courants de pensée qui ont modelé l'organisation du travail et examine les pratiques actuelles dans différents pays industrialisés.
1994 – 208 p.

L'ENTREPRISE LIBÉRÉE
Tom Peters

Dix ans après *Le prix de l'Excellence*, Tom Peters nous propose *L'Entreprise libérée* : une idée séduisante mais surtout un impératif. Hors la désorganisation, point de salut.
1994 – 672 p.

L'ENTREPRISE INTELLIGENTE
James Brian Quinn

L'auteur décrit comment l'importance croissante du savoir et des services bouleverse l'économie, la nature même des entreprises et leur stratégie.
1994 – 464 p.

PENSER STRATÉGIE
Une vision cohérente pour distancer ses concurrents
Michel Robert, Marcel Devaux

Ce livre a pour objectif d'aider les dirigeants à structurer leur réflexion pour déterminer « leur avantage concurrentiel », avoir une orientation stratégique claire et partagée par tous les membres de l'entreprise.
1994 – 304 p.

VAINCRE LE TEMPS
Reconcevoir l'entreprise pour un nouveau seuil de performance
George Stalk, Thomas Hout

Le temps est une arme stratégique. C'est la pierre angulaire d'une amélioration radicale de la performance dans des dimensions essentielles : innovation, qualité, coût et satisfaction client.
NT 1993 – 336 p.

LA MAÎTRISE DU REDÉPLOIEMENT
Francis Vidal, Robert B. Chapman, Charles-Henri Besseyre des Horts

Le concept de redéploiement formalise la stratégie qui permet une dynamique de mise en place et d'actions concrètes entraînant la paix sociale, la cohésion des équipes, la transparence dans la communication.
1993 – 224 p.

E N V E N T E C H E Z V O T R E L I B R A I R E

Imprimerie Arts Graphiques du Perche 28240 Meaucé
Dépôt légal : juillet 1994 — N° d'Imprimeur 941380
1er dépôt légal : 4e trimestre 1993
Imprimé en France